U0112230

古今易學要籍選刊

漢上易傳

〔宋〕朱震／撰
劉景章／點校

下

上海古籍出版社

漢上易傳卷七

繫辭上傳

天尊地卑，乾坤定矣。卑高以陳，貴賤位矣。動靜有常，剛柔斷矣。方以類聚，物以群分，吉凶生矣。在天成象，在地成形，變化見矣。是故剛柔相摩，八卦相蕩。鼓之以雷霆，潤之以風雨。日月運行，一寒一暑。乾道成男，坤道成女。乾知大始，坤作成物。乾以易知，坤以簡能。易則易知，簡則易從。易知則有親，易從則有功。有親則可久，有功則可大。可久則賢人之德，可大則賢人之業。易簡而天下之理得矣。天下之理得，而成位乎其中矣。

乾坤、貴賤兩者，聖人觀天地而畫卦；剛柔、吉凶、變化三者，聖人觀萬物而生爻。變化者，爻有變動也。伏羲畫卦，乾上坤下，立天地之位。《歸藏》先坤後乾，首萬物之母。《連山》乾始於子，坤始於午。至於《周易》，尊乾卑坤，其體乃定。見於卦則上體乾也，下體坤也。道雖屢遷，上下不易，君尊臣卑，父尊子卑，夫尊婦卑，謂之三綱。三綱不正，天地反覆。高者貴，卑者賤，則貴賤之位分矣。陽爲貴，乾也；陰爲賤，坤也。高者，乾之位也；卑者，坤之位也。上既曰尊矣，尊无二上，故《易》尊爲高。又曰「卑高」者，貴以賤爲本。《易》自下升上，元士、大夫、三公、諸侯承之，然後君位乎五也。

動而不屈者，剛也；静而不變者，柔也。動静有常，則乾剛坤柔，其德斷而无疑矣。策數以七、九爲陽，六、八爲陰。陽，剛也；陰，柔也。爻位以一、三、五爲剛，二、四、上爲柔。陽先陰後，故策七者二十八，策九者三十六。爻一陽、二陰、三陽、四陰、五陽、六陰。君不剛則臣强，父不剛則子强，夫不剛則爲妻所畜。尊卑之位，貴賤之分也。

五方之物各以其類聚，同氣也。五物之類，各以其群分，異情也。氣同則合，情異則離，而吉凶生矣。爻或得朋，或失類，或遠而相應，或近而不相得，或睽而通，或異而同，陰陽之情也。

「在天成象」者，陰陽也；「在地成形」者，剛柔也。天變則地化，變者，陰陽極而相變也。陰陽之氣變於上，剛柔之形化於下，故策二十八者其數七，策三十二者其數八，策三十六者其數九，策二十四者其數六。

陰陽交錯，剛柔互分，天地變化之道，乾坤之交也。乾以剛摩柔，坤以柔摩剛，剛柔相摩，八卦相〔一〕蕩，變化彰矣。《説卦》謂之中爻，先儒謂之互體。「鼓之以雷霆」者，震反艮也；「潤之以風雨」者，巽反兑也。風而曰潤者，以雨而風，不以陰先陽也。「日月運行，一寒一暑」者，坎離也。六子致用，萬物化生，然不越乎乾坤也。震、坎、艮之爲三男，得乾之道者也；巽、離、兑之爲三女，得坤之道者也。聖人之用天下，合乾坤也。父子君臣，乾坤也。夫婦，震巽坎離艮兑也。長幼，其序也。朋，同類也；友，異體也。五者，乾坤而已矣。始於乾，終於坤，以乾知大始，坤作成物也。物生始於子，物成始於午。乾，西北方，亥也。陽藏於坤，有一而未形，「知大始」也。坤，西南方，申也。物成於〔二〕正秋，酉也。坤終於十月，亥也。坤作於申，成於酉，終於戌亥，作成萬物也。乾知大始，坤作成物，尊卑貴賤之分也。故父作子述，君佚臣勞，夫唱婦和。

夫乾確然不易，无爲而爲萬物宗，以易知也。天動地隨，坤順乎乾，其作成萬物者，以簡能也。簡曰易從者，歸之乾也，與高不言尊、風雨言潤同義。聖人之於尊卑之際、君臣之大義，嚴矣。孟

〔一〕相，叢刊本、通本、薈要本作「推」。
〔二〕於，原作「以」，據叢刊本、通本、薈要本改。

子所謂一本，荀卿所謂一隆。易則其心一，故易知；簡則其政不煩，故易從。易知則天下見其憂樂，故有親；易從則匹夫匹婦各獲自盡，故有功。有親則不厭，故可久；有功則不已，故可大。可久者日新之德，可大者富有之業。賢人者，賢於人者也。聖人，賢人之極。舜、禹之聖，亦曰選賢與賢也。乾坤之理，盡於易簡，易簡而天下之理得。天下之理得，則上下與之同流，德業既成，乃位乎兩間，與天地爲一。

聖人設卦觀象，繫辭焉而明吉凶，剛柔相推而生變化。是故吉凶者，失得之象也。悔吝者，憂虞之象也。變化者，進退之象也。剛柔者，晝夜之象也。六爻之動，三極之道也。是故君子所居而安者，《易》之序也；所樂而玩者，爻之辭也。是故君子居則觀其象而玩其辭，動則觀其變而玩其占，是以自天祐之，吉无不利。

聖人設卦本以觀象，不言而見吉凶。自伏羲至於堯、舜、文王，近者同時，遠者萬有千歲，其道如出乎一人，觀象而自得也。聖人憂患後世，懼觀之者其智有不足以知此，於是繫之卦辭，又繫之爻辭，以明告之，非得已也，爲觀象而未知者設也。

爻有剛柔，剛柔相推而生變化，變化微矣，非辭何以明之？象與辭反復相發也。是故辭之有吉凶者，人有得失之象也。辭之有悔吝者，人有憂虞之象也。失得者，剛柔相反[一]，有當否也。失者，能憂虞之，俄且得矣；得者，憂虞有不至焉，俄且失矣。悔其失者或致吉，吝其失者或致凶，變化也。變化之於剛柔，猶進退之於晝夜。變化者，進退之象；剛柔者，晝夜之象。晝推而進，則夜退，柔者變而剛。夜推而進，則晝退，剛者變而柔。晝夜之進退无止，剛柔之變化不窮。憂虞異情，得失殊致，故曰「吉凶悔吝生乎動」。變化者，動爻也。六爻之動，三極之道也。一生二，二生三，三極矣。邵雍曰：「《易》有真數，三是也。」關子明曰：「天三，數之極也。極乎終，則反乎始，兼兩之義也。」故極而不變，其道乃窮。《說卦》震其究爲健，三變而乾也；巽其究爲躁卦，三變而震也。觀此可以例餘卦矣。

是故君子所居而安者，《易》貴賤之序也；所樂而玩者，爻吉凶之辭也。居則觀其卦之象而玩其辭，動則觀其爻之變而玩其占。《易》以變爲占，於占言變，則居之所玩，未變之辭也。居處動作，无非道也，天人一理也。是故自天祐之，吉无不利。

象者，言乎象者也。爻者，言乎變者也。吉凶者，言乎其失得也。悔吝

[一] 反，通本、薈要本同，叢刊本作「文」。

者，言乎其小疵也。无咎者，善補過也。是故列貴賤者存乎位，齊小大者存乎卦，辯吉凶者存乎辭，憂悔吝者存乎介，震无咎者存乎悔。是故卦有小大，辭有險易。辭也者，各指其所之。

設卦觀象，默而識之，不得已而有彖者，所以言乎一卦之象也。玩其彖辭而不得，觀其象可也。剛柔相推而生變化，吉凶有難知者，故有爻辭，所以言乎一爻之變也。玩其爻辭而不得，觀其變可也。

吉凶者，言如是而得則吉，如是而失則凶。悔吝者，言乎小疵也。惡積罪大，則悔无及已。吝者，言當悔而止，護小疵致大害者也。无咎者，本實有咎，善補過而至於无咎，《易》有言「又誰咎」者，言咎實自取，自咎可也。有言「不可咎」者，義所當爲，才不足也。君子度德量力，折之以中道，則无咎矣。吉凶、悔吝、无咎，一也。其實悔吝、无咎，所以明吉凶也。彖不言悔而言无咎，无咎則无[一]悔可知矣。言凶而不言吝，吝不足以言也。

卦自下而上，列貴賤之位。存乎位，則剛柔、往來、上下、内外、得位失位、或應或否見矣。

[一]「无」字，叢刊本無。通本、薈要本同底本。

《易》於小事不忽，於大事不懼，視履尊位與居家同，視征伐天下與折獄同，視享上帝、養聖賢、養萬物與飲食同。知此則知顏子與禹、稷同，曾子與子思同。故存乎卦之小大，則見事之小大齊矣。憂悔吝之將至者，當存乎介。介者，確然自守，不與物交。震懼而无咎者，當存乎悔。悔者，追悔前失而不憚改也。故悔則无咎，介則无悔，不近於知幾乎？幾者，動之微，吉之先見也。《易》曰：「介於石，不終日，貞吉。」確然自守者，守正也。

辭有易者之於吉也，所謂能説諸心；　辭有險者之於凶也，所謂能研諸慮。有憂虞悔吝，非險辭不足以盡之。爻辭也，各指其所之之險易也。所之者，動爻也，言乎其變也。《春秋傳》觀其動曰「之某卦」是也。從其所之，乃能趨時盡利，順性命之理，則繫辭焉以命之不可已也。

《易》與天地準，故能彌綸天地之道。仰以觀於天文，俯以察於地理，是故知幽明之故。原始反終，故知死生之説。精氣爲物，遊魂爲變，是故知鬼神之情狀。與天地相似，故不違。知周乎萬物，而道濟天下，故不過。旁行而不流。樂天知命，故不憂。安土敦乎仁，故能愛。範圍天地之化而不過，曲成萬物而不遺，通乎晝夜之道而知，故神无方而《易》无體。一陰一陽之謂道，繼之者善也，成之者性也。仁者見之謂之仁，知者見之謂之知，百姓日用而不知，故君子之道鮮矣。

王昭素離「《易》與天地準」合「精氣爲物」通爲一章，今從昭素。聖人觀天地以作《易》，其道甚大，與天地均，故能用天地之道，彌滿无間，綸經而不絶。天，氣也，而成文；地，形也，而有理。形散爲氣，明而幽也；氣聚成形，幽而明也。仰觀乎天，凡地之成形者，莫不有是文；俯察乎地，凡天之成象者，莫不具是理。故分而爲二，揲之以四，生二儀、四象、八卦，成三百八十四爻，萬有一千五百二十策，皆源於太極。知此則知幽明之故也。

聚而爲有，生之始也；散而入无，生之終也。始終循環，死生相續，聚散之理也。以八卦觀之，一變者，卦之始也，謂之一世；六變者，卦之終也，謂之遊魂；七變而反者，卦體復也，謂之歸魂。始者生也，終者死也，反則死而復生，故知此則知死生之説也。

乾兑，金也；震巽，木也；坎，水；離，火也；坤艮，土也。乾、震、坎、艮，陽也；坤、巽、離、兑，陰也。陰陽之精，五行之氣，氣聚爲精，精聚爲物。得乾爲首，得坤爲腹，得震爲足，得巽爲股，得坎爲耳，得離爲目，得艮爲鼻，得兑爲口。及其散也，五行陰陽各還其本，故魂陽反於天，魄陰歸於地。其生也，氣日至而滋息，物生既盈，氣日反而遊散。至之謂神，以其申也。反之謂鬼，以其歸也。陰陽轉續，觸類成形，其遊魂爲變乎？物其狀也，聚散其情也。故曰：「乾，陽物也；坤，陰物也。」知此則知鬼神之情狀矣。

或曰：太史公言儒者不言鬼神，而言有物，物與鬼神異乎？曰：人生始化曰魄，既生〔二〕陽曰魂，至於死也，體魄降而魂氣升，升則无不之也。魄降而氣不化者，物也。今人行氣中，若哭若呼，其人忤視，俄且化矣。謂誠有是，而不知氣之不化者也。謂鬼爲物，察之有不至也。韓愈謂鬼无聲形是也。

生蓍、立卦、生爻三者，「準天地」也。自此以下言彌綸天地之道。《易》與天地準，天地无一物不體，有違於物則與天地不相似，與天地相似，故不違，此言《易》之時也。性者，萬物之一源，知性則知天，知天則知物无非我者，故知周乎萬物。知周乎萬物，而不知以道濟天下則過矣。唯知周萬物而道濟乎天下，故不過，此言《易》之體也。道濟天下，酬酢萬變，其道旁行散徙，流而不反，徇物而喪己，亦過矣。故道濟天下旁行而不流，此言《易》之用也。道之行否有命，窮亦樂，通亦樂，不以天下累其心，故不憂，此言《易》之貞也。安土者，所遇而安也。雖所遇而安，亦未嘗一

〔二〕既生，叢刊本、通本同，薈要本校補「魄」字，作「既生魄」。此句亦見於《周易叢説》，爲子産之言。《叢説》亦作「既生魄」。

日忘天下，篤於仁者也，故能愛。此言《易》正而亨也。範圍者，防範之所圍，夫子所謂「矩」，莊周所謂「大方」。天地之化者，氣也。氣之推移，一息不留，故謂之化。善養其氣者，大配天地，不違也，不過也，不流也，雖憂樂以天下而適乎大中至正之矩，故不過。不過者，不過乎中也。横渠謂非也，絶物而獨化是也。此言《易》之中正也。不過故能盡己之性，能盡己之性，則能盡物之性。曲成者順萬物之理，成之者非一方也。天之生物也直，聖人相天而曲成之，不害其爲直，此言中正之成物也。曲成萬物而不遺，乃能无一物不體，與天地相似，與時偕行矣。晝夜者，陰陽也。推乎晝夜陰陽之道而通之，則知幽明，知死生，知鬼神。非盡己之性、盡物之性者不能也。故通乎晝夜之道而知。陰陽，兩也。兩者合一而不測者，神也，不測則无方。剛柔雜居而相易者，用也，相易則无體。知《易》无方，則知《易》无體，知《易》无體，則知一陰一陽之道。

一陰一陽在天，日月之行也，晝夜之經也，寒暑之運也。在人，屈伸也，動静也，語默也。推而行之，故以是名之爲道。知一陰一陽之道，則繼之而不已者，善也。君子晝有爲，宵有得，息有養，瞬有存，亹亹焉，孜孜焉，不敢須臾舍也。夫性无有不善，不善非天地之性。剛柔之氣，或得之偏乃有不善。有不善，然後善之名立，善不善相形而後命之也。善反其初者，不善盡去，則善名亦亡，故告曰善，而成之者性也。性自成也，豈人爲哉？性即天地也，所謂誠也。仁者見其物濟天下，得《易》之體也，故謂之仁；智者見其旁行而不流，得《易》之用也，故謂之知；百姓習焉而不察，行之而不著，故日用而不知。君子之道，仁智合，體用一，兼體陰陽而无累，通乎晝夜之道而知，故君子之道鮮矣。君子者，具仁智之成名，得道之大全者也。

顯諸仁，藏諸用，鼓萬物而不與聖人同憂，盛德大業至矣哉。富有之謂大業，日新之謂盛德，生生之謂易，成象之謂乾，效法之謂坤，極數知來之謂占，通變之謂事，陰陽不測之謂神。

夫《易》，廣矣，大矣。以言乎遠則不禦，以言乎邇則靜而正，以言乎天地之間則備矣。夫乾，其靜也專，其動也直，是以大生焉。夫坤，其靜也翕，其動也闢，是以廣生焉。廣大配天地，變通配四時，陰陽之義配日月，易簡之善配至德。

子曰：《易》其至矣乎。夫《易》，聖人所以崇德而廣業也。知崇禮卑，崇效天，卑法地，天地設位而《易》行乎其中矣。成性存存，道義之門。

天道之行，雷霆風雨，日月寒暑，剛柔相摩，萬物變化，「顯諸仁」也。雷霆之所以鼓，風雨之所以潤，日月寒暑之所以運行，莫知其然而然，「藏諸用」也。天理自動，萬物聽之，「鼓萬物」也。

此天道无心之妙，猶不與聖人同憂者，蓋聖人有相之道，不以其所可憂者而同乎无憂，以謂配天地立人道者存乎己，《易》之道是已。則聖人盛德大業，豈不至矣乎？橫渠曰：「富有者，大而无外也；日新者，久而无窮也。」陽生陰，陰生陽，陽復生陰，陰復生陽，生生不窮，如環无端，此之謂易。太極不動則含兩儀，動而生陽，一太極，兩儀而成象，此天所以三也。靜而生陰，陰配於陽，猶形之有影，故兩。剛柔、男女而效之法，此地所以兩也。成象者，健也，此之謂乾；效法者，順也，此之謂坤。天數二十有五，地數三十，極天地之數，而吉凶之變可以前知，此之謂占。窮則變，變則有術以通之，此之謂事。陰陽變化，不可測度，此之謂神。

是道也，在聖人爲德業，在天地之用爲《易》，在《易》爲乾坤、爲占、爲神。以兩言，該之曰仁智；以一言，該之曰道，其實一也。廣者，坤也；大者，乾也。「以言乎遠」者，變動也，入於无形，莫之能禦也。「以言乎邇」者，不變者也，靜而守正，一天下之動者也。以言乎天地之間，則乾坤合德，剛柔有體，變與不變，互相推蕩，而萬物備矣。廣矣，大矣，備矣，所謂富有也。夫乾之靜，以一陽藏於二陰之中，陰不能撓，故專。及其動也，九變爲六，依坤而行，故直。坤之靜也，以一陰藏於二陽之中，隨陽而入，故翕。及其動也，六變而九，從乾而出，故闢。直則自遂，闢則浸昌。「大生」者，通乎形外，「廣生」者，用止乎形，此廣大之辨也。天地之大德曰生，乾坤不相離也，是以能廣大，故廣大配天地。「變通」者，乾坤之動也，故變通配四時。乾坤之動者，陰陽之變也，故陰陽之義配日月。日月相推而明生焉，故也言乎天地之間者備矣，其究則乾坤簡易而已。至德者，天地之德，隱於无形者也，故簡易之善配至德。

夫子於太伯之讓、文王之德、孝也、中庸也，皆謂之至德，德至於是无以復加矣。將以崇德故知崇，將以廣業故禮卑。崇上達，《易》自下升也。卑无不至，《易》遍體也。通乎晝夜之道而知，可謂知崇矣。知崇則德崇。曲成萬物而不遺，可謂禮卑矣。禮卑則業廣。知崇效天，禮卑法地，德崇業廣，則上下與天地同流。《易》者，天地之用也。尊卑有定，天地設位，六爻上下升降，而《易》行乎其中矣。成性者存其所存，則天地位，天地位則道義出。道義者，用也。故曰「一陰一陽之謂道」，又曰「道有變動」，又曰「精義入神以致用」。夫萬物皆備於我，而存其所存者，何也？去人欲而天理存也。

聖人有以見天下之賾，而擬諸其形容，象其物宜，是故謂之象。聖人有以見天下之動，而觀其會通，以行其典禮，繫辭焉以斷其吉凶，是故謂之爻。言天下之至賾而不可惡也，言天下之至動而不可亂也，擬之而後言，議之而後動，擬議以成其變化。

「鳴鶴在陰，其子和之，我有好爵，吾與爾靡之。」子曰：君子居其室，出其言善，則千里之外應之，況其邇者乎？居其室，出其言不善，則千里之外違之，況其邇者乎？言出乎身，加乎民。行發乎邇，見乎遠。言行，君子之樞機。樞機之發，榮辱之主也。言行，君子之所以動天地也，可不慎乎？

「同人，先號咷而後笑。」子曰：君子之道，或出或處，或默或語。二人同心，其利斷金，同心之言，其臭如蘭。

「初六，藉用白茅，无咎。」子曰：苟錯諸地而可矣。藉之用茅，何咎之有？慎之至也。夫茅之爲物薄，而用可重也。慎斯術也以往，其无所失矣。

「勞謙，君子有終，吉。」子曰：勞而不伐，有功而不德，厚之至也。語以其功下人者也。德言盛，禮言恭。謙也者，致恭以存其位者也。

「亢龍有悔」，子曰：貴而无位，高而无民，賢人在下位而无輔，是以動而有悔也。

「不出户庭，无咎。」子曰：亂之所生也，則言語以爲階。君不密則失臣，臣不密則失身，幾事不密則害成，是以君子慎密而不出也。

子曰：作《易》者，其知盜乎？《易》曰：「負且乘，致寇至。」負也者，小人之事也。乘也者，君子之器也。小人而乘君子之器，盜思奪之矣。上慢下暴，盜思伐之矣。慢藏誨盜，冶容誨淫。《易》曰「負且乘，致寇至」，盜之招也。

王昭素合「初六藉用白茅」通爲一章，今從昭素。天下之至賾者，理也。天下之至動者，時也。畫卦以明理，而卦有變。生爻以明時，而爻有動。「擬諸其形容」者，剛柔有體，「象其物宜」者，百物不廢，是故謂之象。「會通」者，亨也。「典禮」者，大猷也。觀時之會，否者既通，則斟酌大猷，損益而行之，所以嘉其亨之會也。又繫辭以斷其吉凶，知用各有時，時不可失，是故謂之爻。如顛趾出否、豕塗鬼車，言天下之至賾也。然象其物之所宜，雖至賾而不可惡也。如升降上下、反復相變，言天下之至動也。然斷之以吉凶，雖至動而不可亂也。言者尚其辭，故擬之而後言，則无妄言。動者尚其變，故議之而後動，則无妄動。擬議以成其變化，則語默動靜皆中於道。《易》言變化者四：曰「天地變化」者，乾坤變化也；曰「乾道變化」者，乾之變化也；曰「剛柔相推而生變化」者，爻象之變化也；曰「擬議以成其變化」者，言行之變化也。或語或默，或出或處，變化也。爻象之變化象天地，故曰「天地變化，聖人效之」。言行之變化，體《易》也。自此以下，舉諸卦以明擬議以〔二〕成其變化者如是。

靡，當作「縻」，《中孚》九二辭也。二在內，居室也。二動五應，出其言善，千里之外應之也。兑口不動則不正，巽五不應，出其言不善，千里之外違之也。坤爲衆，行出乎身，加乎民也。内近外遠，言發乎邇，見乎遠也。艮門震動，「樞機」也。或應或否，「榮辱之主」也。乾坤天地，震巽相應，「動天地」也。明擬之而後言，議之而後動者，當如是。此動彼應，非變化乎？

「同人，先號咷而後笑」，《同人》九五辭也。五應二也，乾變爲金，兑金斷之，故曰「其利斷金」。言同心之利，動而不括者然也。巽爲草、爲臭，陽爲芬芳，二五相易，芬芳上達，兑爲口，故曰「同心之言，其臭如蘭」，言可服也。震動，或語或出也；艮止，或處或默也。出處語默不必同，所同者心，則其利可斷，其言可服。變化不同，其歸同也，明言行不必同也。《中孚》、《同人》

〔二〕「以」下，叢刊本、通本有「明」字，薈要本校記以爲「明」爲衍文。

二五相易，乃成變化，故曰「一則神，兩則化」。一者，合兩而爲一也。爻辭曰「用大師克相遇」。五四動而克三，乃與二遇。《繫辭》所陳，止以二五相易，盡同心之義，是謂玩辭玩變之道。舉上二爻，以例爻之變者也。

「藉用白茅，无咎」，《大過》初六爻辭也。初六一柔承四剛，執柔處下而不犯，雖柔无咎。譬之置器，苟錯之於平安之地，斯可矣，又藉之以潔白之茅，慎之至也。茅之爲物雖薄，而祭祀用之，可謂重矣。持是以往，何以尚之，明言行之當慎也。

「勞謙，君子有終，吉」者，《謙》九三爻辭也。坎爲勞，九三體《謙》，以陽下陰，勞而不自伐，有功而不自德〔二〕，厚之至也。語以其功下人者也。艮成始成終，成功之象，明言行之當謙也。德者，言盛者也，厚之至是也。禮者，言恭者也。禮自卑而尊人，自後而先人，故以恭言之。君子之於謙也，豈唯下人，亦所以存其位，存其位非固位，「有終吉」也。謙恭則其德厚矣。

「亢龍有悔」，《乾》上九爻辭也。不當尊位，「无位」也。乾見坤隱，坤爲衆，「无民」也。九三不應，「无輔」也。上九〔三〕剛過亢滿，不知謙降之道，是以動而有悔，違謙故也。

〔二〕德，通本、薈要本同，叢刊本作「得」。

〔三〕九，通本、薈要本同，叢刊本作「乃」。

「不出户庭，无咎」，《節》初九爻辭也。兑爲口，動於内爲舌，初應四，「出户庭」也。是爲否亂之階。初、四易，則乾君受言，坤臣納言。離爲明，坎爲難，明言而有難，不密之害也。初、四失位，君臣失也。初乾爲君，四坤爲臣，初爲事幾，成於四，四失而難作，「害成」也。不出户庭，坎離象隱，是以君子慎密而不出，言此以明不慎不密之戒。

《易》曰：「負且乘，致寇至。」《解》六三辭也。以小人而乘君子之器，則爲盗者不奪不厭，故思奪之。四坎爲盗，三、四同象，六三據非其位，「上慢」也。以柔乘剛，「下暴」也。上下惡之，盗將聲其罪，故思伐之。離爲戈兵，三、四易位，自上伐下也。慢藏者，誨人使盗，冶容者，誨人使淫，无不自己求之。負且乘，致寇至，盗之招也。故子曰：「作《易》者，其知盗乎？」言此以明致恭可以存位，慢則盗奪之伐之，爲不恭之戒。舉上五爻以例爻之不變者也。夫謙恭慎密，又知夫不密不恭之戒，則於言行也何有？善《易》者也。《易》豈止於文字而已哉？

大衍之數五十，其用四十有九。分而爲二以象兩，掛一以象三，揲之以四以象四時，歸奇於扐以象閏，五歲再閏，故再扐而後掛。天數五，地數五，五位相得而各有合。天數二十有五，地數三十，凡天地之數，五十有五，此所以成變化，而行鬼神也。《乾》之策，二百一十有六。

《坤》之策，百四十有四，凡三百有六十，當期之日。二篇之策，萬有一千五百二十，當萬物之數也。是故四營而成《易》，十有八變而成卦，八卦而小成，引而伸之，觸類而長之，天下之能事畢矣。顯道神德行，是故可與酬酢，可與祐神矣。

小衍之五，參兩也。大衍之五十，則小衍在其中矣。一者，體也，太極不動之數。四十有九者，用也，兩儀四象分太極之數。總之則一，散之則四十有九，非四十有九之外復有一，而其一不用也。方其一也，兩儀四象未始不具，及其散也，太極未始或亡，體用不相離也。四十有九者，七也。是故爻用六，蓍用七，卦用八，《玄》用九。十即五也，十盈數，不可衍也。分之左右而爲二以象兩者，分陰陽剛柔也。掛一於小指以象三者，一太極兩儀也。揲之四以象四時者，陰陽寒暑，即四象也。「歸奇於扐以象閏」者，先以其左四揲之，歸其所揲之餘而扐之，以象閏。次以其右四揲之，歸其所揲之餘而扐之，以象五歲再閏。故再扐而後復掛，皆參兩也。三揲而成一爻。閏生於日月合朔，周天不盡之氣。十九歲七閏，凡三歲閏者五，二歲閏者二，大率五歲再閏，所以定四時成歲也。韓康伯曰：「其間五歲再閏者二，故舉其凡。」是以太一筭數。關子明卜百年之義，皆源於此。京房以五十爲十日、十二辰、二十八宿。馬融謂北辰、日月、五行、十二月、二十四氣，誤也。或謂每成一爻而後掛，二揲三揲不掛，亦誤也。

一三五七九，奇也，故天數五；二四六八十，偶也，故地數十。九者，《河圖》數也；十者，《洛書》數也。「五位相得」者，一、五爲六，故一與六相得；二、五爲七，故二與七相得；三、五爲八，故三與八相得；四、五爲九，故四與九相得；五、五爲十，故五與十相得。然各有合，故一與二合，丁壬也；三與五合，甲己也；五與六合，戊癸也；七與四合，丙辛也；九與八合，乙庚也。五即十也。天地五十有五，大概如此，故曰「凡天地之數五十有五」，然五十則在其中。故《太玄》一六爲水，二七爲火，三八爲木，四九爲金，五五爲土。《黄帝書》亦曰：土生數五，成數五。是以大衍之數五十也。

大衍之數五十，而策數六、七、八、九，何也？曰：六者，一、五也；七者，二、五也；八者，三、五也；九者，四、五也。舉六七八九，則一二三四五具，所謂五與十者，未始離也。五與十，中也，中不可離也。考之於曆，四時迭王而土王四季，凡七十有五日，與金木水火等。此《河圖》十五隱於一九、三七、二四、六八之意。劉牧曰「天五居中，主乎變化，三才既備，退藏於密」是也。故六七八九而五十之數具，五十之數而天地五十有五之數具。奇耦相合也，故能成變化。相合而有升降也，故能行鬼神。變化鬼神者，天地也。成之行之者，人也。《太玄》天之策十有八，地之策十有八。虛其三以扐之，準大衍之數，其用四十有九也。雖虛其三，而三畫成首，首有三表，七八九爲用，亦大衍五十而五在其中也。凡此言天地之數五十有五，而大衍之數其用四十有九者爲是也。自此以下，再論揲之四以象四時。

歸奇合耦之數，得五與四四，則策數三十六，四九也，是爲乾之策。乾之策，老陽也。得九與八八，則策數二十四，四六也，是爲坤之策。坤之策，老陰也。得五與八八，得九與四八，策數皆二十八，四七也，是爲震坎艮之策，少陽也。得九與四四，得五與四八，策數皆三十二，四八也，是爲巽離兑之策，少陰也。三十六合二十四，六十也；二十八合三十二，亦六十也。《乾》之策六爻二百一十有六，《坤》之策六爻一百四十有四，《乾》、《坤》之策凡三百有六十。當期之日，具四時也。《震》、《坎》、《艮》之策六爻一百六十有八，《巽》、《離》、《兑》之策六爻一百九十有二，《震》、《坎》、《艮》、《巽》、《離》、《兑》之策凡三百有六十，亦當期之日。舉《乾》、《坤》則六卦舉矣。老者變，少者不變，《易》以變爲占者也。變則化成，變化則鬼神行矣。管子曰：「流行於天地之間謂之鬼神。」歸奇合耦之數所以異於策數者，存其掛一之數也。一者，太極不動之數，故五與四、四合爲十三，去其一則十二。九與八、八合爲二十五，去其一則二十四。五與八、八合爲二十一，九與四、八合亦二十一，去其一則皆二十。九與四、四合爲十七，五與四、八合亦十七，去其一皆十六。一，體也，體隱則用顯，所謂二〔二〕者亦隱，故二十四者，老陰之策也。以二十四合十二則三十

〔二〕二，通本、薈要本同，叢刊本作「顯」。

六者，老陽之策也。以二十合十二則三十二者，少陽之策也。以十六合十二則二十八者，少陰之策也。二十四合三十六，六十也；二十八合三十二，亦六十也。用與不用，通而爲一，體无非用也。劉牧謂經唯舉乾坤老陽老陰三百六十之數，當期之日，不更別舉他卦之爻，而疑六日七分之義，此不以三隅反也。唐陸希聲謂《易》以年統月，以歲統旬，以日統時。凡言月者以一策當一月，一九之策三十有六，是爲三年，故曰：皆一九之策也。又曰以年統月。一日十二時，七日八十四時，一九之策三十六，二六之策四十八，凡八十有四，是爲七日八十四時。故曰：七日者，一九、二六之策也。又曰以日統時。一朔之旬三十日。七，二十八策；八，三十二策。凡六十策，半之爲三十。故曰：言旬者，合七八之策而半之，以象一朔之旬。一閏三十日，再閏六十日。九，三十六策；六，二十四策，凡六十策。故曰：言歲者全之，以象再閏之日。月有朔虚，故半之。歲有巾盈，故全之。一月三旬，八月二十四旬，而老陰之策二十有四，故曰：八月之旬，當極陰之策，二十有四。三歲爲一閏，一歲三百六十日，而二篇之爻三百八十有四，除三百六十日，餘二十四日，故曰：閏之日當二篇之爻，八十有四〔一〕。《乾》、《坤》之策當期之日而少六日，故曰虚分包焉。二篇之爻三百八十四爻，多二十四日，故曰盈分萃焉。其説本於《繫辭》「《乾》、《坤》之策當

〔一〕八十有四，各本同，據文義，疑當作「三百八十有四」。

期之日」，然時有抵牾。且虞翻爲孫權筮雲長〔一〕，遇《節》五爻變之《臨》，曰「不出二日」。五應二，以二爻爲日也。尚廣爲孫皓筮并天下，遇《同人》之《頤》，曰「庚子歲青蓋入洛」。庚子，震初爻也。震少陽數七。鳳凰元年至天紀四年春三月，吴入晋，實七年。若以一九、二六之策推之爲八十四時，則可以言七日，不可言七歲、七年矣。又《臨》「至於八月有凶」者，謂自《復》數至《遯》，一爻爲一月，非取二十四極陰之策。若二爻屬老陰四十八策，不可言十六月矣，不然當言一歲四月乎？中條隱者謂《易》含萬象，策數乃數之一，又有爻數、卦數、五行、十日、十二辰、五聲、十二律、納甲之數，不可一端而盡。二篇之策，三百八十四爻。陽爻一百九十二，其策六千九百一十二；陰爻一百九十二，其策四千六百八。二篇之策合之，凡萬有一千五百二十，當萬物之數。此變爻也，老陽老陰之策也。以不變者論之，少陽之策二十有八，凡一百九十二爻，爲五千三百七十六策。少陰之策三十有二，凡一百九十二爻，爲六千一百四十四策。二篇之策合之亦萬有一千五百二十，當期之日。變者以不變爲基，不變者以變者爲用。以爻數言之，陽爻一百九十二，晝數也，其數一千七百二十八。陰爻一百九十二，夜數也，其數二千一百五十二。綜而言之，二千八百八十。凡四求之，亦萬有一千五百二十，當萬物之數。四時行而後萬物生，无非四也。故曰

〔一〕雲長，叢刊本、通本、薈要本作「關羽」。

「四營而成易」。分二掛一，歸四揲之，餘而併扐之，一變也。三變而成一爻，六爻十有八變而成卦，自《乾》至《坤》八卦而小成。引而伸之，爲六十四卦。觸類而長之，乃有變動。或謂三畫之卦爲小成，誤也。上既陳十有八變而成卦，則八卦者，重卦也。八卦而六十四卦具，故曰「小成」。白歸奇合扐之數觀之：三少者，乾也；三多者，坤也；一少二多者，震坎艮也；二少一多者，巽離兑也。三少者，策數九；三多者，策數六；一少二多者，策數七；一多二少者，策數八。則多少之數，八卦已具。自三畫觀之，八卦爲陽畫者十有二，陰畫者二十有四。陽，七九也；陰，六八也。九六，十五也。七八，亦十五也。二十四者，坤策也。總而爲三十六者，乾策也。則三畫之中，五行、十日、十二辰、二十四氣已具。引而伸之，觸類而長之，不越乎此。是故聖人語小，天下莫能破；語大，天下莫能載。謂八卦而小成者，舉中而言也。

「顯道」者，危者使平，易者使傾，懼以終始，其要无咎之道也。「德行」者，卦之德行。「神」者，變而通之。「酬酢」者，互爲賓主。「祐神」者，先後天也。飲酒之禮，主人獻賓，賓酢主人，主人酬賓。卦反復相變，而《乾》、《坤》、《坎》、《離》、《大過》、《頤》、《小過》、《中孚》不變，此所以能酬酢也。

子曰：知變化之道者，其知神之所爲乎。《易》有聖人之道四焉，以言者尚其辭，以動者尚其變，以制器者尚其象，以卜筮者尚其占。是以君子將有爲也，將有行也，問焉而以言，其受命也如嚮，无有遠近幽深，遂知來物。非天下之至精，其孰能與於此。參伍以變，錯綜其數。通其變，遂成天地之文；極其數，遂定天下之象。非天下之至變，其孰能與於此。《易》，无思也，无爲也，寂然不動，感而遂通天下之故。非天下之至神，其孰能與於此。夫《易》，聖人之所以極深而研幾也。唯深也，故能通天下之志；唯幾也，故能成天下之務；唯神也，故不疾而速，不行而至。子曰：《易》有聖人之道四焉者，此之謂也。

變化之道，盡於參兩之神，知其道，則知神之所爲。辭也、變也、象也、占也，四者《易》之變化，本於參兩者也，參天兩地也。錯綜而生變化，其妙至於不可知，然亦不越乎四者。故以言者尚其辭，則言必不苟；以動者尚其變，則動必精義；以制器者尚其象，則器必致用；以卜筮者尚其占，則占必知來。非神之有爲乎？有爲造事也，有行舉事也。有問者焉，而以《易》言之，則其辭足以答〔一〕天

〔一〕答，通本、薈要本同，叢刊本作「德」。

下之問。有命者焉，受而應之如響，則其占足以決天下之疑。問答占決，皆辭也，故通言之。无有遠近，以内外言也；无有幽深，以變動言也。心者，天地之鑑，萬物之鏡，顯於參伍之神，則遠近幽深畢陳乎前，遂知來物，我與物一也。精之又精，謂之至精。「參伍以變」者，縱横十五，天地五十有五之數也。錯之爲六七八九，綜之爲三百六十。以天地觀之，陰陽三五。一五以變爲候者七十二，一五以變爲旬者三十六，三五以變爲氣者二十四。三百六十五日，周而復始，故乾之策三十有六者，三六而又二也。坤之策二十有四者，二六而又二也。三其二十四，與二其三十六，皆七十二。三其七十二爲二百一十六，得《乾》之策。二其七十二爲百四十四，得《坤》之策。三畫之卦，三變而反；六畫之卦，五變而復。通六七八九之變，則剛柔相易，遂成天地之文。極五十有五之數，則剛柔有體，遂定天下之象。非成文不足以成物，非定象不足以制器。變之又變，謂之至變。夫有行始於有爲，有爲始於有思。有思有爲者，人也；无思无爲者，天也。誰能有思有爲而无於人之累乎？其唯《易》而已。《易》有思也，本於无思；有爲也，本於无爲。合五十有五之數，歸於太極，寂然无聲，其一不動，萬化冥會乎其中，有物感之，散爲六七八九之變，而天下之所以然者，无乎不通。所謂遠近幽深，遂知來物，乃其一也。精者，精此者也；變者，變此者也。神之又神，謂之至神。精故可以窮深，變故可以與幾。夫《易》，聖人體之以極深研幾者也。天下之志，藏於无形，非推見至隱者，其能盡通乎？《易》，至精者也，天下之務，其來无窮，非曲得所謂者，其能成乎?《易》,至變者也。疾而速,行而至,有思有爲者皆然。《易》,至神也,體《易》者至於不疾而速,不行而至者,極深研幾之效也,莫知其然而然也。故曰:「《易》有聖人之道四焉。」

天一,地二,天三,地四,天五,地六,天七,地八,天九,地十。子曰:夫《易》,何爲者也?夫《易》,開物成務,冒天下之道,如斯而已者也。是故聖人以通天下之志,以定天下之業,以斷天下之疑。是故蓍之德圓而神,卦之德方以知,六爻之義易以貢。聖人以此洗心,退藏於密,吉凶與民同患。神以知來,知以藏往,其孰能與此哉?古之聰明叡知,神武而不殺者夫。是以明於天之道,而察於民之故,是興神物,以前民用。聖人以此齋戒,以神明其德夫。是故闔户謂之坤,闢户謂之乾,一闔一闢謂之變,往來不窮謂之通,見乃謂之象,形乃謂之器,制而用之謂之法,利用出入,民咸用之謂之神。

是故《易》有太極,是生兩儀,兩儀生四象,四象生八卦,八卦定吉凶,吉凶生大業。是故法象莫大乎天地，變通莫大乎四時，縣象著明莫大乎日月，崇高莫大乎富貴。備物致用，立成器以爲天下利，莫大乎聖人。探賾索隱，鈎深致遠，以定天下之吉凶，成天下之亹亹者，莫大乎蓍龜。是故天生神物，聖人則之。天地變化，聖人效之。天垂象，見吉凶，聖人象之。河出圖，洛出書，聖人則之。《易》有四象，所以示也；繫辭焉，所以告也；定之以吉凶，所以斷也。《易》曰：「自天祐之，吉无不利。」子曰：祐者，助也。天之所助者順也，人之所助者信也。履信思乎順，又以尚賢也。是以自天祐之，吉无不利也。

萬物在天地間，不離乎五十有五之數，聖人雖不言，其能逃乎？然則《易》之爲書，何爲者也？物有理，《易》則開之；事有時，《易》則成之。聖人冒天下之道，所謂《易》者如斯而已者也。「冒天下之道」者，日月所照，霜露所墜，舟車所至，凡有血氣者，必待此道而後覆冒。關子明曰：「家生有定數，吉凶有前期，變而能通，則治亂有可易之理。」天命人事其同歸乎！故聖人以此通天下之志，謂其極深也；以此定天下之業，謂其成務也；以此斷天下之疑，謂其受命如響也。天下之業定，則務既成矣。聖人於天地五十有五之數，蓋有超然獨得而遺乎數者，是故蓍運无窮，可以前知，其德圓而神也。聖人以此洗心，酬酢萬變，一毫不留於胸中，卦成不易，爻見而策藏，其德方以知也。聖人以此退藏，遁於无形，深不可測。六爻之義，唯變是適，上下内外相易，以告吉凶，聖人以此吉凶與民同患。夫洗心退藏，若絶倫離類則過矣。是以吉凶與民同患，開物於幾先，故曰「知來」，所謂可以前知也。明憂患而弭其故，故曰「藏往」，所謂爻見而策藏也。惟吉凶與民同患，是以有開物成務，冒天下之道，此所謂「不與聖人同憂」者也。若捨是道，唯數而已，則《易》於天地爲贅矣。

上言蓍神、卦知、爻義，而總之以神知者，言卦則爻在其中。孰能與於此者哉？古者聰明不蔽於耳目，叡知不蔽於思慮，有武而不殺者夫。有武不殺，萬物自服，故謂之神武。物之蒙蔽，動違諸理，不得已而用刑，至於殺之，豈得已哉？聖人憂之，是以明於天之道，察於民之故。明於天之道而不察於民之故，知天而已，非聖人也。无非物也，天地五十有五之數見於蓍龜，故謂之神物。是興神物，前百姓之日用示之以吉凶之理，使知違順取捨，其效至於刑措不用，兵革不試，何殺之有？然非聰明叡知，豈能明察如此？聖人以此齋潔，戒慎恐懼於不聞不睹，所謂誠也。「神明其德」者，配天地也，故其民有肅心而不欺。民至於不欺，至矣。

坤自夏至以一陰右行，萬物從之而入，故曰「闔户謂之坤」。乾自冬至以一陽左行，萬物從之而出，故曰「闢户謂之乾」。坤闔則陽變而陰，乾闢則陰變而陽，故一闔一闢謂之變。闔者，往也；闢者，來也。一闔一闢，往來相感，其機有不得息者，故往來不窮謂之通。氣聚而有見，故謂之象。象成而有形，故謂之器。利用此道以動静出入，而蚩蚩之民咸日用之，莫知其然，故謂之神。七者同出而異名，其變化之道，神之所爲乎？知闔闢變通者，明於天之道；知利用出入民咸用之者，察於民之故。乾天坤地而曰「明於天之道」者，乾兼坤也。闔闢以一歲言之，寒暑也；以一日言之，晝夜也；以一身言之，出入之息，死生之變也。无闔則无闢，无静則无動，此《歸藏》所以先坤歟？

此以下言是興神物。極，中也。太極，中之至歟！《易》有太極，四十有九合而爲一乎？四象八卦具而未動，謂之太極，在人則喜怒哀樂之未發者也。陰陽匹也，故謂之儀。太極動而生陰陽〔二〕，陽極動而生陰，陰極復動而生陽。始動静者，少也；極動静者，老也。故生四象。乾，老陽也；震坎艮，少陽也；坤，老陰也；巽離兑，少陰也。故四象生八卦。卦有爻，爻有位，剛柔

〔二〕「陰陽」二字，叢刊本無。通本、薈要本同底本。

相交〔一〕有當否，故八卦定吉凶。有吉凶則有利害，人謀用矣，故生大業。「八卦定吉凶」者，開物也；「吉凶生大業」者，成務也。法象莫大乎天地，故定乾坤也。變通莫大乎四時，故明六爻也。縣象著明莫大乎日月，故用坎離也。積而崇高者，富貴也。富貴然後可與人共位，食禄行道，爻之尊位是也，故莫大乎富貴。備百物致民用，立成器如網罟耒耜之類，以爲天下利，唯聖人能之。《象》言先王、大人、君子之所以者是也，故莫大乎聖人。天地鬼神之奥，幽賾隱伏，深遠而難窮。探取之、搜索之、鉤出之，使自至之，以定吉凶之未形，以成亹亹之不已，唯蓍龜能之，故莫大乎蓍龜。聖人觀天地、四時、日月，又考之蓍龜而作《易》，以通神明之德，以類萬物之情，處崇高之富貴，備物致用，立成器，建卜筮。然則通天下之志，定天下之業，斷天下之疑，非聖人其孰能之？是以成位兩間，與天地並立，故曰大哉。人謨捨此而能覆冒天下者，未之見也。

蓍一根而百莖，龜具八卦、五行，天地之數，神物也，故聖人則之。天地變化，四時行焉，萬物生焉，故聖人效之。日月五星，天象也。天不言，示之以象，吉凶見矣，故聖人象之。《河圖》九宫、《洛書》五行，聖人則之。效之者，效之以六爻之動，故曰：「爻者，效天下之動者也。」象之者，象也，故曰：「象也者，像也。」於蓍龜圖書言則之者，大衍之數、八卦、五行，作《易》者則之。

〔一〕交，通本、薈要本同，叢刊本作「文」。

故乾、坤、坎、離、震、巽、艮、兑三畫之卦，爻合皆九六七八，九數皆十五。水六、火七、木八、金九，五行之數具焉。《傳》曰：「聖人以蓍龜，而信天地四時日月之象數，以《河圖》、《洛書》，而信蓍龜之象數，信矣其不疑也，於是乎作《易》。」《易》有四象，聖人所以示吉凶也。繫辭焉而命之，所以告吉凶也。《易》於吉凶，有以利言者，有以情遷者，有義命當吉、當凶、當否、當亨者，一以貞勝而不顧，非聖人不能定也。定之者，所以斷之。

《易》曰：「自天祐之，吉无不利。」《大有》上九辭也。乾爲天，爲人。祐，助也。坤爲順，五與二孚信也。天之所助者，順理也；人之所助者，信相與也。六五履信而思乎順，又自下而上賢，是以自天祐之，吉无不利。言此者，明獲天人之利，然後吉无不利。聖人明於天之道，察於民之故，合天人者也。

子曰：書不盡言，言不盡意。然則聖人之意，其不可見乎？子曰：聖人立象以盡意，設卦以盡情僞，繫辭焉以盡其言，變而通之以盡利，鼓之舞之以盡神。乾坤其《易》之緼邪？乾坤成列，而《易》立乎其中矣。乾坤毀，則无以見《易》。《易》不可見，則乾坤或幾乎息矣。是故形而上者謂之道，形而下者謂之器，化而裁之謂之變，推而行之謂之通，舉而錯之天下之民謂之事業。是故夫象，聖人有以見天下之賾，而擬諸其形容，象其物宜，是故謂之象。聖人有以見天下之動，而觀其會通，以行其典禮，繫辭焉以斷其吉凶，是故謂之爻。極天下之賾者存乎卦，鼓天下之動者存乎辭，化而裁之存乎變，推而行之存乎通，神而明之存乎其人。默而成之，不言而信，存乎德行。

言之難論〔二〕者，不能盡形之於書；意之難傳者，不能盡見之於言。然聖人之意，終不可見於天下後世乎？夫有意斯有名，有名斯有象。意至賾也。聖人於无形之中建立有象，因象而得名，因名而得意，則言之所不能盡見者盡矣。君子小人，情僞而已矣。情則相應，僞則相違。聖人陳卦以示之，斷之以中正，而君子小人見，然後著情去僞，而其意誠矣。繫之卦辭，又繫之爻辭，以吉凶明告之，於〔三〕卦象相發，則書之所不能盡形者盡矣。陰極變陽，陽極變陰，當變而變則通，不變則窮，窮非道也。變而通之，則无所不利，而道行矣。鼓舞者，鼓之於此，舞之於彼，動止應節，莫

〔二〕論，通本、薈要本同，叢刊本作「諭」。

〔三〕於，叢刊本、通本、薈要本作「與」。

知其然，神也。横渠曰：「辭不鼓舞則不足以盡神。」爻至於變通以盡利，辭至於鼓舞以盡神，則聖人之意，幾无餘藴矣。乾坤成列，則象爻變動藴於其中。乾坤，體也；象爻變動，用也。體毁則用不可見，用不可見則體因是息矣，故曰：「乾坤其《易》之藴邪？」「乾坤毁，則无以見《易》。《易》不可見，則乾坤幾乎息矣。」乾，健也；坤，順也。健順者，意也，謂之乾坤者，名也。乾奇坤偶者，象也，象成而著者，形也。形而上者謂之道，變通也；形而下者謂之器，執方也。然則變通者，《易》之道；執方者，《易》之器。是故語道而至於不可象，則名言亡矣。變通一也，離而言之則二。今天地之化，一息不留，聖人指而裁之，則謂之變。故晝夜六時，寒暑六氣，剛柔六位，因其化而裁之，以著其變之微，故曰「化而裁之謂之變」。晝夜相推爲一日，寒暑相推爲一歲，剛柔相推爲一卦，推之則通，故曰「推而行之謂之通」。又曰：「剛柔相推，變在其中矣。」知此則知變通一也。舉此道而措之於天下，謂之事業。又曰「通變之謂事」，知此則知事業、通變一也。

聖人見天下之至賾，將以示人，故擬諸其形容，象其八〔二〕物之宜。形，一定也，剛柔以立本也；容，變動也，變通以趨時也。是故謂之象。立象，則卦也、變通也在其中矣。聖人見天下之至動，既觀其會通之時，損益典禮以行之矣。又繫之辭，以斷其疑，曰如是而吉，如是而凶，是故謂

〔二〕「八」字，叢刊本無。通本、薈要本同底本。

之爻。繫辭，則變通在其中矣。然則體《易》者，欲極天下之至賾者，存乎卦可也，存乎卦則見象矣。欲鼓天下之至動者，存乎辭可也，存乎辭則見變通矣。化而裁之，其化有漸，存乎爻之變可也。推而行之，其利不窮，存乎爻之通可也。神而藏用，明而顯仁，存乎古之人可也。《革》存乎湯、武，《明夷》存乎文王、箕子，《復》存乎顏氏之子，故曰「存乎其人」。默然而成之，言不下帶而道存者，以心感心也，存諸己也。故曰：「不言而信，存乎德行。」《易》至於存乎德行，則得意忘象，我與聖人一也。《上繫》終於「默而成之，不言而信」，《下繫》終於六辭，語默一也。

漢上易傳卷八

繫辭下傳

八卦成列，象在其中矣。因而重之，爻在其中矣。剛柔相推，變在其中矣。繫辭焉而命之，動在其中矣。吉凶悔吝者，生乎動者也。剛柔者，立本者也。變通者，趣時者也。吉凶者，貞勝者也。天地之道，貞觀者也。日月之道，貞明者也。天下之動，貞夫一者也。夫乾，確然示人易矣。夫坤，隤然示人簡矣。爻也者，效此者也。象也者，像此者也。爻象動乎內，吉凶見乎外，功業見乎變，聖人之情見乎辭。

伏羲始畫八卦，八卦成列而乾坤定位。震巽一交也，坎離艮兑二交也。兑以一陽與艮，坎以一陰奉離，震巽以二相易，六十四卦之象在其中矣。三畫，天地人也，伏羲因而重之，六位成章，兼三才而兩之，則三百八十四爻在其中矣。《歸藏》初經八卦六爻，則知因而重之者，伏羲也。姚信曰：「連山氏得《河圖》，夏人因之曰《連山》。歸藏氏得《河圖》，商人因之曰《歸藏》。伏羲氏得《河圖》，周人因之曰《周易》。」連山，神農氏也；歸藏，黄帝氏也。其經卦皆八，本伏羲也。其别卦皆六十有四，因八卦也。六爻剛柔互相推蕩，六十四卦之變在其中矣。鄭康成曰：「慮羲作十言之教，曰乾、坤、震、巽、坎、離、艮、兑、消、息，無文字，謂之《易》。」乃知《周易》繫辭於卦下者，文王也。文王繫辭指其象而命之以名，則周公之爻辭所以鼓天下之動者在其中矣。

彖辭曰吉凶而已，吉凶悔吝者，爻辭也，是亦生乎卦之動也。爻動静當，則吉。當静而動，當動而静，則凶、悔、吝矣。言「吉凶悔吝生乎動」者，主動爻言之也。自神農氏而下，演爲三《易》，贊爲《十翼》，非聖人能爲是也。引而伸之，不外是也。爻有剛柔，不有兩則一不立，所以立本也。剛柔相變通，其變以盡利者，趣時也。趣時者，時中也。故曰：「乾坤毁，則无以見《易》矣。」剛柔相錯，有當有否，則吉凶生。又曰「吉凶者，貞勝也」，何謂邪？此於動中明乎不動者也，韓康伯謂「不累乎吉凶」是已。張載曰：「有義命當吉、當凶、當否、當亨者，聖人不使避凶趨吉，一以貞勝而不顧，如『大人否亨』，『有隕自天』，『過涉滅頂，凶，无咎』，《損》、《益》『龜不克違』，及『其命亂也』之類。」天地之道有升降，然上下之觀不動也，故曰：「天地之道，貞觀也。」日月之道有往來，然晝夜之明不動也，故曰：「日月之道，貞明也。」天下之動，吉凶之變多矣，而君子安其義命，一以貞勝，吉凶不能動，何累之有？故曰：「天下之動，貞夫一也。」一者，貞也。貞所以一天下之動，此彖辭、爻辭所以貴夫貞也。吉凶以貞勝，故能立天下之本，趨天下之時。

八卦，本乾坤者也。夫乾陽至剛，確然不易，示人爲君、爲父、爲夫之道，不亦易乎？夫坤陰至柔，隤然而順，示人爲子、爲臣、爲婦之道，不亦簡乎？乾剛坤柔，以立本者也。爻也者，效乾坤之動者也。天道下濟，地道上行，剛柔相推，變通以趣時者也。象者，像乾坤之象者也。爻有變動，象亦像之。爻象動乎内者，有當有否，則人事之見於外者，有吉有凶，人與乾坤一也。吉凶之變，有術通之，凶者反之吉，則功業不期於見而見矣。觀此，則乾坤示人足矣，聖人必以彖言乎象、爻言乎變、繫辭以言吉凶者，聖人之情，愛人无已也，恐其陷於凶咎，是以指其所之，故考乎其辭，則聖人之情見矣。

天地之大德曰生，聖人之大寶曰位。何以守位？曰仁。何以聚人？曰財。理財正辭，禁民爲非，曰義。

古者包犧氏之王天下也，仰則觀象於天，俯則觀法於地，觀鳥獸之文與地之宜，近取諸身，遠取諸物，於是始作八卦，以通神明之德，以類萬物之情。作結繩而爲綱罟，以佃以漁，蓋取諸《離》。包犧氏没，神農氏作。斲木爲耜，揉木爲耒，耒耨之利，以教天下，蓋取諸《益》。日中爲市，致天下之民，聚天下之貨，交易而退，各得其所，蓋取諸《噬嗑》。神農氏没，黄帝、堯、舜氏作，通其變，使民不倦，神而化之，使民宜之。《易》窮則變，變則通，通則久，是以自天祐之，吉无不利。黄帝、堯、舜垂衣裳而天下治，蓋取諸《乾》、《坤》。刳木爲舟，剡木爲楫，舟楫之利，以濟不通，致遠以利天下，蓋取諸《涣》。服牛乘馬，引重致遠，以利天下，蓋取諸《隨》。重門擊柝，以待暴客，蓋取諸《豫》。斷木爲杵，掘地爲臼，臼杵之利，萬民以濟，蓋取諸《小過》。弦木爲弧，剡木爲矢，弧矢之利，以威天下，蓋取諸《睽》。上古穴居而野處，後世聖人易之以宫室。上棟下宇，以待風雨，蓋取諸《大壯》。古之葬者，厚衣之以薪，葬之中野，不封不樹，喪期无數，後世聖人易之以棺槨，蓋取諸《大過》。上古結繩而治，後世聖人易之以書契，百官以治，萬民以察，蓋取諸《夬》。

是故《易》者，象也。象也者，像也。彖者，材也。爻也者，效天下之動者也。是故吉凶生而悔吝著也。

胡旦分「天地之大德曰生」爲一章，「陽卦多陰」爲一章，考之文義，當從旦。龔原本亦然。

乾，大生也；坤，廣生也。乾坤合而成德，生物而已，故曰「天地之大德曰生」。聖人之情見乎辭者，亦天地之德也。聖人成位乎兩間，有其德无其位，不能兼善天下。於其位也，慎之重之，在卦則尊位也，故曰「聖人之大寶曰位」。天地之大德曰生者，仁也。聖人成位乎兩間者，仁而已矣，不仁不足以參天地。聖人者，聰明叡知，神武而不殺。不殺者，好生也，故曰：「何以守位？曰仁。」仁被萬物，取財於天地，則財不可勝用。其民養生喪死无憾，可以保四海，守宗廟社稷。故曰：「何以聚人？曰財。」理財者，節之以制度也，節之類是也。正辭者，正邪説也，六辭是也。禁民爲非者，禁其非，歸之於是也。如是乃得其宜，故曰「義」。義所以爲仁，非二本也，故曰：「立人之道，仁與義。」莫非義也。義至於禁民爲非，盡矣。

白此以下，明「備物致用，立成器以爲天下利」者，无非有取於《易》，皆仁也。曰「王天下」者，明守位也，所謂「崇高莫大乎富貴」也。鳥獸之文，即天文。《太玄》曰：「察龍虎之文，觀鳥龜之理。」舉鳥獸則龜見矣。仰觀龍虎鳥龜之文，其形成於地；俯觀山川原隰之宜，其象見於天。凡在地者，皆法天者也。近取諸身，則八卦具於百骸，而身无非物；遠取諸物，則八卦具於萬物，而物无非我。故神明之德雖異，而可通，萬物之情雖衆，而可類。其道至於一以貫之。此包犧氏所以作《易》。一者何？仁也。

上古茹毛飲血，故教之以佃漁，蓋取諸重離。巽繩離目，網目謂之罟，兩目相連，結繩爲之，罔罟也。離爲雉，佃也；兑巽爲魚，漁也。觀此，則伏羲畫八卦，因而重之明矣。神農氏時，民厭鮮食，而食草木之實，聖人因是以達其不忍之心，故教以耒耜之利，蓋取諸《益》。《益》、《否》乾之初也，乾金斲巽木，「斲木」也。四之三成坎，坎爲揉，之初成震，「揉木」也。入坤土而巽於前，「斲木爲耜」也。動於後，「揉木爲耒」也。耒耜之利，其益无方矣。是時民甘其食，美其服，至死不相往來，故教之以交易，蓋取諸《噬嗑》。《噬嗑》，《否》五之初也。離日在上爲日中，坤衆在下爲市衆，爲民。離有伏兑爲贏貝，坤往之乾，「致天下之民，聚天下之貨」也。以坤交乾，「交易」也。乾五退初而得位，「各得其所」也。佃漁不言利，於耒耜言利，佃漁非聖人本心也。佃有猛虎之害，漁有蛟龍之害，不若耒耜之利。爲市不言利者，聚天下之貨，利在其中矣。唐虞氏時，洪水之患，庶民鮮食，然後教民稼穡，懋遷有无，化居其道，萬世一揆。神農氏没，民情已厭，黄帝、堯、舜作，因其可變，變而通之，使民日用其道而不倦，而又微妙入神，化而无迹，天下各得其宜。蓋《易》道陽極變陰，陰極變陽，變則不窮，不窮則可久而不息，善乎變通以趨時也。是以自天祐之，吉无不利。聖人先後天故也。神農氏時與民並耕而食，饔飧而治，至〔一〕是尊卑定位，君逸臣勞。乾坤无爲，六子自用，垂衣裳而天下治，蓋取諸《乾》、《坤》。乾在上爲衣，坤在下爲裳。上古山无蹊，澤无梁，至是舟楫之利以濟不通，蓋取諸《涣》。《涣》，《否》四之二也。乾金刳巽木，浮於坎上，「刳木爲舟」也。離火上鋭，「剡木爲楫」也。否塞者涣散，「濟不通」也。上古牛未穿、馬未絡，至是服牛乘馬，引重致遠，以利天下，蓋取諸《隨》。《隨》，《否》上九之初也。坤牛而震足驅之，「服牛」也。震，作足馬，而巽股據之，「乘馬」也。坤輿震輹，上六引之，「引重」也。内卦近，外卦遠，上六在外卦之外，「致遠」也。牛馬隨人而動。否，不通也，上之初，濟不通也。上古外户不閉，禦風氣而已，至是重門擊柝，以待暴客，蓋取諸《豫》。《豫》，《謙》之反也。《謙》艮爲門，九三之四又爲門，「重門」也。艮爲手，坎爲堅木，震爲聲，手擊堅木而有聲，擊柝也。坤爲闔户，而坎盜逼之，「暴客」也。知耒耜而不知杵臼之利，則利天下者有未盡，故教之以杵臼之利，蓋取諸《小過》。《小過》，《明夷》初之四也。兑金斷巽木，「斷木爲杵」也。巽木入坤土，「掘地爲臼」也。坎，陷也，臼之象。杵動於上，臼止於下，四應初，三應上，上下相應，「杵臼之利」也。坎變巽股，萬民濟也。

〔一〕至，通本、薈要本同，叢刊本作「正」。

知門柝而不知弧矢之利，則威天下者有未盡，故教之以弧矢之利，蓋取諸《睽》。《睽》，《家人》反也。《家人》巽爲木，巽離爲絲，坎爲弓，弦木爲弓也。兑金剡木而鋭之，「剡木爲矢」也。兑決乾剛，「威天下」也。聖人以百姓之心爲心，民之所欲，不以强去，民之所惡，不以强留，然變而通之者，亦因其典禮以損益之而已。且上古穴居而野處，後世聖人易之以宫室，自黄帝而來，夏后氏之世室，商人之重屋，周人之明堂，宫室之制有不同，而上棟下宇，以待風雨，取諸《大壯》者同也。《大壯》自《遯》來，三復三變也。一變《中孚》，艮爲居，兑爲口，穴之象，「穴居」也。再變《大畜》，乾在上，天際也，野之象，巽入變艮而止，「野處」也。三變《大壯》，震木在上，棟也，乾天在下，宇也。巽風隱，兑澤流，「待風雨」也。《大壯》則不撓矣。古之葬者，厚衣之以薪，葬之中野，不封不樹，喪期无數。後世聖人易之以棺槨，自堯、舜以來，有虞氏之瓦棺，夏后氏之堲，周、商人之梓，棺槨之制有不同，而取諸《大過》者同也。《大過》自《遯》四變，一變《訟》，乾見坤隱，「不封」也。再變巽木而兑金毁之，「不樹」也。三變《鼎》，離爲目，兑澤流，喪也。上九變而應三，坎兑爲《節》不變，「喪期无數」也。木在澤下，中有乾人，「棺槨」也。葬則棺周於身，槨周於棺，土周於槨，《大過》也。上古結繩而治，後世聖人易之以書契，象形、會意、轉注、處事、假借、諧聲，書契之制有不同，而百官以治，萬民以察，取諸《夬》者同也。《夬》自《姤》五變。一變《同人》，二變《履》，三變《小畜》，四變《大有》。《姤》巽爲繩，「結繩」也。巽變成離，坤離爲文，「書」也。兑金刻木，「契」

也。乾爲君，坤爲臣民，坤居二四上，「百官以治」也。離明上達，「萬民以察」也。以是決天下疑者，夬也。以是推之後世：畋獵捕魚之器雖不同，而取於《離》則同也；井牧〔一〕溝洫之事雖不同，而取於《益》則同也；朝市〔二〕夕市雖不同，而取於《噬嗑》則同也。餘卦可以類推矣。

蓋動於人情，見於風氣，有是時必有是象。《易》者，象也。《易》之有象，擬諸其形容而已，猶繪畫之事、雕刻之工，一毫損益則不相似矣。象之辭又謂之彖者，言乎其才也。卦有剛柔，才也。有是時，有是象，必有是才以濟之〔三〕。才與時會，斯足以成務矣。然天下之動，其微難知，有同是一時，同處一事，所當之位有不同焉，則趨舍進退殊途矣，故曰：「爻者，效天下之動也。」是以卦同爻異，趣時之變不得而同，然所歸則若合符節，故自伏羲、神農、黄帝、堯、舜，凡六萬一千四百有餘歲，而行十三〔四〕卦而已。夫爻動則有吉凶悔吝，吉凶者，所以生大業也。吉凶生而悔吝著，其動可不慎乎？

陽卦多陰，陰卦多陽，其故何也？陽卦奇，陰卦耦。其德行何也？陽一

〔一〕牧，通本、薈要本同，叢刊本作「收」。
〔二〕朝市，通本、薈要本同，叢刊本作「胡中」。《永樂大典》卷一一八八作「朝中」。
〔三〕之，通本、薈要本同，叢刊本作「人」。
〔四〕「三」字，叢刊本無。通本、薈要本同底本。

君而二民，君子之道也；陰二君而一民，小人之道也。

《易》曰：「憧憧往來，朋從爾思。」子曰：天下何思何慮？天下同歸而殊塗，一致而百慮，天下何思何慮？日往則月來，月往則日來，日月相推而明生焉。寒往則暑來，暑往則寒來，寒暑相推而歲成焉。往者屈也，來者信也，屈信相感而利生焉。尺蠖之屈，以求信也。龍蛇之蟄，以存身也。精義入神，以致用也。利用安身，以崇德也。過此以往，未之或知也。窮神知化，德之盛也。

《易》曰：「困于石，據于蒺藜，入于其宮，不見其妻，凶。」子曰：非所困而困焉，名必辱；非所據而據焉，身必危。既辱且危，死期將至，妻其可得見耶？

《易》曰：「公用射隼于高墉之上，獲之，无不利。」子曰：隼者，禽也；弓矢者，器也；射之者，人也。君子藏器於身，待時而動，何不利之有？動而不括，是以出而有獲，語成器而動者也。

子曰：小人不恥不仁，不畏不義，不見利不勸，不威不懲。小懲而大誡，此小人之福也。《易》曰「屨校滅趾，无咎」，此之謂也。善不積不足以成名，惡不積不足以滅身。小人以小善爲无益而弗爲也，以小惡爲无傷而弗去也，故惡積而不可掩，罪大而不可解。《易》曰：「何校滅耳，凶。」

子曰：危者，安其位者也；亡者，保其存者也；亂者，有其治者也。是故君子安而不忘危，存而不忘亡，治而不忘亂，是以身安而國家可保也。《易》曰：「其亡其亡，繫于苞桑。」

子曰：德薄而位尊，知小而謀大，力小而任重，鮮不及矣。《易》曰：「鼎折足，覆公餗，其形渥，凶。」言不勝其任也。

子曰：知幾其神乎！君子上交不諂，下交不瀆。其知幾乎！幾者動之微，吉之先見者也。君子見幾而作，不俟終日。《易》曰：「介于石，不終日，貞吉。」介如石焉，寧用終日？斷可識矣。君子知微知彰，知柔知剛，萬夫之望。

子曰：顏氏之子，其殆庶幾乎？有不善未嘗不知，知之未嘗復行也。《易》曰：「不遠復，无祇悔，元吉。」

天地絪縕，萬物化醇。男女構精，萬物化生。《易》曰：「三人行，則損一人，一人行，則得其友。」言致一也。子曰：君子安其身而後動，易其心而後語，定其交而後求。君子修此三者，故全也。危以動，則民不與也；懼以語，則民不應也；无交而求，則民不與也。莫之與，則傷之者至矣。《易》曰：「莫益之，或擊之，立心勿恒，凶。」

凡得乎乾者爲陽卦，震坎艮是也；凡得乎坤者爲陰卦，巽離兑是也。陽卦以奇爲本，故多陰；陰卦以耦爲本，故多陽。本不可二也。陰陽二卦，其德行不同，何也？陽一君而遍體二民，二民共事一君，一也，故爲君子之道。陰卦一民共事二君，二君共争一民，二也，故爲小人之道。陽貴陰賤，晝人多福，夜人多禍，故君子貴夫一也。

《咸》九四曰「憧憧往來，朋從爾思」者，勞神明以爲一也。夫思之所及，朋則從之，思之所不及，其誰從乎？雖憧憧於往來之間，其從亦狹矣。不知天下何思何慮，萬物即一，一即萬物，同歸而有殊塗，一致而具百慮。其一既通，萬物自應，豈思慮營營之所至哉？且日月寒暑，一往一來，自異者觀之兩也。相推而生明，相推而成歲，自同者觀之一也。自往自來，其誰使之？往者屈也，來者信也，一屈一信，默然相感而利生焉。尺蠖不屈則不能信，龍蛇不蟄則不能存，消息循環，相待而爲用。夫致用在於精義，義則无決擇、无取舍，唯其宜而已。精一於義，則進而入於不可知之神。故感而後動，其動也天，其用利矣。遊乎人間，物莫之傷，其身安矣。利用安身，日進无疆，德不期於崇而自崇矣，此吾之所知也。過此以往則化矣，如日月有明，容光必照，寒暑相代，萬物自生，日月寒暑所不能知也。故曰：聖人有所不知焉，聖人有所不能焉。然則所謂化者，終不可知歟？曰：窮神之所爲則知化矣，德盛者自至焉。道至於此，萬物與我一也，故曰：一則神，兩則化。窮神則知變化之道。

人孰不欲安其身？或困于石而不知休，據于蒺藜而不知避。名既污辱，身既危殆，日近於死亡，雖欲安，得乎哉？妻且不得見也，況朋從乎？藏可用之器，待可爲之時，動无結閡，出則有獲，唯乘屈信之理而其用利者能之。小人不恥不仁，故不畏不義，陷於死亡，辱及其先，恥孰大焉？雖愚也，而就利避害與人同，故見利而後勸，威之而後懲，小懲大誡，猶爲小人之福，况真知義乎？精於義者，豈一日積哉？彼積不善以滅其身者，不知小善者大善之積也。夫身者，國家之本，存亡治亂之所繫，身雖安矣，猶不可恃也。故安其位者危，保其存者亡，有其治者亂。君子兢兢業業，不恃其有，故身安而國家可保，國家保而德崇矣。位欲當德，謀欲量知，任欲稱力，三者各當其實，則用利而身安。小人志在於得而已，以人之國僥倖萬一，鮮不及禍。自古一敗塗地，殺身不足以塞其責者，本於不知義而已。

神，難言也。精義入神以致用，其唯知幾乎？知幾其神矣。幾者，動之微，吉之先見。譬如陽生而井温，雨降而雲出，衆人不識而君子見之，其於行義也，不亦有餘裕乎？夫安危存亡之幾，在於始交之際，君子上交不諂，下交不瀆，義之與比，无悔吝藏於其中，知幾故也。是以君子見微已去，小人遇禍不知。見與不見，相去遠矣。進此道者，存乎介而已。確然守正，不轉如石者，乃能見之。其心定，其智明，默識而善斷，故不俟終日也。守身如此，无一朝之患矣。知彰易、知微難，知剛易、知柔而剛〔二〕難。君子見幾，故知微、知彰、知柔、知剛，一龍一蛇，或弛或張，唯義是適，則萬夫望之而取法焉。所從者，豈特其朋從之？彼勞思慮者，亦末矣。

〔二〕「而剛」二字，各本同，《永樂大典》卷一一九二無。

夫智周萬物者，或暗於自知；雄入九軍者，或憚於改過。克己爲難也。顏子有不善，未嘗不知，知之未嘗復行，故曰：「顏氏之子，其殆庶幾乎？」孰謂小善爲无益而可以弗爲，小惡爲无傷而可以弗去乎？《復》者，剛反動之卦也。善者，天地之性而人得之，性之本也。不善非性也，習也。不遠而復者，修爲之功也。故曰：「不善未嘗弗知，知之未嘗復行。」知之者，覺也，自性也。或曰：鮒椒之惡，豈習乎？曰：知修爲之功，則復其本矣，由其習之不已，迷而不復矣。

人之生，有氣之質，有性之本。剛柔不齊者，氣也，性之本則一而已矣。故曰：天地貞觀也，日月貞明也。氣豈能變哉？天地萬物，其本一也。天地升降，其氣絪緼，萬物化矣，醇而未雜。《序卦》曰：「有天地然後有萬物。」劉牧曰：「乾道自然而成男，坤道自然而成女。」《序卦》言萬物，則男女在其中矣。曰「萬物化醇」者，言其一未始離〔一〕也。天地既生萬物，萬物各有陰陽，精氣相交，化生无窮。《序卦》曰：「有萬物然後有男女。」劉牧曰：「《咸》卦不繫之於《離》、《坎》，以《離》、《坎》而上，男女自然而生，《咸》卦而下，男女偶合而生。」曰男女、曰化生者，言有兩則有一也。《損》之六三曰：「三人行，則損一人，一人行，則得其友。」言致一也。致一則殊塗而同歸，一致而百慮矣。老氏論天地王侯得一，又曰「天地相合而降甘露」，老氏之所謂得一、相合，即夫子所謂致一也。

〔一〕 離，叢刊本、通本同，薈要本校改作「雜」。

其在卦則六爻相應，合而致用是也。所謂全者，合我與人而爲一也。動而與之者，安其身而後動也；語之而應者，平其心而後慮也；求而與之者，定其交而後求也。三者得，故能以天下爲一家，中國爲一人，故曰：「君子修此三者，故全也。」離而爲二，物物成敵，莫或與之，擊之者至矣，故曰：「立心勿恒，凶。」勿恒者，不一之謂也。張載曰，下文當云：「《易》曰『自天祐之，吉无不利』。」子曰：天之所助者順也，人之所助者信也。履信思乎順，又以尚賢也，是以自天祐之，吉无不利也。」考之義或然也。順乎天者，天助之；應乎人者，人助之。致一之效乎？此章以《咸》、《困》、《解》、《噬嗑》、《否》、《鼎》、《復》、《損》、《恒》九卦十爻盡其意。蓋書之於言，有不能盡也。

子曰：乾坤，其《易》之門邪？乾，陽物也；坤，陰物也。陰陽合德，而剛柔有體，以體天地之撰，以通神明之德。其稱名也，雜而不越。於稽其類，其衰世之意邪？夫《易》，彰往而察來，而微顯闡幽，開而當名，辨物正言，斷辭則備矣。其稱名也小，其取類也大。其旨遠，其辭文。其言曲而中，其事肆而隱。因貳以濟民行，以明失得之報。

乾坤，其《易》之門邪？乾坤毀則《易》无自而入矣。乾剛者，陽之物，老陽之策也，其德則健。

坤柔者，陰之物，老陰之策也，其德則順。陰陽，氣也；剛柔，形也。氣變而有形，形具而有體，是故總策成爻，健順合德而剛柔之體見矣。聖人以此體天地之撰。體，形容之也。撰，定也。形容天地之所定者，體造物也，即剛柔有體是已。天，神也；地，明也。通神明之德者，示幽顯一源也，即陰陽合德是已。陰陽相蕩，剛柔相推，自乾坤而變八卦，自八卦而變六十四卦、三百八十四爻。其稱名也，雜然不齊，枝葉至扶疏矣，而亦不越乎陰陽二端而已。乾坤，其《易》之門邪？伏羲始畫八卦，文王監于二代而作《周易》，周公因于文王而作爻辭。卦有象，爻有變動，繫辭焉而命之，日益詳矣。蓋時有隆污，道有升降，世既下衰，不如是不足以盡天下之情僞。何以知其然哉？於此稽考其類，則知之矣。

大《易》之爲書，以八卦言之，自震至乾，「彰往」也，自巽至坤，「察來」也。一往一來，周旋无窮，是謂環中。以重卦言之，前卦爲往，後卦爲來，自内之外爲往，自外之内爲來。彰往故微顯，察來故闡幽。顯莫如既往，而有微而難知之理；幽莫如方來，而有顯而易見之象。開釋爻卦，各當其名，无隱也；辨陰陽之物，正吉凶之辭，无遺也。斷之以卦辭爻辭，則備矣。觀乎此，宜若坦然明白，使人易曉矣。然而其稱名也小，則百物不廢；其取類也大，則達之于天下。意有餘，故其旨遠；物相雜，故其辭文。其言致曲而後中於道，其事閎肆而〔二〕實本於隱。非天下至神、至精、

〔二〕而，通本、薈要本同，叢刊本作「其」。

至變，有不能與也。而又因其疑貳不決，恐懼易入之時，以濟民行，告之以吉凶悔吝之辭，以明失得之必報。蓋有遠害防患之心，非衰世之意乎？

《易》之興也，其於中古乎？作《易》者，其有憂患乎？是故《履》，德之基也。《謙》，德之柄也。《復》，德之本也。《恒》，德之固也。《損》，德之修也。《益》，德之裕也。《困》，德之辯也。《井》，德之地也。《巽》，德之制也。《履》，和而至。《謙》，尊而光。《復》，小而辯於物。《恒》，雜而不厭。《損》，先難而後易。《益》，長裕而不設。《困》，窮而通。《井》，居其所而遷。《巽》，稱而隱。《履》以和行，《謙》以制禮，《復》以自知，《恒》以一德，《損》以遠害，《益》以興利，《困》以寡怨，《井》以辯義，《巽》以行權。

作《易》者，上古也；興《易》者，中古也。何以知《易》興於中古邪？觀九卦之象，聖人有憂患後世之心，得失滋彰矣。然則上古作《易》，何以知有憂患乎？曰：聖人，隨時者也。佃漁不厭，則耒耜之利不興；結繩未弊，則書契之文不作。而所以憂患後世者，固已具於八卦之中，至於文王而《易》道興矣。《履》，説而應乎乾，履乎和者也，故爲德之基；《謙》，執之而有終者也，故爲德之柄；《復》，剛反動而復其初，德自此始者也，故爲德之本；《恒》，久而不已，終則有始者也，故爲德之固；《損》，損其可損而致一者也，故爲德之修；《益》，益其可益而日進者也，故爲德之裕；《困》，剛見掩而不失其所亨者也，故爲德之辯；《井》，剛中而不變者也，故爲德之地；《巽》，以剛下柔，不失乎中者也，故爲德之制。

《履》，和而至於禮，不至則流而徇於物矣。《謙》，卑而人尊之，其道光也。《復》，小而辯於物者，以初九也。人之所以異於萬物者，以其存心也。《剥》之剛陽反動於初，則善心生於冥昧難知之時，不俟乎大而後與物辯也，斯非德之本歟？《恒》，《泰》之變也。初九正也，動而之三，雷風並作，萬物繁興之時，三守正不動，酬酢而不厭，天地所不能旋，日月所不能眩，可以言德之固矣。《損》先難而後易，何也？情欲者强陽之氣也，初損之必有吝心，剛健决斷乃能行之，故先難也。及其既損，考諸理而順，反諸心而悦，其孰禦我哉？故後易也。夫一介不以取諸人，然後繫千駟之馬而弗視，禄之以天下而弗顧，故曰「仁亦在熟之而已」。《益》長裕而不設，何也？《益》，《否》之變也。九四下益於初，初九正也，益物以誠也。益物以誠，即是自益以誠，故四與初以益而正，誠自成也。受益者不贅，益之者不虧，與時偕行，如天地之裕萬物，非張設之也。《困》窮而通，何也？《否》之上九陷而之二，上下柔掩之窮也。處險而説，在窮而心亨，通也。通者，不窮之謂，豈必富貴利達而後爲通哉？故曰「學不能行謂之病」，病則窮矣。《井》居其所而遷，何也？《泰》初之五爲《井》。初九正也，九五亦正也。初遷之五，往者正也；五遷之初，來者正也。五居其所而往來皆正，能遷也。《巽》稱而隱，何也？《遯》二之四爲《巽》，稱者，輕重均之謂也。二陰方進，六二從四，九四君子屈己以下之，則君子小人勢均矣。人見其屈己以爲巽，而不知六二亦巽乎剛，故曰「稱而隱」。

《履》以和行，何也？和者，禮之用；節者，禮之體。節而不和，禮不行矣。《謙》以制禮，何也？禮自卑而尊人，自後而先人，不能乎謙，安能行禮？《復》以自知，何也？有善必自知之，不善必自知之，修其善，去其不善，則復矣。《恒》以一德，何也？雜而不厭，非徇物也，久而不變也，久則其德无二三矣。《損》以遠害，何也？自損以修德，則物无害之者，故曰：「恭寡過，情可信，儉易容也。」以此失之者鮮矣。《益》以興利，何也？因其所利而利之也。《困》以寡怨，何也？雖困而通，在窮而悦，樂天者也。我不尤人，人復何怨？《井》以辯義，何也？《井》自守以正，與人必以正，處己處人各得其宜者也。《巽》以行權，何也？權者，稱之所以輕重也。與時推移，滑然无際，如行權稱物，人見其適平而已。其序則履和、執謙、復本、恒久、損己、益人，然後可以處困不窮，能遷然後可以行權。九卦《履》出于乾，《謙》、《復》出于坤，《恒》出于震，《損》出于艮，《益》出于巽，《困》、《井》出于坎，獨不取離，何也？離，萬物皆相見之卦，包犧氏取之。文王内文明外柔順，以蒙大難，明在地中時也。

《易》之爲書也不可遠，爲道也屢遷，變動不居，周流六虚，上下无常，剛柔相易，不可爲典要，唯變所適。其出入，以度外内使知懼。又明於憂患與故，无有師保，如臨父母。初率其辭，而揆其方，既有典常。苟非其人，道不虚行。

龔原曰：「《易》之爲書也，三章。」當從龔。此章言《易》有變動出入。《易》之爲書，明天地之用，其用不過乎六爻，不可遠也。遠此而求之，則違道遠矣。其道也屢遷，有變有動，不居其所，升降往來，循環流轉於六位之中。位謂之虚者，虚其位以待變動也。故《太玄》九位亦曰九虚。或自上而降，或自下而升，「上下无常」也。剛來則柔往，柔來則剛往，「剛柔相易」也。无常則不可爲典，相易則不可爲要。流行散徙，唯變所適，然亦不過乎六爻。不過者，以不可遠也。「其出入」云者，以一卦内外言之，兩體也。出者，自内之外，往也；入者，自外之内，來也。以是「度外内」之際，而觀消息盈虚之變，出處進退之理，使知戒懼。當出而入與當入而出，其患一也。故大觀在上，窺觀者醜，三陽方壯，牽羊悔亡。出入内外，本於相形。《比》四從二亦曰外，《離》五用九亦曰出，唯精於義者能知之，知義則知懼矣。又此書明於己之所當憂患，與所以致憂患之故，安不忘危，存不忘亡，治不忘亂。无有師保教訓而嚴憚之，明失得之報也。如有父母親臨而愛敬之，見聖人之情也。初率其吉凶之辭，揆其八卦之方，則既有典常可守矣。蓋「不可遠」者，《易》之體也而有用焉。「爲道也屢遷」者，《易》之用也而有體焉。能知卦象合一、體用同源者乎，斯可以言《易》之書矣。書，載道者也，待人而後行，苟非其人，道不徒行。

《易》之爲書也，原始要終以爲質也。六爻相雜，唯其時物也。其初難知，其上易知，本末也。初辭擬之，卒成之終。若夫雜物撰德，辯是與非，則非其中爻不備。噫！亦要存亡吉凶，則居可知矣。知者觀其彖辭，則思過半矣。

此章言重卦六爻之義。《易》之爲書也，原始於初爻，要終於上爻，成六位以爲體質者也。八卦，八物也；六爻，六時也。六爻相雜，時異而物異。八卦，本象也；時物，別象也。其本甚微，故難知；其末已著，故易知。初辭擬而後言，不亦難知乎？卒成之，其事終矣，不亦易知乎？上下之位，以時言之，初終也；以道言之，本末也；以事言之，始卒也。其實一也。時變則事變，事變則道與之俱，未有違時造事而能成者。三畫非无本末也，聖人何爲重卦？曰：理具乎中，其事則未也。若夫糅雜八卦之物，撰定六爻之德，辯得失是非，則非中爻不備。中爻，崔憬所謂二、

二、四、五，京房所謂互體是也。蓋物无常是，亦无常非，施於彼者或不可施於此，用於古者或不可行於今。《蒙》以九二納婦，而六三取女則不利，《節》以初九不出，而九二不出則失時。得失是非，不可不辯也。噫！重卦六爻之意，亦要諸吉凶存亡之辭而已。有同位而異物，同物而異象，同象而異辭。要諸辭，則四者不同，居然易見，可指掌而知矣。六爻者，變動相錯而有吉凶存亡者也。彖辭者，合内外二體，以一爻相變而有者也。知者明於理，則觀諸彖辭，而爻義已知其過半矣。

二與四同功而異位，其善不同。二多譽，四多懼，近也。柔之爲道，不利遠者，其要无咎，其用柔中也。三與五同功而異位，三多凶，五多功，貴賤之等也。其柔危，其剛勝邪？

龔氏合「《易》之爲書也」爲一章，誤矣，今從故本。此章再明中爻之義。二、四，耦也，同爲陰之功，内外異位有不同焉。二多譽，四多懼，何也？四近五，五尊位，近尊位則多懼。月望日則食，禮近君則屈。然柔之爲道，不利遠者，坤從乾也。二遠於五，所以多譽者，其要在於雖柔而无咎，以其用柔中也。用柔而失中，其能无咎乎？三、五，奇也，同爲陽之功，内外異位有不同焉。三多凶，五多功，何也？五貴三賤，其等不同也。三處下位之極，其柔居之則危，不勝任矣，其剛居之，將以爲勝邪？以剛居剛，有時乎過剛矣。危則疾顛，過則易敗，此三所以多凶也。若五不然，以剛居之，得尊位大中，宜處貴者也。以柔居之，有處謙執柔，以貴下賤之美，二爲五用矣，此五所以多功也。夫二、五，中也，二、三、四、五，皆曰中爻，何也？曰：以三數之，自一至三，以二爲中；自四至上，以五爲中。以五數之，自二至上，以四爲中。以四數之，自二至五，以三、四爲中。《復》之九〔一〕四曰「中行獨復」，《中孚》以二柔在内名卦。卦言德，爻言善者，積善成德也。

《易》之爲書也，廣大悉備。有天道焉，有人道焉，有地道焉，兼三才而兩之，故六。六者，非它也，三才之道也。道有變動，故曰爻。爻有等，故曰物。物相雜，故曰文。文不當，故吉凶生焉。

《易》之興也，其當殷之末世，周之盛德邪？當文王與紂之事邪？是故其辭危，危者使平，易者使傾。其道甚大，百物不廢。懼以終始，其要无咎，此之謂《易》之道也。

〔一〕九，各本同，據文義當作「六」。

此章再明六爻雜物之義。《易》之爲書，廣大而无外，語天地之間，則无乎不備矣。有天道焉，陰與陽也；有人道焉，仁與義也；有地道焉，柔與剛也。此三者，一物而兩體，陰陽也，而謂之天；仁義也，而謂之人；剛柔也，而謂之地。故曰三才。兼三才而兩之，故六。兼之者，天之道兼陰與陽也，人之道兼仁與義也，地之道兼柔與剛也。六者非它，即三才之道也。是故二畫而有重卦，六即三也，三即一也。道有變易，有流動，爻則效之，故曰爻。天地相函，精氣所聚，其等有六，曰物。八物相錯而成文，故曰文。文當其位則吉，文不當其位則凶，故吉凶生焉。

《易》之興也，當殷之末世，周之盛德邪？何繫之辭而告其吉凶者如是乎？又紂與文王之事邪？何君子處小人之間而其辭危乎？是故危懼者使知可平，慢易者使知必傾，所以長君子消小人也。其道甚大，君子小人无所不容，不容則不足以準天地。「百物不廢」者，所以形容其道，所謂「悉備」也。初辭擬之，卒成之終，使知善不善之積、成名滅身非一朝夕之漸。故原始要終而懼焉，其大要歸之无咎而已，此之謂《易》之道。《易》之道，立人道以貫天地而爲一者也。

夫乾，天下之至健也，德行恒易以知險。夫坤，天下之至順也，德行恒簡以知阻。能説諸心，能研諸侯之慮，定天下之吉凶，成天下之亹亹者。是故變化云爲，吉事有祥，象事知器，占事知來。天地設位，聖人成能，人謀鬼謀，百姓與能。八卦以象告，爻彖以情言，剛柔雜居，而吉凶可見矣。變動以利言，吉凶以情遷。是故愛惡相攻而吉凶生，遠近相取而悔吝生，情僞相感而利害生。凡《易》之情，近而不相得則凶。或害之，悔且吝。將叛者其辭慚，中心疑者其辭枝，吉人之辭寡，躁人之辭多，誣善之人其辭游，失其守者其辭屈。

此章論六爻而歸之於簡易。乾健而爲萬物先，莫或禦之，故其德行恒易。坤順以從乾，无二適也，故其德行恒簡。以易也，故知險之爲難；以簡也，故知阻之可疑。簡生於易，阻生於險。簡易也，故能説諸心；知險阻也，故能研諸慮。簡易者，我心之所固有，反而得之，能无説乎？以我所有，慮其不然，反復不捨，能無研乎？曰「研諸侯之慮」者，衍「侯之」二字。王弼《略例》曰「能研諸慮」，則衍文可知。天下之吉凶，藏於无形，至難定也。天下之亹亹，來而不已，至難成也。定之、成之者，簡易而已。乾坤變化，有云有爲。云者，言也；爲者，動也。吉事有祥，祥者吉之先見，有祥必先知之，兼言動也。制器者尚象知器，則知成器之爲天下利而可動也。卜筮者尚占知來，則知來物而言動審矣。是以能定天下之吉凶，成天下之亹亹，非知險、知阻者能之乎？

天尊地卑，乾坤設位。聖人配天地而立，合乾坤之德以成能事。能説諸心，能研諸慮者，明以盡人謀也；定天下之吉凶，成天下之亹亹者，幽以盡鬼謀也。人謀鬼謀，幽顯合一，天下樂推而不厭，百姓之愚與之以能矣，成能故也。伏羲氏始畫八卦，不言而告之以象者，至簡易也。後世聖人演之爲六十四卦，有爻有彖，以人情變動言之於辭，知險阻也。且八卦成列，剛柔雜居，吉凶已可見矣，然道有變動，變則通，通則其用不窮，所以盡利者不可不言也。故變動以利言，吉凶以情而遷，巧歷之所不能計也。聖人唯恐遷之而失其正矣，故爻彖以情言。變動者何？情僞之所爲也。人之情僞難知矣，以情相感則利生，以僞相感則害生。近不必取，遠不必捨，則悔吝生；愛惡不一，起而相攻，則吉凶生。吉凶生而悔吝著，情僞其能掩乎？是則情僞相感也，遠近相取也，愛惡相攻也。爻有變動也，有利害斯有悔吝，有悔吝斯有吉凶，「吉凶以情遷」也。悔吝者何？凡《易》之情，陰陽相求，内外相應，近而不相得，則僞不可久，物或害之，害之則凶將至矣。悔吝者，利害吉凶之界乎？害之而悔，則吉且利矣；吝而不悔，則凶。聖人不得不以利言之，而使之遠害也，故曰「聖人之情見乎辭」。然則何以知情僞邪？考其辭可矣。將叛者，其心慚負，故其辭愧；中心疑者，其心惑亂，故其辭枝；吉人守約，故其辭寡；躁人欲速，故其辭多；誣善之人妄，故其辭游；失其守者窮，故其辭屈。吉人辭寡，以簡易知也。五者反是，以知險、知阻而知也。簡易則吉，險阻則凶。其辭則〔二〕六，其別則二，情僞而已矣。《上繫》言「易簡而天下之理得」，《下繫》終之以易簡而知險阻，故曰殊塗而同歸，一致而百慮。

〔二〕則，叢刊本、通本、薈要本作「雖」。

漢上易傳卷九

説卦傳

昔者聖人之作《易》也，幽贊於神明而生蓍，參天兩地而倚數，觀變於陰陽而立卦，發揮於剛柔而生爻，和順於道德而理於義，窮理盡性以至於命。

「昔者聖人之作《易》也，幽贊於神明而生蓍，參天兩地而倚數」，説策數也。「觀變於陰陽而立卦」，説揲蓍分卦也。「發揮於剛柔而生爻」，説爻有變動也。「和順於道德而理於義，窮理盡性以至於命」，説所繫爻彖之辭也。

神明，天地也。聖人贊天地以立人道，於是生蓍之法以起數。其用起於一，及其究也，上下與天地同流而无迹，故曰「幽贊」。《太玄》曰：「昆侖天地而産蓍。」一者何？氣之始也。「參天」者，一太極兩儀也。「兩地」者，分陰陽剛柔也。參天兩地，五也。五，小衍也。天地五十有五之數具，而《河圖》、《洛書》大衍之數實倚其中。一與五爲六，二與五爲七，三與五爲八，四與五爲九，九與一爲十。五十者，《河圖》數也。五十有五者，《洛書》數也。五十有五，即五十數，五十即大衍四十有九數。倚，言數立其中而未動也。馬融曰：「倚，立也。」蓍四十有九，總而爲一，參天也。分而爲二，兩地也。掛一者，參天也。揲之四者，兩地也。歸奇於扐者，兩地而又參天也。四者，六、七、八、九。七者少陽，九者老陽，八者少陰，六者老陰。三變成爻，十有八變而卦立。三變者，參天也。五變者，參天而又兩地也。變而上者，參變而兩；變而下者，兩變而參。凡八卦之位，六十四卦之名，皆以陰陽之變定之，而不離乎參伍之神。王洙曰：「發越揮散也。」陰陽有變，故九、六、七、八以立卦。剛柔有體，故發越揮散以生爻。變剛生柔，變柔生剛，四象迭相爲用，生生而不窮，故曰生。陰陽，氣也，剛柔者，氣聚而有體也。由推行言之謂之道，由得於道言之謂之德。性者，萬物之一源。命者，剛柔不齊，禀於有氣之初者也。理者，通乎道德性命而一之者也。義者，道德所施之宜也。生蓍倚〔二〕數，立卦生爻，凡以爲道德而已。聖人繫之以辭，和之使不乖，順之使不違，通天地人而貫之以一理，施之各得其宜焉。窮《易》之理，則知萬物一源，兼體而不偏滯，及其至也，通極乎一氣之外。所不可變者，唯生死壽夭爾。故順受吉凶之正，不回以求福，不幸以免禍，此作《易》之本旨也。

〔二〕倚，叢刊本、通本、薈要本作「起」。

昔者聖人之作《易》也，將以順性命之理，是以立天之道曰陰與陽，立地之道曰柔與剛，立人之道曰仁與義，兼三才而兩之，故《易》六畫而成卦。分陰分陽，迭用柔剛，故《易》六位而成章。

說位畫有六，而後有變動也。《易》有太極，太虛也。陰陽者，太虛聚而有氣也。柔剛者，氣聚而有體也。仁義根於太虛，見於氣體，而動於知覺者也。自萬物一源觀之謂之性，自稟賦觀之謂之命，自通天地人觀之謂之理，三者一也。聖人將以順性命之理，故分一而爲三，曰陰陽，曰柔剛，曰仁義，以立天地人之道，蓋互見也。《易》兼三才而兩之，六畫而成卦，成卦則三才合而爲一。知陰陽、柔剛、仁義同源於太虛，則知性；知天道曰陰陽，地道曰柔剛，人道曰仁義，則知命；知仁義即天之陰陽、地之柔剛，則知性命之理。不順乎性命之理而行之，將何所逃於天地之間乎？然道有變動，故分陰分陽，迭用柔剛。以位分之，一、三、五，陽也，二、四、六，陰也。以卦分之，乾、震、坎、艮，陽也，坤、巽、離、兑，陰也。以十日分之，甲、丙、戊、庚、壬，陽也，乙、丁、己、辛、癸，陰也。所謂「分陰分陽」也。八卦相蕩，五行更生〔一〕，上下无常，周流六虛，所謂「迭用柔剛」

〔一〕生，通本、薈要本同，叢刊本作「王」。

也。分陰陽、用柔剛者，仁義也，以人而用天地也。誠知乎此，則德勝於氣，性命於德，氣之昏明不足以蔽之，至於盡性而配天地矣。《太玄》曰：「立天之經曰陰與陽，形地之緯曰從與横，表人之行曰晦與明。」準卦之三才六畫也。

天地定位，山澤通氣，雷風相薄，水火不相射。八卦相錯，數往者順，知來者逆，是故《易》逆數也。

「天地定位」，乾上坤下也。「山澤通氣」，艮兑以三相易也。「雷風相薄」，震巽以初相易也。日月不相射，坎離以中相易也。虞翻曰：「射，厭也。坎離水火不相厭，坎戊離己，月三十日，一會於壬，故不相厭也。」伏羲氏之畫卦也，乾坤定上下之位，坎離列左右之門，震與巽爲偶，艮與兑相配。震離兑乾，天之四象也；巽坎艮坤，地之四象也。八卦相錯，乾坤相易，生六十四卦，乾自震而左行，坤自巽而右行。「數往」者，以順而數；「知來」者，以逆而知。邵雍曰：「數往者順，順天而行，左旋也，皆已生之卦也。知來者逆，逆天而行，右行也，皆未生之卦也。夫《易》之數由逆而成矣。」逆者，猶逆四時之比。蓋聖人將言《易》，故先説《易》之本。《易》逆數也，故六爻自下而起。《太玄》曰：「南北定位，東西通氣，萬物錯乎其中。」準八卦也。

雷以動之，風以散之，雨以潤之，日以晅〔二〕之，艮以止之，兑以説之，乾以君之，坤以藏之。帝出乎震，齊乎巽，相見乎離，致役乎坤，説言乎兑，戰乎乾，勞乎坎，成言乎艮。萬物出乎震，震，東方也。齊乎巽，巽，東南也。齊也者，言萬物之潔齊也。離也者，明也。萬物皆相見，南方之卦也。聖人南面而聽天下，嚮明而治，蓋取諸此也。坤也者，地也。萬物皆致養焉，故曰致役乎坤。兑，正秋也，萬物之所説也，故曰説言乎兑。戰乎乾，乾，西北之卦也，言陰陽相薄也。坎者，水也，正北方之卦也，勞卦也，萬物之所歸也，故曰勞乎坎。艮，東北之卦也，萬物之所成終而所成始也，故曰成言乎艮。

神也者，妙萬物而爲言者也。動萬物者莫疾乎雷，撓萬物者莫疾乎風，

〔二〕晅，叢刊本、通本、薈要本作「烜」。

燥萬物者莫熯乎火，説萬物者莫説乎澤，潤萬物者莫潤乎水，終萬物始萬物者莫盛乎艮。故水火相逮，雷風不相悖，山澤通氣，然後能變化，既成萬物也。

陽聚而動，動極則散之，散則復聚。陰積而潤，潤極則烜之，烜則復潤。此雷霆、風雨、日月、寒暑，所以屈信相感而成萬物也。艮則動者静而止，入于坤也。兑則止者説而行，出乎乾也。乾以君之則萬物睹，坤以藏之則天地閉。前説乾坤而至六子，无形者聚而有形也。此説六子而歸乾坤，有形者散而入於无形也。終始循環，不見首尾，《易》之道也。

此以下言文王之八卦。《連山》首艮，《歸藏》首坤。艮、震、巽、離、坤、兑、乾、坎，《連山》之序也，而《易》兼用之，此《太玄》所以作歟？《玄》謂「神戰于玄」，「龍出于中」，「雷風炫焕，與物時行」，「天根還向，成氣收精」，皆準乾坤震巽也。鄭康成曰：「萬物出于震，雷發聲以生之也。」齊於巽，相見於離，風揺長以齊之，潔猶新，萬物皆相見，日照之使光大。「萬物皆致養焉」，地氣含養，使有秀實。萬物之所説，草木皆老，猶以澤氣説成之。戰，言陰陽相薄，西北陰也，而以乾〔一〕純

〔一〕以乾，叢刊本、通本、薈要本作「乾以」。

陽臨之，猶君臣對合也。坎，勞卦也，水性勞而不倦，萬物之所歸也。萬物自春出生於地，冬氣閉藏，還皆入地。「萬物之所成終而所成始」，言萬物陰氣終，陽氣始，皆艮之用事。坤不言方，坤之養物不專此時也。兑不言方而言正秋者，臣曰兑言正秋，秋分也。於兑言秋分，則震爲春分，坎爲冬至，離爲夏至，乾爲立冬，艮爲立春，巽爲立夏，坤爲立秋可知。言正秋者，正時也。離言「聖人南面而聽天下，嚮明而治」，則餘卦亦可以類推矣。「戰乎乾」，言陰陽相薄而乾勝也。

上説天地定位，六子致用，此説六子合而爲乾坤，乾坤合而生神。「妙萬物而爲言」者，物物自妙也。鄭康成曰：「共成萬物，物不可得而分，故合謂之神。」張載曰：「一則神，兩則化。」妙萬物者，一則神也。且動、撓、燥、説、潤、終、始萬物者，孰若六子？然不能以獨化，故必相逮也，不相悖也，通氣也，然後能變化，既成萬物。合則化，化則神。康成之學進於是矣。

乾，健也。坤，順也。震，動也。巽，入也。坎，陷也。離，麗也。艮，止也。兑，説也。

上説坎兑合以致用，今復以八卦别而言之。動、陷、止皆健之屬也，入、麗、説皆順之屬也，不離乎乾坤也。

乾爲馬，坤爲牛，震爲龍，巽爲雞，坎爲豕，離爲雉，艮爲狗，兑爲羊。

說八卦本象也。乾爲馬，健也；乾變震，爲龍。純乾爲馬，故馬或龍種，而馬八尺以上爲龍，九則變也。房爲天駟，爲蒼龍之次，七星爲馬，於辰爲午，故馬又爲火畜。乾爲金，午爲火，馬生角，金勝也，故于五行爲兵。蠶馬首，龍星之精，故馬、蠶同氣也〔二〕。《大畜》、《中孚》之震，《屯》、《賁》、《晉》、《明夷》、《睽〔三〕》之坎，皆乾也。或曰：鳥飛龍行，不健于馬乎？曰：鳥飛極而息，龍升降有時，健者惟馬而已。

坤，順也。牡者，坤之陽；牝者，坤之陰。老其究也，故離爲牝牛，而《既濟》初九變艮，京房以爲博牛。坤極生乾，故角剛而善觸，牽牛在丑，丑，土也，土亦坤也。《離》六二己丑，土也。牛有黃者，《離》之六二也。離爲飛鳥，爲蟹，爲鱉，爲黿卵，皆有黃。

震動于重陰之下而善變者，龍也。震，東方卦，直春分以後，辰亦爲龍，蒼龍之次也。動極必反，故龍以春分升，以秋分降，升者《豫》也，降者《歸妹》也。盛夏疾雷，木拔而龍起，震爲木也。王充曰「龍雷同類」，其知震之爲乎？震位在卯，其日甲乙，其數三、八，故《玄》之《中》以次三爲龍，占家以甲乙寅卯爲龍。或曰：龍之類多矣，皆震乎？曰：氣之散也，天文角爲蛟，亢爲龍，

〔二〕也，通本、薈要本同，叢刊本作「屯」。

〔三〕「睽」下，叢刊本有「中孚」二字。通本、薈要本同底本。

翼爲蚓，軫爲蛇。角亢，辰也；翼軫，巳也。東方朔占守宮蜥蜴，以龍蛇推之。《金匱書》以飴治蛟龍病，出蜥蜴而愈，皆龍類也。自春分至芒種，震治也，而辰巳爲巽，故曰氣之散也。

巽，入也，爲風，風主號令，故雞號知時。先儒以雞爲火之精者，巽木含火，火生風，火炎上，故雄雞有冠乃鳴。《南越志》曰：「雞冠如華，其聲清徹。」巽位在巳，金所生也。王於酉，上直於昴，故雞又爲金畜。《洞林》曰：「巽爲大雞，酉爲小雞。」《素問》以雞爲木畜者，巽也。離者，巽之再變，兑者，離之變，故雞雉皆耿介，而雞將號，動股擊羽翰而後有聲。又曰「玉衡星散爲雞」者，坎至四月成乾，其方爲巽，玉衡斗也，坎之位。

坎，陷也，水畜也。美脊剛鬣，坎中陽也。垂耳俯首而尾不足，本末陰也。卑而處穢，陰也；突蕩難制，陽也。豚者，豕之初也。故《訟》初之四爲《中孚》之豚。豶者，劇豬也，故《大畜》之三兑金制之爲豶。坎再變成艮，故豕用鼻，壯豕有牙者，乾之剛也。象亦豕類，故《運斗樞》曰：「瑶光散而爲象。」坎離相納，故象齒有文。又爲羸豕者，陰也。豕猳强而牝弱。亥爲豕者，直室也，坎之所自生也。《傳》言「斗星散精爲彘」，斗星，坎也。又曰：「瑶光不明彘生鹿。」張宿爲鹿，坎離反也。

離，附麗也，美麗也。鷮雉之屬，飛必附草，附麗也。五色成章，離日也。雉方伏時，東西風則復，南北風則去而不復，坎勝離也。坤方之雉，嘔文如繡，離變而兑乎？小寒雉始雊。《臨》之六三，離變兑也，兑交震，故雉不雊則雷不發聲。陳倉之聲，隱然如雷，野雉皆雊。星有墜而雉雊者，震兑相感也。蛇化雉者，巽成離也，竹化蛇者，震巽易也。雉入大水爲蜃，而老鶩爲蝙〔二〕蝠，雀類爲蛤，離成坎也。八卦獨巽離爲飛鳥者，何也？曰：南方七宿，朱鳥也。午爲鶉火之次，未爲鶉首，巳爲鶉尾，其咮在柳，其翼在翼。柳，午也，離也；翼，巳也，巽也。卜楚丘論《明夷》之《謙》曰「當鳥」。所謂鳥者，朱鳥也，故曰「明夷于飛」。《歸藏》初巽曰：「有鳥將來而垂其翼。」薛貞曰：「巽值鶉尾，故稱飛鳥。」離，火也〔三〕，巽，木、風也。木中有火，風者，火氣之動也。得乎風者，爲飛之類，得乎火者得乎風。離爲目動，巽爲多白眼，觀眼目之變可以知風火矣。故鷙飆奮發，火勢熾然，雷行電照，草木怒張，火木同類乎？或曰：騰蛇无翼而飛，何也？曰：亦巳巽也。八荒之外有以首飛者，背飛者，尾飛者，觸象成形，豈特騰蛇乎？或曰：海水群飛，无情而飛，何也？曰：坎極成離也。火光起於洲潭，烈焰生於積油，坎極故也。或曰：飛類决起，朝發而暮栖，何也？曰：離在天爲日，在地爲火，日爲晝，火生風，故飛者屬乎晝，化乎風，晝翔而暝息，風騫而木飛。

〔二〕「蝙」下，叢刊本有「蠣」字。通本、薈要本同底本。

〔三〕也，原作「日」，通本、薈要本同底本，據叢刊本改。

艮，止也，搏噬者，前剛也。戌爲狗者，直婁也。火墓於戌，生於寅，寅爲虎，而其子亦曰狗。《考異郵》曰斗運生狗者，星艮離也。斗止而動，亦狗也。

兑，説也。羊内很者，二陽伏於一陰之下也。羝者，交乎震，震爲反生也。兑極成艮，故羚羊以角息；艮反成兑，故羵[一]羊爲土怪。夫子曰：「地反物爲妖。」或曰：史言開皇大曆，羝或鬭於雲中，殺或墜於雷震，何也？曰：乾變坤則陽附陰而爲走，坤變乾則陰附陽而爲飛，其震兑之交乎？或曰：號物者有萬，八物能盡之乎？曰：其變不可勝言也。張載有言曰：「遊氣紛擾，合而成質者，生人物之萬殊；其陰陽兩端，循環不已者，立天地之大義。」

乾爲首，坤爲腹，震爲足，巽爲股，坎爲耳，離爲目，艮爲手，兑爲口。

説八卦合而成體也。鄭本此章在「乾爲馬」之前。乾爲天，尊而在上爲首，在下亦爲首，如木根草荄之類。乾无往而不爲萬物先也。乾首出庶物者，震交乾也。《觀》「有孚顒若」者，乾首肅也。《明夷》九三「得其大首」，乾三之上也，三本《臨》乾，故曰「大首」。《既濟》上六之濡首者，上六反三乾也；《未濟》上九之濡首者，上九反三乾也。乾又爲頂者，首之上也，《大過》上六「過涉

[一] 羵，通本、薈要本同，叢刊本作「墳」。

滅頂」是也。又爲輔者，在首而止於上也，《咸》之上六、《艮》之六五是也。輔，上頷也，與《頤》卦上體同象。又爲面者，在首而説見於外也，《革》上六是也。又爲頰者，止於上而有面之象也，《咸》上六是也。又爲頄者，面之上，益之以剛也，《夬》九三之「壯于頄〔一〕」是也。頄，面顴也，骨剛而肉柔。《玄》九體，八爲面，九爲顙，八、九上體也。京房以上爻爲頭目，亦上〔二〕體也。

腹虚而有容也，又爲釜者，腹器也。有水火爻則爲釜，故郭璞筮《豫》之《解》曰：「有釜之象。」瓶、甕、缶，皆腹器也。《太玄》土爲腹器，又爲尊壺者，交乎震坎也。坎震爲酒，震爲足，艮爲鼻，腹器有足、有鼻、有酒，尊壺也。《禮·少儀》曰：「尊壺者面其鼻。」又爲簋者，交震艮也，有尊壺象而无酒焉者也。《禮·少牢》：「敦皆南首。」首者，敦器之蓋飾。首有面，面有鼻。坤又爲身，身亦謂之中。又爲躬，折其身也。

震，動也，一陽動於二陰之下也。艮爲止者，動極而止也，一陽止於二陰之上也。人之經脈十有二，其六動於足，其六動於手。動於足者震之陽，故自下而生；動於手〔三〕者艮之陽，故自上而

〔一〕于頄，叢刊本、通本、薈要本作「上六」。
〔二〕上，原作「止」，通本、薈要本同底本，據叢刊本改。
〔三〕手，叢刊本、通本、薈要本作「上」。

止。震艮相反，故行者必止，止者必行，疾走者掉臂，束手者緩行。震又爲趾者，通乎物言之也。足趾，下體之下也；手，上體之下也。故《太玄》九體，一爲手足，言其位也。甲剛乾陽也，在足者艮交震，在手者震交艮。震交艮則動者止，艮交震則止者動。震艮又爲拇者，足之指也。拇，手大指也。手足所以能動也。故動乎下體之下，而應乎足者，拇也，指在下而動者，亦拇也。艮又爲肱者。自手觀之，拇，陽也，餘指陰也。指節三，陰中之陽；拇節二，陽中之陰。指動而掌止，止者在上，動者在下。止者，運動者止，艮也。自臂觀之，手也、臂也、肱也，三也。肱屬乎上而止，臂指用乎下而動。止者役動，動者從之，艮也。肱臂奇而指數偶，亦艮也。手之有肱，亦猶股之有腓，故股在上，則二爲腓。巽爲股，隨足，巽也，雷風相與也。

坎爲耳，陽陷乎陰也。輪，偶者，陰也。竅，奇者，坎中之陽也。精脱者聵，水竭則槁。耳目通竅者，水火相逮也，離陰麗乎陽也。實者陽也，陽中有陰，故肉白；虛者陰也，陰中有陽，故睛黑目白，其坎離之交乎？精竭者目盲，離火无所麗也。離爲日。寐者，神栖於心，其日昃乎？寤者，神見於目，其日出乎？故寐者形閉，坤之闔也；寤者形開，乾之闢也。一闔一闢，目瞑耳聽，坎離相代，晝夜之道。唯善用者能達耳目於外，唯善養者能反耳目於内。《太玄》以一六爲耳，二七爲日。六，水也；二七，火也。兑爲口，説也。鄭康成曰：「上開似口。」艮爲鼻，口鼻通氣，山澤通也。

乾，天也，故稱乎父。坤，地也，故稱乎母。震一索而得男，故謂之長男。巽一索而得女，故謂之長女。坎再索而得男，故謂之中男。離再索而得女，故謂之中女。艮三索而得男，故謂之少男。兑三索而得女，故謂之少女。

將説天地生萬物而言人者，天地之性人爲貴，萬物皆備於人也。乾，天也，爲陰之父；坤，地也，爲陽之母。揲蓍者，一爻三揲，三爻而八卦具。故搜於坤策，一索而得陽者謂之長男，再索而得陽者謂之中男，三索而得陽者謂之少男。搜於乾策，一索而得陰者謂之長女，再索而得陰者謂之中女，三索而得陰者謂之少女。萬物分天地也，男女分萬物也。察乎此，則天地與我並生，萬物與我同體。是故聖人親其親，長其長，而天下平。伐一草木，殺一禽獸，非其時謂之不孝。納甲之説，乾納甲壬始於子，坤納乙癸始於未。震納庚子，子代父也。坎納戊寅，艮納丙辰。左行以順父，循父道也。巽納辛丑，離納己卯，兑納丁巳。右行以向母，從母教也。三女配男，夫婦之義，天地之性，人之大倫，實告之矣。《太玄》準之以一摹、二摹、三摹，摹亦搜也。

乾爲天，爲圜，爲君，爲父，爲玉，爲金，爲寒，爲冰，爲大赤，爲良馬，爲老馬，爲瘠馬，爲駁馬，爲木果。

說重卦別象也。六爻變化，其象豈能盡摹哉？此凡例也。智者觸類而長矣。《易》言天者，皆乾也。天位者，中正也。又曰帝位。天德者，剛也。天道者，其行以正也。天之神者，陰陽合一也。天則者，不可過也。天行者，終則有始也，反復其道也，消息盈虚也，三者一也。天文者，艮離也。天命者，乾巽也。天衢者，艮反震也。天寵者，君澤加也。天險者，坎在上也。天祐者，天助也。天下者，乾下也，或乾爻降於下也。曰在、曰統、曰禦、曰先後、曰奉、曰承、曰順、曰應、曰麗，名以其卦爻變化言之。天或謂之帝，言主宰也，推而上謂之上帝。乾又爲大人、聖人、賢人、君子。大人者，盡天之體也。誠者，天之道。聖人至誠以盡天，誠則化，化則莫知其然，謂之神。故《觀》之九五，「天之神道」，「聖人以神道設教」同象。君子，通言之也。或問：天有形乎？曰：天積陽也，氣也。《易》曰：「日月麗乎天，百穀草木麗乎土。」日月附麗乎天，亦若百穀草木之麗乎土。天果有質歟？日月之行或遲或速，奔星上下前後，或卑或高，不得自如。莊周曰：「天之蒼蒼，其正色邪？其視下也，亦若是而已。」列禦寇曰：「日月星辰，積氣中之有光耀者。」郄萌曰：「天了无質」。鄭康成曰：「天清明无形。」或曰：星隕石，何也？曰：光耀既散，氣凝爲石，如人之精神既散，形亦剛强矣。故曰：「在天成象，在地成形。」成形者，皆地也。

爲圜者，渾淪无端，周而復始也。曾子曰：「天道曰圓，地道曰方。」故得乎天者皆圜。《既濟》之初九、《未濟》之九二，坎變乾爲輪是也。不特其形也。晝夜不窮，死生无際，非天道之行乎？

五者，君之位，得位居中，發號令於天下，曰大君。在《家人》，父母位，曰嚴君。在《歸妹》，帝女之位，曰小君。自娣言之，則君也。乾爲六子父，乾爻往矣，爲考，考之上爲祖，配爲妣，巽體別家，分而同焉爲宗。乾居九五之位則爲君，而父也、考也、祖也、宗也，通上下言之，自天子至於庶人一也。一[一]玄孫、二曾孫、三仍孫、四子、五己身、六父、七祖、八曾祖父、九高祖父，亦以世數言之。

乾剛之不變者爲玉，變者爲金。《益》之三以上九爲圭，《鼎》之上以九三爲玉，言其不變也。《蒙》之「金夫」，《臨》初之上也，亦《屯》之初也。《訟》之「鞶帶」，上九之三[二]也。《噬嗑》「金矢」，四之五也；六五「黃金」，五之上也。《姤》之「金柅」，二之初也。《鼎》之「金鉉」，五之二也。言其變也。乾艮同類，故石攻玉則解；乾離同體，故金火守則流。京房以乾兑配金，兑正

[一] 一，叢刊本、通本、薈要本作「太」。
[二] 三，原作「二」，通本、薈要本同底本，據叢刊本改。

秋，亦九五爻也。《太玄》以二八〔一〕爲金、爲環珮、爲重寶、爲釦器，以一六爲水、爲玉者，六即乾也。玉有水，玉水得乾氣乎？

爲寒者，坤交乾也。陰至亥成坤，戌亥，乾位。九月寒露，十月立冬、小寒，十一月大寒。露，坤氣也，雲徂雨流而露无所不至，坤也。《黄帝書》曰：「陽不足，陰氣上入陽中，則灑淅惡寒。」此寒之驗也。邵雍曰：「月爲寒。」二陰一陽，陽不足也。坎爲水、爲月，故水寒。或曰：《井》五月卦，九五寒泉洌，何也？曰：《井》之九五即《泰》乾初九，甲子爻也。子，坎位也，坎交泰，坤也。陽温陰寒，乾陽而寒者，陰陽相薄。十一月陽氣生於下，以其陰不足也，故井泉温。五月陰氣生於下，以其陽不足也，故井泉寒。

又爲冰者，坎交乾也。乾，西北方之卦。十月水始冰，地始凍，水不冰則爲陰負陽勝。十月乾陽宜不足也。乾剛金也，故水凝而堅則陰勝。《坤》初六一陰生至上六，十月亥位，坎交乾。邵雍曰：「水遇寒則結，遇火則竭，從所勝也。」

赤，陽色也。陽始於子，坎中之陽，故坎爲赤，極於巳，純乾也，故乾爲大赤。乾者，日在嵎中，月在望，歲在四月時也。《困》九二坎爲赤，二爻巽五爲赤紱，又爲朱者，朱，赤黄色。《詩》「朱芾

〔一〕二八，叢刊本、通本同，薈要本校改作「四九」。

斯皇」，毛公曰「黄朱」。染絳者，一入謂之縓，再入謂之赬，三入謂之纁，四入謂之赤〔二〕。纁，黄赤也。《小爾雅》曰：「彤、牸、緼、朱〔三〕也。」然則縓、纁、朱皆赤，而朱比赤爲黄，比縓、纁爲巽耳。故《困》九五下交二，坎離易巽爲朱紱，離坤黄也。

乾陽得位爲良馬，陰消陽爲老馬，爲瘠馬。鄭康成曰：「凡骨爲陽，肉爲陰。」孔穎達曰：「骨多也。」駮馬玄黄也，乾變離也。駮食虎者，兑變乾也。郭璞筮遇《乾》之《離》，曰：「驊騮緑耳，遂玄黄於坎離。」

艮曰「其於木」者，交巽木也。於乾曰「爲木果」者，巽艮之陽皆乾也。艮爲果者，木之陽止於果，果成則降，降而反生。震者，艮之反，震陽亦乾也。

秦、漢之際，《易》亡《説卦》。孝宣帝時，河内女子發老屋得《説卦》、古文《老子》。至後漢《荀爽集解》，又得八卦逸象三十有一。案：《集解》「坎爲狐」，《子夏傳》曰：「坎稱小狐。」孟喜曰：「坎，穴也，狐穴居。」王肅曰：「坎爲水、爲險、爲隱伏，物之在險穴居，隱伏往來水間者，狐也。」子夏時坎爲狐，孟喜、王肅止隨《傳》解釋，不見全書，蓋秦、漢之際亡之矣。今考之六十四

〔二〕赤，叢刊本、通本、薈要本作「朱」。

〔三〕緼朱，叢刊本、通本、薈要本作「赬韞赤」。

卦，其說若印圈鑰合，非後儒所能增也。故校證其誤而併釋之，以俟後之知者。

爲龍，乾體坤，自震息之成乾，故乾爲龍。坤體乾，剥乾成坤，陰極生陽，爲復震也。故《坤》上六「龍戰于野，其血玄黄」，坎爲血，震爲玄黄。爲直，乾其動也直，巽爲繩直者，亦乾之直也。爲衣，乾在上爲衣，坤在下爲裳。《太玄》曰：「垂綃爲衣，襞幅爲裳。」垂綃奇也，襞幅偶也。《訟》之「帶」，《歸妹》之「袂」，《既濟》之「衣袽」，皆乾也。《困》之「紱」，《既濟》之「繻」，皆坤也。古者衣裳相連，乾坤相依，君臣上下同體也。至秦始取女之衣裳離之。爲言者，震聲兑口，聲出於口也，所以能言者，出於乾陽也。

坤爲地，爲母，爲布，爲釜，爲吝嗇，爲均，爲子母牛，爲大輿，爲文，爲衆，爲柄，其於地也爲黑。

《易》凡言地者，皆坤也。乾坤皆言天地者，陰陽相根，動静相資，形氣相應，有一則有二，有乾則有坤。邵雍曰：「天依形，地附氣，其形有涯，其氣无涯。」張載曰：「地在氣中。」《黄帝書》曰：「地在太虛之中，大氣舉之。」天地未始相離也。《明夷》「日在地中」，則地在氣中可知。或曰：《師》「地中有水」，而渤海之東有歸墟焉，其下无底，水豈氣乎？曰：《黄帝書》天在地外，水在天外，表裏皆水。兩儀運轉，乘氣而浮，載水而行。考之天，西河中九星曰鉤星，鉤星伸則地動者，以水動也。辰星色黃而小，則地大動，土勝水也。鉤鈐者，天之筦籥，鉤鈐坼則地動者，天之筦籥動也。以此三者觀之，水土動則地動，地動則天動，地非乘氣載水乎？氣无涯，水亦无涯，水亦氣也。坤又爲邑、爲邦國，天子建邦，諸侯有國，大夫受邑，分土也。邑，内也，故以下卦言之。諸侯，四也，下兼卿、大夫、士。邦對國則邦爲王國。五，王位，諸侯承之。通言之，邦國一也。坤又爲城、爲墉。牆謂之墉。城，墉之大者。震足艮手築之，巽繩縮之，掘地爲澤，土自下升者，城也。積土在内外之際，設險可入者，墉也。又爲泥、爲甓，坎水坤土，汨之爲泥，土水合而火之爲甓，以甓修井爲甃。

乾爲父則坤爲母，乾爲祖則坤爲妣。坤得尊位，母也。五動成乾，爲王母，王母尊祖，王妣也。五尊位，在《家人》，乾父居五，則坤母居四，尊无二上也。

麻紵葛曰布。巽爲草，以坤陰不變者爲布；巽離爲絲，以坤陰變陽者爲帛。《賁》六五「束帛戔戔」，上九變五，巽離也，坤陰變陽也。坤爲帛，束帛五兩，天九地十之數。布帛兩兩相偶，五尺謂之量，倍量謂之丈，倍丈謂之端，倍端謂之匹。

釜，有範金者，有合土者，其象有腹、有耳、无足，皆自坤變。坤爲土、爲腹。《家人》者，《遯》四之初變艮坤，六二有坤腹坎耳，坎水離火巽木以釜亨飪之象。離爲中女，故曰「在中饋」。郭璞筮《豫》之《解》，六二變坤，有坎離曰釜之象。遇《大有》之《旅》，初九、九二變乾成艮坤，兑爲金、爲澤，有離火而无耳，曰金之祥，非釜也。或曰：《鼎》何以取於坤？曰：《鼎》自《遯》五之二，巽變艮坤，器之有腹者也，而又有足、耳、鉉，以木巽火坎水亨之，故曰鼎象也。

《易》言吝者十二卦、十三爻，陽爻居三：《咸》之九三從上六，故往吝；《恒》之九三趨上六，故可貞而吝；《姤》之上九居陰，故吝。其餘可往而不往，可動而不動，可變而不變，坤陰也。亦有知其不可，以往爲吝者，《屯》六三是也。然則坤之吝嗇，顧用之如何耳。故曰「憂悔吝者存乎介」。

乾獨陽也，坤陰均之。寒均暑，夜均晝，君子而有小人，然後上下内外適得其平。故小者亨則曰既濟，而小大相過皆謂之過。

爲子母牛者，坤交離也。坤爲牛、爲腹，離爲大腹。京房，《既濟》之初九變曰博牛，言以牸〔一〕牛。博，犢也。《洞林》，《明夷》之《既濟》曰：「當有牛生一子。」蓋坤變坎，坎爲子，三至五互有離，四者坤之丑爻，丑亦牛也。《離》「畜牝牛」者，母也。《大畜》艮坤之初爲童牛者，子也。《太玄》以土爲犢。

地方而載，輿也。坎内陽外陰，陽實而直，陰虚而曲。内實轂也，外虚穿也；内直輻也，外曲

〔一〕牸，通本同，叢刊本、薈要本作「牸」。

牙也。一實一虛，周流无窮，輪也。有輿有輪，而乘其上，曰車，《賁》初九是也。自上視之，有輪有輿，而居其中，亦曰車，《睽》上九視六三，《困》九四視九二是也。或曰：乘，《解》六三是也。有輿无輪，止曰輿，《大畜》九二、九三是也。有輿有輪而爻當輿，《睽》六三是也。坤爻變乾，陽爲大，則曰大輿。有輿有輪，或爻在輪下，或當輪上，曰輪，《既濟》初九、《未濟》九二是也。曰輹者，坤震也。震之陽爻在坤下，爲輿下之横木，《大畜》九二是也。震之陽爻變坤之中爻，爲大輿之輹，中者心之位，輹在輿下，鈎心夾軸，四往之五爲坎，變輿成輪，《大壯》九四是也。曰：茀者有輪輿矣。震爲竹葦蔽之，茀也。

一剛一柔，相錯成文，有天而後有地。一不獨立，二則爲文，天一地二也。季春之月，《夬》九三爻也。陽氣充塞，氣成虹蜺，有剛然後文柔之也。仲冬之月，《坤》六四爻也。雖霽而日，虹蜺伏藏，陽不足也。以此見无一則无二矣。離者，乾坤以中相易者也。離爲日、爲火、爲雉。日五色，火烟隨而變，雉五色具焉。謂之文明者，以離言也。或曰：極南之方，冬虹不藏，見則怒風發屋，雷動則風止，何也？曰：離南方，巽之再變也。巽動於下，離變於上，巽極成震，是以風止。中國陽緩陰散，雖有虹蜺，而非風候。又爲章，何也？曰：文合而成章。荀子曰：「文理成章。」詩聲變成文，積句成章。《噬嗑》初、五相易，震離合一，故曰「雷電合而章」。《坤》六三、《姤》九五，動則成文，不動則含章。

衆者，對寡之名。《師》以一陽主五陰，故曰用衆，曰「畜衆」；《明夷》以二陽臨四陰，故曰「涖衆」；《解》以初九之坤四，故曰「得衆」。民者，有君之名也。《師》曰「衆」，又曰「民」，何也？曰：《復》初九之二，坤陰自下從之，故曰民，坤之陰即坎之二陰也。坎之二與上坤之三陰合，故又爲衆。坤又爲醜者，陽美陰醜也。又爲輿者，通於車輿之輿，車成於衆，工始於輿。邵雍曰：「君子以萬物爲輿馬。」又曰：「群者，通陰陽言之。」《乾》之九四，以三陽爲群；《否》之六二，以三陰爲群；《睽》之上九，以六三坎坤兑，三疑爲群。巽爲魚，亦曰民者，巽之坤也，與坎水兑澤之坤爲民同。

爲柄者，巽之坤，順其鑿而入焉者也。斧柯、劍夾、殳戈矛之柲、耜之耒，柄也。《旅》九四得斧，《巽》上九喪斧，或得其柄，或失其柄。

黑者，坤之極也。以日言之，日在虞淵也；以月言之，晦也；以歲言之，十月也。故曰冬則行黑道，月死成魄。火之末，澤之污下，草木之朽腐，人之黧，老極也。坤極成乾，故明生於晦，陽兆於北，死爲生之故。而增肥之澤、黑墳之土，皆地之美者。《易》言冥、言晦，皆坤也。坤爲地，又曰「其於地也」者，坤爲黑，其於地，乃其一也。坤變乾爲牝馬，離變坤爲牝牛，陰陽之中復有陰陽，此萬物所以无窮也。《姤》初六坤變乾，初九甲子，坎豕不曰牝豕者，初陰未壯也。爲迷者，坤冥晦待陽而後明，先陽而動，與遠於陽而不復，皆迷之道。爲方者，坤靜而德方，方不可易也。爲囊者，坤虛有容，與腹同，而囊手可括也。爲裳、爲黄者，黄，地之中色，得乎陽之美，不偏於陰者也。爲帛、爲漿者，帛當在「爲布」之下，坎震爲酒，故作酒以麴蘖。麥，東方穀也，而東風至則酒湧。漿者，酒之初，故坤爲漿，不足於陽也。

震爲雷，爲龍，爲玄黄，爲旉，爲大塗，爲長子，爲決躁，爲蒼筤竹，爲萑葦。其於馬也，爲善鳴，爲馵足，爲作足，爲的顙。其於稼也，爲反生。其究爲健，爲蕃鮮。

張載曰：「陰氣凝聚，陽在内者不得出，則奮擊而爲雷霆。陽在外者不得入，則周旋不舍而爲風。其聚有遠近虛實，故風雷有小大暴緩。」

鄭康成讀「龍」爲「尨」，取日出時色雜也。虞翻曰：「駹，蒼色，震，東方，故爲駹，舊作『龍』。上已爲龍，非也。」臣曰：讀當作「鬭」字，「龍」當作「豵」，蒼龍尾也。《國語》：「日月會于龍豵。」孟春日月會于諏訾，斗建寅，日見尾中，播種之時。《无妄》、《益》，乾變震之象乎？若蒼色則上已曰蒼筤竹矣。

坤於地爲黑，又曰「天玄而地黄」者，坤之中爻爲黄。黄者，地之中色，得陽之美者也。中爲坤宫，《太玄》以五五爲土，其色黄，五五中也，《中》首曰「陽氣潛萌於黄宫」。《坤》上六，十月也，言「龍戰于野」。坤，黑也，乾，赤也，謂之其血玄可也，而曰「其血玄黄」，又曰震爲玄黄者，何也？曰：此天地鬼神之奥，聖人之微意也。《坤》之上六，閉塞成冬，陰極疑陽而戰，陽於此不争而自勝，於是冬至，而《坎》之初六受之，故曰「天玄」，而《太玄》亦曰夜半近玄。極坤生震，陽自外來而爲主於内，於卦爲《復》，以坎言之則玄也，以復震言之則玄黄也。然十月未可以言黄，故古人謂冬爲玄冬。震所以爲玄黄者，初九春分，六二清明，六三穀雨，九四立夏，六五小滿，上六芒種。初九，乾坤之初交，以赤交黑，所謂玄也。六二、六五，《坤》之中爻，所謂黄也。十月又謂之陽月，言未嘗一日无陽，而陽亦未嘗一日不勝也，故曰：「神戰于玄，邪正兩行，龍出于中，法度文明。」龍出於中則震也。又曰：「天炫炫出於无畛，熿熿出於无垠。」出者亦震也。陰極陽生，亂極德形，君子於是修德以俟時。《否》之九五與二相易，巽木玄黄而在田上，桑也。《觀》之六四與五相易，坎爲玄，坤之中爻爲黄，而在朝廷，幣也。《豐》之九三，玄黄在車上而金斷之，旆也。《賁》之六五，三坎爲玄，巽乾爲大赤，離坤爲黄，纁也。纁，黄之變染者，自黄而入赤。纁，三入之赤也。

爲旉者，陰體凝滯，震陽旉之。延叔堅曰：「旉，大布也。」王洙曰：「字從寸，甫聲，布也。」《泰》初之四，《否》四之初，草之旉也。《大過》二變之五，木之旉也。五變之二，旉者斂矣。《解》自《升》變，草木之旉也。

鄭康成曰：「國中三道曰塗，震上值房、心，塗而大者，取房有三塗焉。」王洙曰：「卯爲日門，險極成易，大川之上，必有大路，故大途之象，必出於坎兑之外。」或曰：　道或曰衢。《履》九二動成震，動而正，故曰道。《大畜》自《大壯》來，上九畜極，艮反成震，大途而在天上，无所不達，天衢也，故曰衢。《賁》又爲徒行者，初九之四，艮應足動，足指履乎大途，徒行也。《泰》九三爲陂者，大途變而爲山澤，易極成險，故曰「无平不陂」。

爲長子。《師》六五動成艮，艮少男，視二震爲長，震視艮爲弟，坤爲〔一〕母，視之爲子，故曰「長子」。九二用衆，處險持律，五任之，本復乾也。自震坎視之，丈也，故曰「丈人」。《隨》初九《否》乾，自坤視之爲夫，自艮視之爲丈，故曰「丈夫」。《小畜》九三離婦乘震，故曰「夫」。《大過》乾二變之五，巽成震，巽爲白，自兑妻視之，震爲夫，夫而白首，故曰「老夫」。《恒》六五，自二巽視之爲夫，自《泰》乾視之爲子，故曰「夫子」。《无妄》六三即《遯》之初六，《遯》初上行之三成震，故曰「行人」。《明夷》初之四，震成巽，巽位東南，故曰「主人」。《震》四諸侯之位，《臨》二之四，有不喪匕鬯，奉宗廟之象，故曰「祭主」。

震變兑爲决，變巽爲躁。竹中虚節實，重震之象。蒼筤，青也，震之色。孔穎達曰：「春生

〔一〕「爲」字，叢刊本無。通本、薈要本同底本。

之美也。」竹草類而有木氣，震〔二〕於五行爲木，故蒼筤竹乃盡震象。他竹，震之變也。《太玄》以甲乙爲竹，亦震也。列禦寇言「久竹生青寧」。青寧世无識者，昔人鍾山伐竹，竹中得青蝦蟇，其青寧乎？蝦蟇，巽兑之氣，震極而變也。萑葦，震之廢氣也。故竹堅而萑葦脆，竹久而萑葦易枯。鄭康成曰竹類，《搜神記》言朽葦爲蛬。震成巽〔三〕爲風乎？夫橘成蛾，葦成蛬，麥成蝱，陵舃得鬱栖爲烏足，葉爲蝴蝶，皆震巽也。《歸妹》上六、《既濟》九二之五，爲竹葦。《既濟》十月卦，亦震之廢氣也。二卦皆震巽交乾。

爲馬善鳴者，震也。《易》凡有震聲曰鳴，《謙》六二、上六是也。兑口震聲，在人曰言。《需》九二以四爲言，《訟》初六往四爲言，《明夷》初九往四爲言，《夬》九四不動爲聞言不信，《革》九三往上爲言，《震》、《臨》二之四爲言，上六交四則五爲言，《艮》五動易二爲言，《漸》初六動而之二爲言，皆震兑也。在飛鳥曰音，《中孚》上動反三，《小過》初九之四是也。或曰：音有五，善鳴者何獨震乎？曰：震，動也，凡聲激而後有，雷以陽激陰，風以陰激陽，水火之聲，无非激也。不動何由有聲？

爲馵足者，伏爻也。震爲足於左，在下卦爲後，震下有伏巽，巽爲白，此震爻發於下之象。乾

〔二〕震，叢刊本、通本、薈要本作「草」。
〔三〕「巽」下，叢刊本有一「巽」字。通本、薈要本同底本。

爲首，上發震爻則爲的顙。的顙，《詩》所謂「白顛」，《傳》所謂「的顱」也。爲作足者，乾馬變也。震下爻動，《屯》初九是也。《大畜》九三，乾變震，三陽並進，故曰「良馬逐」。《中孚》六四，震作足馬，四易初成坎，坎爲美脊，震坎類也，四絶類上行，坎亡震存，故曰「馬匹亡」。

其於稼也爲反生。宋衷曰：「陰在上，陽在下，故爲反生。謂枲豆之屬，戴甲而出。」鄭康成曰：「生而反出也。」反其生者，有生有不生，夫一陽自下升而息，五陰自上降而消，其卦爲《復》。《彖》曰「剛反動」，《太玄》曰「反乎始」，故人與草木反生，心膽之陽倒懸，豈特枲豆而已哉？於稼言反生，舉一隅也。《大過》二變之五，兑成震，爲枯楊生稊，反生也。五變二往震成兑，爲枯楊生華，亦反生也。《屯》三震交艮，黔喙之屬而角反生，鹿也。《大壯》四震交兑，羊角反生，羝也。《震》三四相易，死者反生，蘇也。虞翻曰：「震相薄，變而至三，則下象究，與四成乾，故其究爲健，巽究爲躁卦。雷風无形，故卦特變耳。」

爲蕃鮮者，《泰》、《頤》、《恒》、《萃》、《歸妹》言「萬物」，《解》言「百果草木甲坼」者，震也。《咸》四月卦，言「萬物化生」，《姤》五月卦，言「品物咸章」者，震變巽也。震爲蕃，變巽爲鮮，故又曰「絜齊」。《太玄》曰：「物咸重光，保厥昭陽。」言離[一]明也。或曰：離言「百穀草木」者何？

[一] 離，通本、薈要本同，叢刊本作「鮮」。

曰：離有震巽也。《解》言「百果草木」者何？曰：有震巽而又自艮變也。《睽》无震巽，曰「萬物」者何？曰：《睽》、《大壯》之震三之上成《睽》，萬物睽也。《乾》曰「雲行雨施，品物流形」者何？曰：乾自震息也，動爻巽也。爲王當在乾，爲天之下錯文也。五爲王〔一〕之位，乾爲君，君宜正位宅中，故九五爲王，《比》、《隨》、《觀》、《家人》、《蹇》、《夬》、《萃》、《井》、《渙》是也。《離》九四與五相易，五曰「離王公」，上九與五相易，曰「王用出征」，《師》二進至五，曰「王」，王自五之二曰「王三錫命」，《蠱》上九自《泰》初，歷四五之上曰「不事王侯」，《晉》二動易五曰「受兹介福于王母」，《豐》二至四曰「王假之」，《坤》六三〔二〕之動，《訟》九〔三〕三從上九，皆曰「從王事」而已。《大象》曰「先王」者，《比》、《觀》、《渙》以九五，《噬嗑》、《復》、《无妄》以初九，皆以前卦變而言之，故曰「先王」。《大有》九三不言王，曰天子者何？曰：九三交於六五，六五下交九三，乾變離兑，有天子施澤，降心于九三之象，故曰「天子」。先儒以震爲諸侯，是乎？曰：非也。長子主器，謂長子爲諸侯也。四，諸侯位，《豫》九四，天子建諸侯也。《晉》九四，天子接諸侯也。四近君位，古者

〔一〕王，原作「上」，通本、薈要本同底本，據叢刊本改。
〔二〕三，原作「二」，通本、薈要本同底本，據叢刊本改。
〔三〕九，各本同，據文義，疑當作「六」。

諸侯入爲三公，三公出爲諸侯，故其位四與三通曰公侯之位。鵠，古「鶴」字，震離爲鶴，《中孚》九二是也。《訟》初之四，坎變巽，離變震，兑震爲善鳴，爲足，巽爲白，兑爲澤，《繁露》曰：「鶴，水鳥也。夜半水感其生氣，益喜而鳴。」京房論《中孚》曰：「九二處和體震。」則震爲鶴，房本有之，房在孝宣後故也。鼓象雷，《中孚》九三或鼓或歌，震交巽爲木，艮爲手，手執桴擊之，鼓也。又爲鼓缶之鼓。《離》九三變坤震，坤爲器，震爲鼓，巽木艮手，鼓缶也。

巽爲木，爲風，爲長女，爲繩直，爲工，爲白，爲長，爲高，爲進退，爲不果，爲臭。其於人也，爲寡髮，爲廣顙，爲多白眼，爲近利市三倍。其究爲躁卦。

震巽皆木也。《説卦》巽爲木，言蕃鮮之時，《震》之九四爻也。乾、艮、坎、離皆有木象，何也？曰：水、火、土、石，地兼體之，金生於石，木備此四者而後有。故木果，乾也；堅多節，艮也；堅多心，坎也；科上槁，離也。其實乾坤而已。或爲苞桑，或爲枯楊，或爲枯木，或爲杞，何也？曰：《否》之九五，二爲田，木在田上，上玄下黄，桑也。二五相易，剛柔相包，苞桑也。其卦氣則七月桑落之時。《大過》巽木兑澤，楊，澤木也。兑正秋，枯楊也。其卦氣則十月小雪，亦枯楊時也。《困》初六，視九四爲臀，困于株木，巽木而兑金克之，枯株也。其卦氣則九月霜降，亦枯株也。《姤》九三因四動者，兑澤巽木變乾爲大，澤木之大，杞也。其卦氣則五月夏至，杞木盛時，故能包瓜。或爲牀，或爲棟，或爲桷，或爲木，或爲舟楫，或爲耒耜，何也？曰：《剥》初六、六二、六四，《巽》九二、九四皆以坤變乾成巽，坤爲西南，乾爲人，設木於西南之奥，而人藉其上，牀也。《大過》巽爲木，木反在上，棟也。《漸》九四乾動成巽，坤三變也，乾動爲直，坤爲衆，木而平直者，桷也。《益》自《否》變，《漸》變《涣》，巽木在坎上，至《益》而成，故《涣》曰「乘木有功」，《益》曰「木道行」也。《中孚》巽木，兑金刳之，故曰「乘木舟虚」。《涣》巽有艮手，斷木剡木爲楫也。《益》自《否》變，九四之二，斫木爲耜也，之二則揉木爲耒。

風者火氣之動，陰麗於陽則爲火，陰入于陽之下則爲風，巽之所入即所麗之陰也，火非動不見，而動屬乎風。《黄帝書》曰：「在天爲風，在地爲木。」舉一隅也。西方書曰：「暖氣歸火，轉動歸風。」風化蟲，故郭璞曰：「風，蟲也。」

爲長女者，女在下，男在上，或男未下女，或男下女而未歸，或女歸而有漸，或男行而不動，或女與女同居，則三女皆謂之女。《春秋傳》曰：「女者謂其遠於人也。」古之嫁者，三月廟見而後行夫婦之道，未廟見而死，則歸葬於父母，故《咸》下女，《漸》女歸，猶謂之女。三女從三男，五有乾坤舅姑之象。子夏曰：「婦人學於舅姑者也。」或曰：《蒙》六五納九二成巽，《大過》九五變而之二成巽，《恒》六五從九二成兑，謂之婦者，從夫也。《家人》九三、《漸》九三曰婦，何也？曰：

《家人》本《遯》變，九四之初，則初六從而成離，離女從坎男也。坎視乾爲子，離乾爲舅，故曰「婦子」。《漸》九三本《否》九四也，之三成坎，六三從之成離，故謂坎曰「夫」，謂離曰「婦」。曰：《小畜》上九巽爲婦，何所從乎？曰：九三動則成震，震者，巽之夫也。不動者爲上九所畜也。《小畜》九三、《大過》九二、《困》六三又曰夫妻，何也？曰：《小畜》九三離震同象，《大過》九二動之五，震兑同象，《困》六三坎離同象，故曰妻。魯敬〔一〕姜曰：「婦人事夫有五，平旦纚笄而朝，有君臣之嚴；沃盥饋食，有父子之敬；報反而行，有兄弟之道；受期必誠，有朋友之信；寢席之交，而後有夫婦之道。」謂之妻者，寢席之交乎？故曰：「妻，齊也。」女或爲娣，何也？曰：所歸之妹，其爻在上，則下爲娣，《歸妹》九二是也。

爲繩直者，巽一柔爲二剛所糾，有股而合，繩也。其剛爻爲直繩，所以直者，以剛糾柔。剛，乾也。又爲徽纆者，《坎》上六動，坤坎成巽，坤坎爲黑，巽爲繩徽，黑索也。巽爲股，兩股謂之纆。上之三成巽離，三股謂之徽。又爲繘者，《井》自二反上成巽，坎車相應，繘也。汲綆謂之繘。係者，或以此係彼，或以彼係此；引者，持繩相應；牽者，手挽而股動；繫者，繫動於此。《无妄》之牛自《遯》初之三，四巽繫之，故曰「或繫之」。《姤》初之二，二巽繫之，乾金在焉，故曰「繫

〔一〕敬，叢刊本、通本、薈要本作「春」。

于金柅」。維者，反復成巽繩，反復維之也。

爲白者，坎變巽也。坤至北爲黑，坎中之畫。乾，赤也，赤黑爲玄。坎水一也，或爲白露，或爲霜雪，爲冰者，皆寒氣，巽入之也。《春秋傳》曰：「冰以風壯。」《詩》曰：「北風其涼，雨雪其雱。」《易》曰：「履霜堅冰至，陰始凝也。」《白虎通》曰：「露者，霜之始也。」坎爲月，遡日而白，離之光，巽入也。坎爲髮，爲血。髮者，血之華，少而美，踰壯則黑而不玄，過此則乾消坤見，坎降離升而黄，既老則坎變巽，坤黑盡矣。然凡有益於血者，皆能黑。或曰：素履何以言坎？曰：四變之初，巽變坎；初之四，坎變巽也。《大過》初六白茅，何坎也？曰：《遯》一變《訟》，二變《巽》，三變《鼎》，四變《大過》，則《大過》初六自《訟》坎變巽，故爲白，而初六、九二、九五同取此象。五色皆本於白，草木既槁則白，鬚髮既老則白，豕鬣埋之則白，金可變而白，丹可鍊而白。白者，陰也，陽之基也。陰陽相賁而後有文，陽盡則陰質見矣。物有生而白者，氣自芒芴之間，固已變矣。巽又爲墨者，巽變坎也。白復成黑，墨者，黑與水合。《太玄·飾》曰：「陰白陽黑，分行其職。」

天地變化萬物者以巽，而莫見其變化之迹，故巽爲工。《訟》之鞶帶，《比》、《坎》之缶，《泰》之城隍，《解》之墉，《同人》、《隨》之門，《節》之門户，《豫》之門柝，《小畜》、《大畜》之輿輹，《大有》、《賁》、《困》之車，《既濟》之輪，《井》之收，《噬嗑》、《旅》、《解》之矢，《睽》之弧矢，《旅》、

《巽》之斧，《賁》之帛，《困》之紱，《既濟》之衣袽[一]，《剥》、《巽》之牀，《涣》之机，《大過》之棟宇，《漸》之桷，《困》之宫，《小畜》之室，《大壯》之宫室，《豐》之屋，《旅》之次，《剥》之廬，《坎》之樽簋，《井》之瓶甕，《鼎》之耳鉉，《中孚》之舟楫，《益》之圭，《歸妹》之筐，《既濟》之茀，《離》之罔罟，《益》之耒耜，《小過》之杵臼，《大過》之棺槨，《夬》之書契，《恒》之浚，《井》之渫甃，皆巽工爲之也。或曰：《大畜》九二，《坎》六四，《恒》初六，《歸妹》上六，《節》初九、九二，《既濟》六二，《損》二簋，《豫》門柝，何取於巽乎？曰：《大畜》三有伏巽，《坎》自《臨》三變而成，一變《升》，二變《解》，三變《坎》，自《升》至《坎》，巽工爲之，乃有樽、簋、缶之象。《恒》初六本《泰》之六四，自四之初，入于兑澤之下成巽，所入深矣。故曰浚，猶浚井也。《歸妹》，《漸》之反也。《損》，《益》之反也。《節》，《涣》之反也。《既濟》六二應五，《困》初九應四也。《豫》伏巽也，巽，東南，主人之位，内有主，故有客。

巽爲風，草木風之類，皆長，巽離爲絲，絲亦長。《姤》初變兑，爲《履》之虎尾，亦長。施之於事，久長是也。《易》言不長、不可長、何可長，皆巽變也。《訟》初往訟二，四應初，巽坎變兑震，曰「訟不可長也」。《屯》上无助，妄動之三，離見巽變，曰：「『泣血漣如』，何可長也。」《否》四應

[一] 袽，叢刊本、通本、薈要本作「襦」。

初，巽體猶存；五應二，巽變矣；上應二〔一〕，巽體盡而成《泰》。故曰：「否終則傾，何可長也。」《姤》一陰方長，五陽下之，巽體既盡，剥極成《坤》，故曰：「『勿用取女』，不可長也。」《中孚》上九登久而降，巽變成離，故曰「何可長也」。《小過》九四以往厲爲戒，久則四五相易，小不勝大，故曰：「『往厲必戒』，何可長也。」《臨》六三處位不當，憂而退避，二三相易成坎，坎爲加憂，二至四有伏巽，二三相易，巽變坎，故曰：「『既憂之』，咎不長也。」或曰：《豫》上六、《大壯》上六，何取於巽？曰：《豫》上六震動，反三成巽，《大壯》上六震者，巽之反也。

爲高者，風，高至者也。飛鳥之類，有背負蒼天，皆風所爲也。或曰：乾天不爲高，何也？曰：大運往而不來，升而不降，亦不能爲高，來也，降也，所謂巽也。《同人》九三動，與五争應成巽艮，故曰「高陵」；《解》上六動之三，坤體連巽，故曰「高墉」；《蠱》上九自巽往外而處卦上，故曰「高尚其事」。

爲進退者，坤生震之一陽，則退者進，乾生巽之一陰，則進者退。《易》稱進退者，巽也，《觀》九三是已。《屯》初九曰盤桓者，進而之四成巽，四不能安，故盤桓。《萃》初六退而亂，進而與四相萃，故曰「乃亂乃萃」，皆進退也。或曰：《大壯》上六何也？曰：上六震，震者，巽之反，不能

〔一〕二，各本同，據文義，疑當作「三」。

退，不能遂，則進退不可矣。

巽，兑之覆也，兑爲决，覆之爲不果，稱疑者皆不果也。《乾》九四或躍，《賁》六四當位，《豐》六二之往，《既濟》六四之戒，《困》九四、九五之徐，《鼎》九二、《未濟・大象》之慎，皆不果也。《豫》九四勿疑，《兑》初九未疑者，巽毁也。《遯》上九、《升》九三，无所疑者，巽或不反，或毁也。或曰：《坤》上六「陰疑於陽」，《睽》上九「群疑亡」，《損》六三「三則疑」，何也？曰：乾五月一陰生巽，陰始疑也，至於十月，陰疑於陽。蓋其疑自一陰始生則疑之，故君子於《姤》之初繫之以金柅也。《睽》上九之三成兑震。兑，巽之覆；震，巽之反。《損》自《泰》變，九三上行，上六下之，九六相遇，得其友也。三陽並進成巽，故三則疑也。

爲臭者，張載曰：「聚而有間則風行，風行而聲聞臭達。」《繫辭》曰：「同心之言，其臭如蘭。」先儒謂《同人》六二也。二巽爲草，二易五爲芬芳，「其臭如蘭」也。

坎爲髮，髮者，血之華。坎血耗減，頂露於上，寡髮也。《大過》九二老夫，九五老婦，《離》九三大耋，兼取此象。

乾爲首，析而言之，初畫爲頤，中畫爲面，上畫爲額。震得初畫爲頤者，動於下也；兑得中畫爲面者，悦見於外也；巽得上畫爲廣顙者，上大下小也。張載曰：「躁人之象」。《傳》曰：上方者觸人亦躁也。《睽》六三「其人天且劓」，馬融曰「刻鑿其額」，《易傳》曰「髡其首」，是乎？

曰：《暌》九二即《无妄》之九五，巽變乾爲廣顙，兑毁之，髡其首也。刑鼻曰劓，髡曰天，互見也。爲多白眼者，離爲目，虚者陰也，實者陽也，虚者其體陽，實者其體陰，故虚者爲眸子，實者爲白肉，離變巽則白肉在上，眸子在下，故爲多白眼。見於《易》者爲惕，爲反目。《乾》九三危而惕也，《訟》九二窒而惕也。《小畜》九[一]四畜君乘剛而惕也，與上合志則有孚惕出矣。九二受畜於四，妻上夫下，反目而怒視也。虞翻曰「巽爲魚」，何也？曰：魚多白眼而巽乎澤者也。不曰巽乎川者，積水成淵而後魚鼈生焉，川壅成澤也。《剥》自《姤》變，至《遯》、《否》、《觀》有伏兑，巽爲魚，五艮持繩，貫魚也。《姤》初巽，二動成艮，有伏兑，九二不動，包有魚也。九四遠初，无魚也。《中孚》坎變爲巽，乾變坎成兑，魚也。郭璞得《豫》之《小過》，曰：「五月群魚入寺。」艮爲門闕，六三變九，體有兑巽。《豫》五月卦也。或曰：魚，水蟲也，何以言巽？曰：坎離乾坤之變交而生物，離乾卦，坎爲水，故陸多走類，水多飛類。魚浮游於水，有飛越江湖者，巽也。故巽在陸爲雞，在水爲魚，雞瞑而魚不瞑，離不足也。《傳》曰：「魚與鳥同類。」其知巽之所爲乎？嶺南黄魚或化爲鸚鵡，巽變離也。泡魚而刺者，或化爲㺄，巽變坎也。震巽相易者也，故魚或爲龍，魚而斑者或化爲鹿。畜魚以二月上庚，亦震也。隨陽者，震也；潛化者，巽也。孕魚依草，子如其實，月

〔一〕九，各本同，據文義當作「六」。

體虧於上，魚腦減於下，月盈成乾，其虧成巽。

「爲近利市三倍」者，《噬嗑》六三變也。日中爲市，巽變兑離爲贏、爲貨，「利市」也。巽變離兑，「三倍」也。舉此一爻以例諸卦。

「其究爲躁卦」者，巽三變成震，舉震巽二卦以例餘卦。天地萬物无有獨立者，極則相反，終不相離，以其不可離也。司馬遷《律書》曰：「冬至則一陰下藏，一陽上舒。」京房論八卦飛伏，虞翻論伏爻，郭璞又論伏爻納甲，其説皆源於此。

爲揚者，巽爲風，風輕揚。《中孚》九二「鳴鶴在陰，其子和之」，上九「翰音登于天」，用此象。爲鸛者，别於鶴也。震爲鶴，陽鳥也；巽爲鸛，陰鳥也。鶴感於陽，故知夜半；鸛感於陰，故知風雨。世傳鸛或生鶴，巽極成震乎？

坎爲水，爲溝瀆，爲隱伏，爲矯輮，爲弓輪。其於人也，爲加憂，爲心病，爲耳痛，爲血卦，爲赤。其於馬也，爲美脊，爲亟心，爲下首，爲薄蹄，爲曳。其於輿也，爲多眚，爲通，爲月，爲盜。其於木也，爲堅多心。

一陽陷於二陰之中爲坎，坎，陷也。盈天地之間，皆水。曰水者，舉其凡也。坎之陰爲陽所得，上而爲雲，故《屯》曰「雲雷」，《需》曰「雲上於天」。坎之陽爲陰所得，下而爲雨，故《屯》、

《解》曰「雷雨」。坎水之通流爲川，《訟》之坎由《遯》乾三之二，《漸》之坎由《否》乾四之三，《渙》之坎由《否》乾四之二，《益》之坎由《渙》二之初，故曰「大川」。或曰：《小過》彖、《夬》九三、《中孚》下體兑也，或爲雲，爲雨，爲大川，何也？曰：坎兑一也。《革》兑上離下，《彖》曰「水火相息」，兑亦水也。自陽爲陰所陷言之謂之坎，自澤物言之謂之兑，澤无水則亦无以澤物矣。故澤无水謂之困，上浮而爲雲，下墜而爲雨，非澤氣之升降乎？川澤者，坎兑之相變也。《需》之川，自《大壯》之兑變而爲坎，澤決而爲川也。《中孚》之川，自《訟》之坎變而爲兑，川壅而爲澤也。澤或決而通，川或壅而塞，豈有常哉？曰：涉大川，何也？曰：《需》之利涉，震足蹈川也。《益》之利涉，巽股蹈川也。《訟》之涉，坎變兑，巽股入于下而澤滅其頂，不利涉而入于淵[二]也。坎或爲淵，何也？曰：《乾》九四「或躍在淵」者，坎之下復有澤也。《訟》曰「入于淵」者，《訟》變《巽》、《睽[三]》、《大過》，三坎成兑，川壅成澤，澤蓄成淵，與《乾》九四一也。坎又爲泉，何也？艮兑變坎，山澤通氣，山下之澤，出而流動則爲泉。泉，有源之水。澤，其源也。《蒙》自《臨》來，兑變坎艮，與《井》自《泰》初之五，乾變兑，坤變坎，初自兑下往而成坎，則初爲泉源同象。坎又爲膏

[二] 淵，通本、薈要本同，叢刊本作「川」。

[三] 睽，各本同，據文義，疑當作「鼎」。

者，亦坎兑也。澤之肥者，陽之美也。

爲隱伏者，坎爲水，水善隱伏。沇濟沱潛之水，潛行千有餘里。五緯唯辰星難見，而血之流行於肌肉之際者，至幽也。《乾》之初九，甲子，坎之位也，九變而六則爲潛，爲隱。《坤》之六四言「賢人隱」，以《乾》之初九爲賢也。在《履》九二、《歸妹》九二，因初九之動，皆謂之幽。隱伏也，而謂之幽，坎離相形也。《豐》九四處不當位，則曰「幽不明」。在《訟》九二爲逋竄，在《同人》九三爲伏戎，在《需》、《小過》爲穴。《需》上六降三，《小過》六五，三取二，坎兑交，可隱伏者，穴也。《需》六四坎交兑，三陽自下進，故曰出穴。在《困》爲幽谷，在《井》爲井谷。谷與穴異者，澤決水流注於山間。艮，山也。谷，注谿者也。

輮，宋衷、王廙作「揉」，今從二家。矯者，矯曲爲直；揉者，揉直爲曲。《噬嗑》九四之〔一〕五，《解》九二之五，《旅》六五逮四，皆巽爲木，艮手矯之，正曲爲直，加以鋭金，故曰矢。曰「金矢」者，乾也。曰「黄矢」者，離也。《否》四之初，三變成《益》。一變《漸》，巽變乾，直者曲也。二變《涣》，而曲其柄，耒也。《涣》巽變乾，曲而有足，肱據其上，机也。皆有坎揉之象。古矢幹用蒲柳，故曰「剡木爲矢」。《小過》爲弋者，四本《明夷》之初，離巽爲絲，以絲繫矢，射之弋也。

〔一〕之，叢刊本、通本、薈要本作「噬」。

爲弓輪者，揉直爲曲，坎木爲之，坎兩端柔，其中剛，剛柔往來，弛張也。輪一虛一實，内實外虛。《睽》自《无妄》來，五之二，巽木變離爲絲繩，變坎則弓有弦。《既濟》初九之四，《未濟》九二之五，巽木艮手，揉木曲之，其成則圜者，輪也。乾爲圜，矢取巽離，弓取巽坎，又有工矯揉之，豈人爲哉？枉矢熒惑之變，火也。猶豕激豪，短狐射影，无非坎離之變。

其於人也爲心病者，虞翻以坤爲心，坎二折坤爲心病。以類言之，心火也，坎水也，坎心病也。以位言之，坤土中也，中者，心之位。周景王鑄大鐘，聲過其中，爲心病。先儒以皇極不建爲瞀亂之疾，五聲以宫爲君。《太玄》以五五爲心，其中不平者，心病也。《明夷》六四應初，《比》三四入而初出，坎變兑，心病去而説，獲心意也。《井》九三未用，上六其心病，故惻然傷之。《艮》六三静與動争，夤裂而心病，故厲動心。《艮》六二隨三，不能動而應五，《旅》九四不能進而上，道行于五，故其心病皆不快。

爲加憂者，卦以陰陽失位、失應爲憂，憂之中又見險，加憂也。在《屯》上六爲「泣血漣如」，在《離》六五爲「出涕沱若」，在《晋》六二爲「愁如」，在《震》九四爲「虩虩」。或曰：《屯》上六失位乎？曰：失應也。上六動成巽，反三成離而巽毁，故曰「何可長也」。

人所以知疾病搔痒者，由血流行也。坎爲血卦、爲耳，血流行而物傷之，爲耳痛，舉此則百體之痛一也。在《噬嗑》上六爲「何校滅耳」，在《夬》九四爲「聞言不信」。爲血卦者，坎爲水、爲血。

赤者，坎中之陽，静則陽消，故鹽白而大鹵之色正赤。《穆天子傳》有黑羊白血，今嶺南産鍾乳之山，黑羊食其草則血白。鍾乳金石，兑陰之氣也。故凡血停久不動亦白，陰變陽也。《黄帝書》：「腎主血，心藏血。」腎坎水也，心離火也，離中坤陰而藏血，坎離交也。其實皆乾陽之動。《屯》上六，《臨》乾變坎也。《歸妹》上六、《涣》上九，《泰》乾變坎也。爲赤者，乾爲大赤，坎中之陽，乾中畫也。

其於馬也爲美脊者，乾爲馬，上畫爲顙，故震交之爲的顙；中畫爲脊，故坎得之爲美脊；下畫爲足，故震得之爲作足。良馬者，純乾也。《屯》上六以五爲馬，《賁》六四以三爲馬，《晋》以四爲馬，《睽》初九以四爲馬，《中孚》以《訟》二爲馬，皆美脊之馬也。

爲下首、爲亟心、爲薄蹄者，《屯》上六之班如，《賁》六四之翰如，《睽》初九之所喪馬，皆以亟心，坎在中也。乾爲首，坎陰在上交之爲下首。震爲足，坎陰在下交之爲薄蹄。中之位爲心，坎陽交之，偏於陽矣，爲亟心。乾爲馬，三男皆乾索也，言震坎而不言艮者，顙在上即艮之乾也。猶乾爲木果而艮又爲果是已。

爲曳者，坎離交也。坎水欲下，離火欲上，曳也。坎爲豕，坎極成離，故豕亦俯首、薄蹄、亟心，卑而率，有曳之象。

其於輿也爲多眚者，坤爲大輿、爲衆多，多坎陷者，輿之病，行則必敗。唯无眚者，乃可行。災以坎言者，險也。眚，自取不正。災，天降之，雖正猶不免。《訟》九二訟五，《无妄》三、四、上不正，《震》六三不當位，自取也，故曰眚。《需》九三、《剥》六四、《大畜》初九，正也，故曰災。或曰：《復》上六正，災也而曰眚，《无妄》上九不正，眚也而曰災，《遯》初六不正，宜眚也亦曰災，何也？曰：《復》上六迷復用衆，以其國君凶，自取之也。然上六窮矣，雖正亦凶，災也，故曰「有災眚」。《无妄》上九之窮，雖行而正，亦災也。《遯》初六退藏，自晦其正也。

爲通者，坎水決爲江河，升爲雨露。血之在人者，周流无窮也。《乾》曰「六爻發揮旁通情」者，坎離升降，遍被諸爻，乾之情也。《坤》六五曰「黄中通理」者，五動成坎也。《節》九二知通者，動而應五坎也，知塞者，坤土塞其行也。《需》自《大壯》四之五成坎，《乾》九四變《漸》，《涣》之坎而成《益》，通也，故曰「大川」。《中孚》之川，由《訟》坎，而《訟》自《遯》三變之，坎亦通也。《豫》九四曰「朋盍簪」者，上下通也。或曰：《泰》言「天地交而萬物通」，《否》言「天地不交而萬物不通」，何取於坎乎？曰：《坎》初六冬至，九二小寒，六四立春〔二〕，九五雨水，上六驚蟄。而《泰》當《坎》之九五，水氣上行，自坎爲《泰》，萬物通矣。《否》者，《泰》之反也，坎降離升，震伏兑見，自離成兑，而《否》當《離》之六五，萬物不通矣。

〔二〕　九二小寒六四立春，叢刊本、通本同，薈要本在「寒」下校補「六三大寒」四字。其校語云：「此四字據卦氣圖增。」

爲月，當在「坎爲水」之下，錯文也。《坎》，坤體也，《坎》中之乾，二五也，乾陽流於坤陰，故月以速爲退。月體不明，待日而明。明者，乾也。横渠曰「日月之精，互藏其宅」是也。《乾》言「日月合其明」者，坎離互用也。《豫》言「日月不過」者，坎爲月，伏離爲日，日月會于北方也。《恒》言「日月得天」者，《乾》九四之五，變離坎也。《小畜》上九、《中孚》六四、《歸妹》六五「月幾望」者，《小畜》四有伏坎，巽有伏震，月在東，日在西，望也。《中孚》、《訟》坎變震，月在東，亦望也。《歸妹》六五，月在東，日在西，亦望也。然曰「幾望」者，《小畜》、《中孚》坎在四也。《歸妹》六五，爻在五，坎在四，若五則中矣。是故日掩[一]月則月食，月掩日則日食，坎離之交勝也。或曰：坎，水也；離，火也。火麗乎水，何也？曰：離非水則明无自而托，坎非離則明无自而生，故水聚則精聚，精聚則神生。今焚薪爲炭，枯栟成灰，朽木夜明，濕盡光暗，血爲走磷，見於暮夜陰雨之時，故曰「離者，麗也」。坎水盡則離亦无所麗矣。

水潛行，伺隙而動，故爲盜。《太玄》以水爲盜，陰陽家以玄武爲盜。玄武，水也。《屯》六五[二]以五爲寇，盜用衆也；《蒙》上九以二爲寇，盜用師也。《需》九三以五爲寇，《賁》六四以

[一] 掩，叢刊本、通本、薈要本作「望」。
[二] 五，各本同，據文義，疑當作「二」。

三爲寇，《解》六三、《睽》上九以四爲寇。寇，用兵也。兵，戎也。故《需》曰「寇」，《象》曰「戎」。《夬》九二動，離有伏坎，亦曰「戎」。以有戎兵，其實盜也。

坤衆爲多，坎陽卦，其剛在中，堅心也。重坎者，「堅多心」也。曰「其於木也」者，與木爻交也。震巽爲木，堅多心，松栢之類，《周官》所謂「陽木」。《洞林》，《家人》之《蒙》，巽震交坎爲長松，其在《震》九四爲棘匕〔二〕，在《涣》九二爲机。

爲宫者，《復》初九即《乾》初九，甲子爻，子者，坎之位，於律爲黄鍾。《太玄》曰：「陽氣漸萌於黄宫。」爲律者，法度之始。《太玄》以水爲法，爲准。水可動而動，可止而止，故爲可。有以位言者，有以爻及變言者。《乾》六位，三五坎爲可，初、上、四皆曰不可。言可者，九三也。《大過》九五「何可久也」、「亦可醜也」，亦三五也。《坤》六三「可貞」者，三動也。《師》「可以王」，二之五也。《謙》上六「可用行師」者，上應三也。《蠱》上九「志可則」者，三動應上九。《无妄》九四「可貞」者，五動也。《大壯》「天地之情可見」者，四之五也。《解》六三「可醜」者，負四也。《損》「可貞」者，九三上行也，九四「可喜」者，四初相易也。《井》九三「可用汲」者，上六用九三也。《震》「出可以守宗廟社稷」者，四也。《小過》可以小事者，六二也，《明夷》變也，「不可大事」者，

〔二〕匕，原作「棘」，據叢刊本、通本、薈要本改。

九三、九四也，坎變巽也。《否》上九「何可長」者，三爻自上降也。《謙》「卑而不可踰」者，艮變坎也。《蠱》九二「不可貞」者，不動也。《剥》上九「終不可用」者，坤不復也。《无妄》九五「不可試」者，五不動也。《大過》九三「不可輔」者，三上不易也。《坎》「天險不可升」者，二五不易也。《離》九三「何可久」者，坎毁成巽也。《遯》九三「不可大事」者，三不動也。《明夷》九三「不可疾貞」者，三之上也。《豐》九三「不可大事」，「終不可用」者，三不往而退也。《節》「苦節不可貞」者，上窮也。《中孚》上九「何可長」者，反三也。《小過》六二「不可過」者，坎變巽也，六四「終不可長」者，四之五也。《既濟》上六「何可長」者，上反三也。

爲棟者，水〔一〕就濕避燥，去高取卑，有棟之象。或曰：火不避濕而就燥乎？曰：火豈擇於高卑哉？在《屯》六三爲「君子舍之」，在《訟》九二爲「不克訟」，在《比》九五爲「舍逆取順」，在《賁》初九爲「舍車而徒」，在《離》九三爲「不鼓缶而歌，則大耋之嗟，凶」，在《節》六三爲「不節若，則嗟若」。爲叢棘者，其於木也，爲堅多心。交離爲棘，離火鋭上而不可觸，刺也。堅多心之木而有刺，棘屬也。《坎》上六動爲巽，曰「寘于叢棘」是也。古者獄後種九棘。《周官》，王之外朝，左九棘，右三槐，司寇公卿議獄其下。坎言叢棘者，獄也。天文，天牢六星在斗魁下，貴人之牢也；

〔一〕水，原作「木」，通本、薈要本同底本，據叢刊本改。

貫索九星在招搖前，庶人之牢也。占家天獄視斗，繫曰本斗。北方，坎也。《未濟》坎自《否》巽變爲狐，坎隱伏，巽不果。虞翻以艮爲狐，干寶以坎爲狐，互發也。天文以心爲狐，《說卦》以艮爲黔喙，猶天文以辰爲龍，《說卦》以震爲龍。聖人觀鳥獸之文，又觀地之宜，參考之也。巽交坎離爲蒺藜，象與棘同。巽爲草木，剛爻木也，柔爻草也。爲桎梏者，艮手震足交於坎木，桎梏也。桎，足械也；梏，手械也。坎有獄象，故以桎梏言之。《蒙》坎自《升》巽以木爻變也。

離爲火，爲日，爲電，爲中女，爲甲冑，爲戈兵。其於人也，爲大腹。爲乾卦，爲鱉，爲蟹，爲蠃，爲蚌，爲龜。其於木也，爲科上槁。

陰麗乎二陽也。乾離同體，離巽爲風，故天與火同，風自火出。乾位六爻，坎離互用，故以水火言之，若《大有》、《賁》、《革》、《鼎》、《既濟》、《未濟》，舉大凡也，故皆曰火。《離》九四、《旅》九三，離火巽木，故曰焚。或曰：何以陰麗陽乎？曰：束藴而吹，烟氣鬱然，及其外明，烟即是火，火動而薪止，火滅而燼留，非陰麗陽乎？然坎離不相離也。坎中有離，故有温泉，有火井；離中有坎，故有火鼠，有火龜。

《離》在地爲火，在天爲日，乾體也，其中畫乃《坤》之二五。横渠所謂「陰陽之精，互藏其宅」歟？行遲者，陰麗乎陽也。《晉》曰「晝」者，日出地上，進而中也。《豐》曰「宜日中」者，九四之五也。《離》九三、《豐·彖》曰「日昃」者，日中而又西也。《乾》九三、《既濟》六四曰「終日」者，日在下也。《豫》六二曰「不終日」者，二動之五成離，日在上也。《夬》九二曰「暮夜」者，動成離日在西方之下，日薄于虞淵之時也。或曰：夕，日入爲夕。《大畜》曰「日新」者，《大壯》一變《需》，坎月離日合照也，再變《大畜》，艮終復始，日新也。《益》曰「日進」者，初九自下而進也。卜楚丘論十日，其説源於《易》之晝夜。又爲大明者，懸象著明，莫大於日月，而月受明於日，陽爲大，陰爲小，故曰大明。《乾》「大明終始」，《晋》「進而麗乎大明」，皆日也。又爲明者，日月相推而生明。《屯》九五求四，四往之五，《訟》初往四，皆坎月在東，月之明也。《大有》九四離動，《井》九五，《旅》上體日在上，日之明也。《困》初六、《豐》九四曰「幽不明」者，日在西而隱伏也。《大有》、《賁》、《同人》、《明夷》曰「文明」者，離居二五也，坤爲文。又爲光者，日月之光〔一〕无所不及也。孟子曰：「日月有明，容光必照。」管輅曰：「日中爲光。」《易》凡言光者，皆明之所及也。坤之化光者，含坎離也；《觀》之觀光者，四五交也；《頤》之光者，四施初也；《夬》之光者，離自下升也；《未濟》之光者，二五易也；《需》光亨者，《大壯》四之五，日西月東，四五得位也。凡言未光者，皆未能行也。《屯》九五未之二也，《噬嗑》九四噬六五而後光也，《晋》上九反三自治

〔一〕光，叢刊本、通本、薈要本作「明」。

而後光也，《夬》九五中行上決而後光也，《萃》九五之二而後光也。凡言光明者，兼體用也。老子曰：「用其光，復歸于明。」體用合一，光明无盡。《履》剛中正而不倚，故離日下升，光明不疚，言无私照也。《謙》以剛濟柔，故坎自上降，萬物化光，言皆相見也。《艮》行止動静不失其時，故坎離下濟，其道光明，言久不息也。凡言光大者，其象與光明同。曰大者，指陽爻也。《坤》曰「光大」者，初、三、五也。《涣》六四曰「光大」者，二從四也。《咸》九四可以光大者，九也，四來初往則離坎成，四往初來則離坎毁，未光大也。《益》自《否》之九四，三變離坎而成。《益》，大者光也。言光輝者，日月之光揮散也。言暉者，主離日也。管輅曰：「朝日爲暉。」或曰：星辰何象也？曰：艮離也。邵雍曰：「離爲星。」《賁》艮上離下。《彖》曰：「柔來文剛。」又曰：「分剛上而文柔，天文也。」班固曰：「陰陽之精，其本在地。」張衡曰：「地有山嶽，精鍾爲星。」蓋星辰者，地之精氣上發乎天而有光耀者也。星，日之餘也；辰，月之餘也。月生於日之所照也，衆星被耀，因水轉光，三辰同形，陰陽相配，其體則艮也。《河洛篇》曰：「天中極星，崑崙之墟，天門明堂，太山之精。中挺，三台也。五靈，諸侯也。岍、岐、荆山、壺口、雷首、太嶽、砥柱，東方之宿也；析城、王屋、太行、恒山、碣石、西傾、朱圉，北方之宿也；鳥鼠、太華、熊耳、外方、桐柏、嶓冢、陪尾，西方之宿也；荆山、内方、大别、岷山、衡山、九江、敷淺原，南方之宿也。九隘之險、九河之曲、漾水三危、汶江九折，上爲列星。」諸賢之論，不詭於經矣。故精斅氣歇，坎極離見，乃有隕星，其光燭地者，離也。隕而成石，或爲阜堆塵沙者，艮也。電陽光，雷陽聲。陽自子息，而至春分，四陽成《大壯》，雷乃發聲，後五日始電。陰自午消，而至秋分，四陰成《觀》，雷乃收聲，電亦不作。震，動也，不動則聲光何由而發？笑者目動，怒者目光，櫛髮而鳴者有光，振衣有聲者有光，離震交也。《噬嗑》、《豐》，離震合也。戛竹鑽木，兩石相擊，其火必出，動極也。子雲曰：「觀雷觀火，爲盈爲實，天收其聲，地藏其熱。」盈實者，陽息也。震與兑交，離與坎交，故雷電而雨降。爲中女。

爲甲冑者，離外實中虛，有甲之象。在上爲冑，在下爲甲。先儒謂巽爲繩，繕甲也。爲戈兵者，乾爲金，離火煅之，火鋭上，戈兵也。兵有五，言兵則五兵具矣。《同人》、《解》、《夬》、《萃》曰戎者，戈兵，戎器也。《噬嗑》、《旅》言矢，乾金火煅鋭上爲鏃，巽木爲幹，加於坎弓之上，矢也。《旅》、《巽》言斧者，兑爲決斷也。《歸妹》言刲者，交兑金爲刀兵也。《小過》言戕者，外殺也。《謙》、《既濟》、《未濟》言伐者，自上伐下，入其險阻也。《謙》又言侵伐者，侵削其地而後伐也。或曰：《萃》无離也，何以除戎器？曰：原其始也。《臨》變《明夷》、《小過》。《萃》自《小過》離變坎、兑、巽，坎爲棟，有簡治弊惡，修繕戎兵之象。或曰：制器者尚象，蚩尤鑄兵，亦知取象乎？曰：蚩尤不能也。夫子曰：「蚩尤惛欲无厭者也，何器之能作？蜂蠆挾螫而生，見害而挍，以衛厥身者也。」人生有喜怒，故兵之作與民俱生。

爲大腹者，坤爲腹，有容也。《坤》二五易乾成《離》，陽爲大，故爲大腹。内虚外堅，實大腹之象。《大有》九四動，非大腹也，曰「匪其彭」。《明夷》九〔二〕四之三，震爲左，曰「左腹」。《井》九二，坤腹器有兑口，離大腹，曰「甕」。《漸》九三坎夫離婦，與四相易，坎往離毁，曰「婦孕不育」。離燥，故爲乾卦，於日爲烜，於木爲槁。《漸》初六艮動成離，之二坎水之傍，乾而可止，厓也，厓謂之干。震其究爲乾，故曰「其究爲健」。巽其究爲震，故曰「其究爲燥〔三〕卦」。卦變也。觀此二卦，則知乾坤坎離艮兑，其究皆變，乾健獨不言卦者，无非乾也。

爲鱉、爲蟹、爲蠃、爲蚌、爲龜，五者，皆大腹，離也。爲鱉者，離交巽也。巽位巳，巳爲蛇，故蛇或化鱉，蛇鳴而鱉應。爲黿者，交乾也。郭璞筮遇《需》之《復》，曰「鱉也」。爲蟹者，巽交離也。蟹連兩目，重離也。托於蛇鱔之穴，亦巽也。鱉蟹其中皆黄，《坤》之二五乎？璞筮遇《咸》之《井》，曰：「東方當有蟹食稼。」《咸》巽、《井》離坎兑變震也。爲蠃者，兑交離也。附蠃生於池澤，蝸生於暑雨，螺生於月旋。《震》六二、《旅》六二、九四、《巽》上九、《兑》九四、《噬嗑》六二，變皆兑交離也。爲蚌者，離交坎也。千歲之燕爲蛤，雀爲蛤，伏翼爲蛤，雉爲蜃，鵰爲蠣。方諸泣月，

〔二〕九，各本同，據文義，疑當作「六」。

〔三〕燥，叢刊本、通本同，薈要本校改爲「躁」。

蚌胎含珠，離坎也。爲龜者，坎交離也。北方玄枵之次爲龜蛇，故龜游山澤，出入水火，含神負智，得坎離之正乎？《頤》、《損》、《益》三卦皆然。

其於木也，爲科上槁。康節論木曰：「枝幹，土石也，故歲不易；葉花，水火也，故歲易。」横渠曰：「離爲乾卦，其於木也爲科上槁，附而燥也。」然則横渠所謂「附而燥」，即康節所謂「葉花」也。鄭康成曰：「科上者，陰在内爲疾。」虞翻曰：「巽蟲食心，故上槁。」宋衷、孔穎達以科爲空中，然則諸儒又以科上蠹病爲槁矣。

爲牧牛者，坤爲牛，艮爲小子，艮坤變離，牧牛也。《謙》初六變九是已。坤變離，柔麗中正，畜之以剛正〔一〕，畜牛也。《離》六二、六五是已。牧者以柔養剛，畜者以剛制柔。王洙本作「牝牛」。

艮爲山，爲徑路，爲小石，爲門闕，爲果蓏，爲閽寺，爲指，爲狗，爲鼠，爲黔喙之屬。其於木也，爲堅多節。

艮積於下，止於上，二陰含陽，土石聚焉。《蒙》、《賁》、《剥》、《大畜》、《頤》、《艮〔二〕》、《咸》、

〔一〕正，原作「二」，通本、薈要本同底本，據叢刊本改。

〔二〕「頤艮」二字原闕，通本、薈要本同底本，據叢刊本補。

《遯》、《蹇》、《漸》、《旅》，皆曰山。以三畫卦言也。爲丘、爲陵、爲陸者，以重卦言也。高平曰陸，大陸曰阜，大阜曰陵，而丘有一成、再成、三成，如昆侖亦曰丘。故重艮以三爲陸，四爲陵，五爲丘，上爲山。《太玄》九地，七爲下山，八爲中山，九爲上山，準《易》也。《漸》九三，艮漸坤，高者平矣，高平曰陸。上九動成六，六降九升，亦高者平也。《同人》九三動，以四爲陵，《震》六二以四爲陵，《漸》五應二而歷四，三亦曰陵。《賁》六五，《頤》六二拂五，《涣》四以五皆曰丘。《隨》上六，《升》六四，以九三升而之上，皆曰山。《坎》五艮，言丘陵足矣。又曰：山川丘陵者，《坎》變則《蒙》，極其險言之。五行以艮爲土，《太玄》以山爲金者，山，土石也。石者，土之實，故爲土。石，金類也，故又爲金。

震爲大塗，動而行，莫之止也。交艮爲徑路，止而行，行而止也。艮者，震之反，山徑之蹊則行者改步矣。又爲巷者，通乎家以達内外。二爲蒙〔二〕。

山，土石也。水流山，則土去而石見，故艮坎爲石、爲小石，《豫》六二以四爲石是也。《困》六一，《否》艮交坎，故困于石。《漸》六二曰磐者，二五相易，坎變巽艮，艮爲石也。

闢乾爲門，闔坤爲户，艮土東北，當啟閉之際，門闕也。艮爲宗廟者，六也。一、六坎也，坎者，

〔二〕蒙，通本、薈要本同，叢刊本作「家」。

鬼之所歸。《太玄》以一六爲廟，故艮爲門闕，在宗廟之位爲廟，《萃》、《震》、《涣》、《損》是也。爲宫者，止於中也。太一出陽入陰，息于中宫，坎艮坤爲宫，在旅爲次，在野爲廬。又爲牖者，宫之户，坎其傍以通明也，故艮坤坎離爲牖。

巽爲草木，艮陽，止也。止於上爲果，止於下爲蓏。蓏，爪瓠之屬。乾爲圜。

爲閽寺者，閽，守門者也，寺，守巷者也。郭璞筮遇《豫》之《小過》，曰：「當有群魚入州城寺舍。」言《小過》艮也。

艮爲手，又爲指者，在上體爲手指，止者動也；在下體爲足指，動者止也。震動艮止，相反也。曰趾者，趾在下體之下，鼎足亦謂之趾。《噬嗑》初九、《賁》初九、《鼎》初六、《艮》初六，三爻以初應四，皆艮止震動而在下體之下，故曰趾。或曰：《大壯》、《夬》初九何取於艮？曰：《大壯》，《遯》之反也。《遯》艮爲指，反而成震爲足指。《夬》即《大壯》積而成剛，故曰「壯于前趾」，前趾謂《大壯》也。趾又謂之蹋者，蹋，足大指也。拇，手大指也，陽爲大。《咸》初六感九四，《解》九四應初六，皆以陰變陽。而《解》者《蹇》之反，《解》震即《蹇》艮也。

爲狗，上言艮爲狗者，狗馬之狗也。此言爲狗者，熊虎子，字當作「豿」。《爾雅》曰：「熊虎醜，其子狗。」蓋虎子未有文，猶狗也。虞翻、馬融、郭璞以兑艮爲虎。艮者，寅位也，艮究成兑，故艮爲虎子。又爲黔喙之屬，成兑則坤交乾而有文矣。

爲鼠者，艮交坎也。天文，虛爲鼠，玉衡之星爲鼠，其《艮》之九三爻乎？《晉》九四是也。郭璞筮遇《咸》之《井》，曰：「東方當有蟹鼠爲災。」亦艮坎也。坎虛在子，故子爲鼠。晝止者，艮也。夜動者，坎也。穴土者，艮也。隱伏而竊者，坎也。蟹或化鼠，焚蟹致鼠，坎離交也。艮反爲震，故有緣木之鼠。坎極成離，故有飛鼠、火鼠、豹文之鼠。鳥鼠同穴者，坎離之合乎？鼷鼠食牛者，水土相傷乎？《傳》曰：「曾磎之鼠，水[一]下出焉。」是亦艮坎而已。

爲黔喙之屬者，坎爲玄，坎變艮則玄在前。故鄭康成曰：「取其爲山獸。」寅爲虎貍亦是也。寅即艮也。《屯》六三艮震爲鹿。角者，艮之陽；蹄者，震之陽。躁者，震也；止而伏者，艮也。陰生而鹿角解，震反巽也；陽生而麋角解，巽反震也。麋，鹿類也，故麋與鹿游。龍，震也，故鹿與龍游。劉牧曰：「鹿性决躁，其角反生，震象也。」《頤》九[二]四、《革》九五兑艮爲虎，上六爲豹。《解》九二、《未濟》艮坎爲狐。或曰：艮兑一也，《革》上六何以爲豹？曰：上六陰爻，離九三文之過也。天文，箕爲豹，尾爲虎，同在艮。《履》何取於艮乎？曰：伏艮也。

其於木也爲堅多節者。坤爲衆多，堅節，乾剛也，三索故多節。《否》九五，堅多節之木在田

[一] 水，通本、薈要本同，叢刊本作「冰」。

[二] 九，各本同，據文義，疑當作「六」。

上，上玄下黃，桑也。郭璞筮遇《家人》之《蒙》，巽變艮爲高松，松堅多節也。

爲鼻者，《傳》曰：「鼻者，面之山。」兑爲口，山澤通氣，故鼻口相爲用。《噬嗑》六二動，故噬膚滅鼻。《睽》六三艮成兑，刑其鼻也，故其人天且劓。或爲膚，爲皮革者，皮兼肌言之曰膚，肌其陰也。肉爲陰，充其膚者，陽氣也。馬融曰：「柔脆肥美曰膚。」皮者，捨肉而言，革則堅矣。通鳥獸言之，艮之陽也，爲虎，爲狐。

兑爲澤，爲少女，爲巫，爲口舌，爲毀折，爲附決。其於地也，爲剛鹵。爲妾，爲羊。

澤者，水之聚。二陽沈於下，一陰見於上。乾陽爲美，陽沈於下，鍾美矣。《太玄》之《沈》曰：「陰懷于陽，陽懷于陰，志在[一]玄宮。」然坎兑一也，故坎壅成澤，澤決成川。

爲少女、爲巫者，兑變巽，兑爲口，尚口而巽，進且退者，巫也，《巽》九二是也。或爲史，升而爲史，降而爲巫，尚口則一也。

爲口者，説見於外也；爲舌者，動於内也。口爲言。《太玄》四八[二]爲金，於五事爲言。爲

[一] 志在，通本、薈要本同，叢刊本作「在志」。

[二] 八，各本同，據文義，疑當作「九」。

辭者，言成文也。乾三動成兑離是也。笑者，目動而聲出於口，故兑離又爲笑。爲嘻嘻者，笑无節也。唏者，憂而發於聲也。笑者，得位得應，喜而後笑也；嗟者，失位失應，憂而後嗟也。號者，大聲出於口也，故兑巽爲號。巽爲風，風者，天之號令，風鳴竅穴，有號呼之象。號咷者，號哭之聲，號呼而又有哭象也。告者，決之也。或取決於彼。戒者，告戒也。問者，有所疑也。允者，口順從也。愬者，恐懼而愬也。食者，口就之也。不食者，口不應也。《明夷》初六〔一〕可食而不食者，義不食也。《頤》爲求口實者，兑變《臨》也。《咸》九五曰「脢」者，口之下，心之上也。

爲毁折者，陰見則陽毁，陰升則陽折，物極而窮。《噬嗑》六二、上九爲滅，《離》九四爲棄毁也。《豐·大象》、九三，《離》上九之五，《鼎》四之初爲折。《泰》兑變《賁》之離坎艮，爲无敢折獄。又爲刑殺者，兑，正秋也，變坎爲刑。自決有罪言之，坎爲獄；自屠畜言之，坎爲血。故《蒙》初六曰「刑人」，《豐》曰「致刑」，《歸妹》曰「刲」，《既濟》曰「殺」。《萃》獨曰「用大牲」者，有殺牛之象，无坎血也。

爲附者，兑反艮也。爲決者，兑也。陰盛陽微則陽附陰，陽盛陰微則陽決陰。《剥》一陽五陰，故曰「山附於地」；《夬》一陰五陽，故曰「剛決柔也」。或附或決，時也。

〔一〕六，各本同，據文義，疑當作「九」。

其於地也爲剛鹵者，水動而往，剛留于澤爲鹵。剛而柔爲沙，《需》之九二是也。水畜于澤下爲鹹，鹹无水亦〔一〕鹵，《困》之《大象》是也。主父偃所謂「地固澤鹹鹵，不生五穀」，鹹亦謂之鹵，鹹生鹵也。鹹澤之下成玄精，洞穴中水凝爲鍾乳。《黄帝書》曰：「濕化生金石。」虞翻曰：「乾二陽在下，故剛。澤水潤下，故鹹。」沙，水中之陽，陽動而水泉動，水動生沙，剛其陽也，柔者散而未聚也。沙聚成石，沙石生金。兑反爲艮，艮兑之陽皆乾。醫書寒入水府爲沙石，寒亦乾也。

爲妾者，《遯》九三，兑女伏於下，與艮同位，艮小子，坤爲臣，臣，僕也，故以伏兑爲妾。六四兑來奔初爲妾，自初言之，得妾也。《傳》曰：「聘則爲妻，奔則爲妾。」巽、離，女也，兑獨爲妾者，娶論年德而得妾者以其子，故常少。爲羊，鄭康成本作「陽」，虞翻本作「羔」，今從鄭。鄭曰：「此『陽』謂爲『養』，无家女行賃炊爨，今時有之，賤於妾也。」案《爾雅》：「陽，予也。」郭璞引《魯詩》曰：「陽如之何。」又曰：「今巴濮之人，自呼阿陽。」璞筮遇《咸》之《漸》，曰：「兑爲賤女，戲倒陰陽。」蓋《咸》兑變巽，陰陽顛倒。《遯》九三、《鼎》初六之四，爻位皆正，《咸》、《漸》之變，爻位不正，故爲賤妾。陽，妾之賤者也。《歸妹》六三，兑女不正爲須。須，賤女，陽之象乎？

〔一〕「亦」下，叢刊本有「爲」字。通本、薈要本同底本。

爲常，先儒謂西方之神，誤也。當在坤後，簡編錯亂耳。且[一]坤爲常，以陰從陽，常也。地從天，子從父，臣從君，婦從夫，少從長，卑從尊，故坤順得常，又曰「後得主而有常」。《屯》六二，二五相易，十年乃字，爲反常。《需》初九「需于郊，不犯難行」，須六四下交而後行。《師》六四，陰從陽，當順九二，知其不可變而反次，皆曰「未失常」。爲輔頰，乾艮爲輔，乾爲首，艮止於上，輔也。又爲輔頰者，連兑也，而悦於首。頰，面頰也。

〔一〕且，通本、薈要本同，叢刊本作「易」。

漢上易傳卷十

序卦傳

文王作《易》，以乾坤坎離爲上篇之用，以艮兑震巽爲下篇之用，上篇終於《坎》、《離》，下篇終於《既濟》、《未濟》。《頤》、《大過》、《小過》、《中孚》爲二篇之正。乾坤者，《易》之本；坎離者，乾坤之用。離肖乾，坎肖坤，《中孚》肖乾，《小過》肖坤，《頤》肖離，《大過》肖坎，《既濟》坎離之交，《未濟》坎離之合。坎離所以爲乾坤用者，得天地之中也。斯聖人酬酢不倚，千變萬化不離乎其中歟？康節曰：「至哉文王之作《易》也，其得天地之用乎？」至夫子序卦，然後明生生不窮，而天地之藴盡矣。故《太玄》準之以玄圖。

有天地，然後萬物生焉，盈天地之間者唯萬物，故受之以《屯》，屯者盈也，屯者物之始生也。物生必蒙，故受之以《蒙》，蒙者蒙也，物之稚也。物稚不可不養也，故受之以《需》，需者飲食之道也。飲食必有訟，故受之以《訟》。訟必有衆起，故受之以《師》，師者衆也。衆必有所比，故受之以《比》，比者比也。比必有所畜，故受之以《小畜》。物畜然後有禮，故受之以《履》。履而《泰》，然後安，故受之以《泰》，泰者通也。物不可以終通，故受之以《否》。物不可以終否，故受之以《同人》。與人同者物必歸焉，故受之以《大有》。有大者不可以盈，故受之以《謙》。有大而能謙必豫，故受之以《豫》。豫必有隨，故受之以《隨》。以喜隨人者必有事，故受之以《蠱》，蠱者事也。有事而後可大，故受之以《臨》，臨者大也。物大然後可觀，故受之以《觀》。可觀而後有所合，故受之以《噬嗑》，嗑者合也。物不可以苟合而已，故受之以《賁》，賁者飾也。至飾然後亨則盡矣，故受之以《剥》，剥者剥也。物不可以終盡剥，窮上反下，故受之以《復》。復則不妄矣，故受之以《无妄》。有无妄然後可畜，故受之以《大畜》。物畜然後可養，故受之以《頤》，頤者養也。不養則不可動，故受之以《大過》。物不可以終過，故受之以《坎》，坎者陷也。陷必有所麗，故受之以《離》，離者麗也。

上篇以乾坤坎離爲用，天地之生萬物也，而有艮兑震巽焉，天地萬物具而人道備矣。下篇以艮兑震巽爲用，有萬物而後男女夫婦也，而有乾坤坎離焉，人道備而天地萬物備矣。故曰：「三才同科，厚薄相劘。」韓康伯不領此旨，謂「豈有天道人事偏於上下哉」，讀《序卦》而不察者也。

雲行雷動，動必滿盈，故曰「屯者盈也」。震者，物之始生，坎者，難也，故曰《屯》，「物之始生也」。蒙，冥昧也。物生者必始於冥昧，勾萌胎卵是也，故次之以《蒙》。蒙，童蒙也，物如此稚也。物稚而无以養之，則夭閼不遂，蓄德養才者亦然，故次之以《需》。震坎爲酒，兑爲口，有飲食之道，飲食所以養也。飲食必有訟，乾餱以愆，豕酒生禍，有血氣者必有争心，故次之以《訟》。訟者，兩辭必以衆起，故次之以《師》。師，衆也。衆不能以治衆，治衆者至寡也。衆之所以比，執一以御之則衆治矣，故次之以《比》。比，相親比也。彼來比我，我必畜之，故次之以《小畜》。物畜聚然後有上下尊卑之等，上下尊卑，所謂禮也，故次之以《履》。禮者，履而行之者也。所履者君子大道，則其心泰然而安，故次之以《泰》。泰者，萬物通也。物終通則无節，故次之以《否》。否，塞也。物終否則乖異，不相爲用，故次之以《同人》。同人者，與人同也。與人同者物必歸焉，舜、太王是已，故次之以《大有》。認物之歸爲己有者必驕，驕則亢滿，大復爲累矣。有大者不可盈也，故次之以《謙》。物歸之矣，又持之以謙，猶富而守之以儉，豈不有餘裕哉？有大而能謙者必暇豫也，故次之以《豫》。事豫立則動而不跆，衆必隨之，故次之以《隨》。好上人者，人之情也。以喜隨人，必有所事，臣事君，子事父，婦事夫，弟子事師，非樂於所事者，其肯隨乎？故次之以《蠱》。蠱者，事壞而後有事者也。韓康伯曰：「可大之業，由事以生。」臨者，以大臨小也，故次之以《臨》。觀者自下觀上，物大然後可觀，是以王尚大，故次之以《觀》。在上而无可觀，則在下引而去矣，非可觀其能有合乎？故次之以《噬嗑》。噬嗑者，噬而合者也。物不可以苟合，苟合者其終則離，必致飾焉，故次之以《賁》。賁，陰陽相飾也。致飾然後物亨，亨則盡矣，无以復加，故次之以《剥》。剥者，剥也。此商、周之末所以不勝其弊，文之末流也。物窮則反，不可終盡剥，陽窮於上而終反於下，故次之以《復》。復天理則无妄，无妄則其動也天，故次之以《无妄》。然後物循理乃可大畜，故次之以《大畜》。前曰「比必有所畜」者，比而後畜，其畜也小，故次之以《小畜》。物能畜止，然後可養，雖養虎不外是也，故次之以《頤》。頤者，觀人之養也，求口實以自養也。聖人養賢，賢人養德，不養之則不能動。大過者，動而大過乎物也，故次之以《大過》。而《大過》六爻皆以居安不動爲忌，君子之所以過者，時也。過而不已則失中，失中則陷没。坎，陷也。

陷必有所附麗乃能出險，故次之以《離》。離，麗也。一本云：「麗必有所感，故次之以《咸》。咸，感也。」

有天地然後有萬物，有萬物然後有男女，有男女然後有夫婦，有夫婦然後有父子，有父子然後有君臣，有君臣然後有上下，有上下然後禮義有所錯。夫婦之道，不可以不久也，故受之以《恒》，恒者久也。物不可以久居其所，故受之以《遯》，遯者退也。物不可以終遯，故受之以《大壯》。物不可以終壯，故受之以《晋》，晋者進也。進必有所傷，故受之以《明夷》，夷者傷也。傷於外者必反其[二]家，故受之以《家人》。家道窮必乖，故受之以《睽》，睽者乖也。乖必有難，故受之以《蹇》，蹇者難也。物不可以終難，故受之以《解》，解者緩也。緩必有所失，故受之以《損》。損而不已必益，故受之以《益》。益而不已必決，故

[二] 其，叢刊本、通本、薈要本作「於」。

受之以《夬》，夬者決也。決必有所遇，故受之以《姤》，姤者遇也。物相遇而後聚，故受之以《萃》，萃者聚也。聚而上者謂之升，故受之以《升》。升而不已必困，故受之以《困》。困乎上者必反下，故受之以《井》。井道不可不革，故受之以《革》。革物者莫若鼎，故受之以《鼎》。主器者莫若長子，故受之以《震》，震者動也。物不可以終動，止之，故受之以《艮》，艮者止也。物不可以終止，故受之以《漸》，漸者進也。進必有所歸，故受之以《歸妹》。得其所歸者必大，故受之以《豐》，豐者大也。窮大者必失其居，故受之以《旅》。旅而无所容，故受之以《巽》，巽者入也。入而後説之，故受之以《兑》，兑者説也。説而後散之，故受之以《渙》，渙者離也。物不可以終離，故受之以《節》。節而信之，故受之以《中孚》。有其信者必行之，故受之以《小過》。有過物者必濟，故受之以《既濟》。物不可窮也，故受之以《未濟》終焉。

君子之道造端乎夫婦，久於其道而後化，故次之以《恒》。恒，久也。進退升降，與時消息，不可久居其所而不去，故次之以《遯》。君子萬物之主，終遯而不反，天地閉塞，故次之以《大壯》。大者壯則小者羸，可進之時也，故次之以《晋》。《晋》，日出地而進於晝也。進而不已，傷之者至，故次之以《明夷》。《明夷》，日在地中，明有所傷也。物无不反其本者，疾痛則呼其父母，傷於外者未有不反於内，故次之以《家人》。家人，内也。治家者剛柔有節，過剛則厲，過柔則瀆，无節則道窮而親族乖離，故次之以《睽》。睽者，水火乖也。乖離則情不通而難生，故次之以《蹇》。蹇者，行有難也。難極必解，无終難之理，故次之以《解》。解，蹇難解也。難解則舒緩，《解》者，《蹇》之反，五退而居二，緩也。緩則寬弛，必有所失，故次之以《損》。損，減也。減下而益上，有失之象。消久則息，損而不已者必益，《損》、《益》相反也，故次之以《益》。益久則盈，盈則必決隄防是已，故次之以《夬》。《夬》者，陽決陰也。決則分，分則相遇，故次之以《姤》。姤者，陰出而與陽相遇也。物以類相從，遇而後聚，非其類，雖同居不相遇，故次之以《萃》。《萃》，二陽聚也。物相崇聚，其勢必升，積土是已，故次之以《升》。升者，聚而上之謂也。升而不知反則力窮而困，故次之以《困》。困乎上者必反乎下，山剥是已，故次之以《井》。井，在下者也。井久則穢濁不食，治井之道，革去其害井者而已。三代之革，其禮相因，損益可知也，故次之以《革》。鼎之革物，以水濟火而熟之，革物者莫如鼎，故次之以《鼎》。鼎，器也。主宗廟之器者，莫如長子，震，長子也，故次之以《震》。震者，陽動於下也。物不可以終動，動極則止，故止之。艮者一陽止於上也，故次之以《艮》。物不可以終止，止極則動，故次之以《漸》。漸者，進有序也。進必有所歸，盈科之水是也，故次之以《歸妹》。歸妹者，女之歸也。得其所歸者必大，海善下是也，故次之以《豐》。豐，大也。前曰「與人同者物必歸焉，故受之以《大有》」，此曰「得其歸者必大」。《大有》次《同人》者，處大之道也；《豐》次《歸妹》者，致大之道也。已大矣而又窮之，必至於无所寄托而失其所居之常，非特大名、大位然也，學亦如是，故次之以《旅》。旅者，君子之窮也。《旅》卦以柔順謙下爲吉，否則无所容矣，故次之以《巽》。巽者，陰入於陽之下也。天地之澤萬物，禮義之説人心，不入則不說，故次之以《兑》。兑者，説見於外也。説之而後散之，則説道不勞，无所不説矣，故次之以《涣》。涣者，險難離散也。離者必聚，散者必合，物无終離者也。聚者離之節，合者散之節，節之則无離散，故次之以《節》。天地之節不可以不信，不信則无以成萬物，而况於人乎？飲食起居，身之節也，不信則致疾；尊卑長幼，家之節也，不信則召亂。故次之以《中孚》。中孚，信也。行者足相過也，《小過》以陰過陽，有行之象。有其信者必行，中无所疑也，故次之以《小過》。物各有量，不過則不能相濟，所過大則其濟亦大。是以智周萬物，然後道濟天下，故次之以《既濟》。而止復入於《未濟》，物之相生終不可窮，故以《未濟》終篇焉。

漢上易傳卷十一

雜卦傳

《雜卦傳》以剛柔升降反復取義，又揉雜衆卦以暢无窮之用，而《歸藏》、《連山》三代之《易》皆在其中，百世之後有聖人作，不外是也。康節曰：「乾坤三變，坎離不動。」故《太玄》準之以《玄衝》、《玄錯》。

乾剛坤柔，《比》樂《師》憂，《臨》、《觀》之義，或與或求。《屯》見而不失其居，《蒙》雜而著。《震》，起也。《艮》，止也。《損》、《益》，盛衰之始也。《大畜》，時也。《无妄》，災也。《萃》聚而《升》不來也，《謙》輕而《豫》怠也。《噬嗑》，食也。《賁》，无色也。《兑》見而《巽》伏也。《隨》，无故也。《蠱》則飭也。《剥》，爛也。《復》，反也。《晉》，晝也。《明夷》，誅也。《井》通而《困》相遇也。《咸》，速也。《恒》，久也。《涣》，離也。《節》，止也。《解》，緩也。《蹇》，難也。《睽》，外也。《家人》，内也。《否》、《泰》，反其類也。《大壯》則止，《遯》則退也。《大有》，衆也。《同人》，親也。《革》，去故也。《鼎》，取新也。《小過》，過也。《中孚》，信也。《豐》，多故也。親寡，《旅》也。離上而坎下也。《小畜》，寡也。《履》，不處也。《需》，不進也。《訟》，不親也。《大過》，顛也。《姤[一]》，遇也，柔遇剛也。《漸》，女歸待男行也。《頤》，養正也。《既濟》，定也。《歸妹》，女之終也。《未濟》，男之窮也。《夬》，決也，剛決柔也。君子道長，小人道憂也。

乾坤，《易》之門，凡剛皆乾也，凡柔皆坤也。剛柔相雜，乃成諸卦，故曰「乾剛坤柔」。《比》得位而衆比之，故樂；《師》犯難而衆從之，故憂。憂樂以天下也。《臨》之九二在下，四陰與之，故

[一] 姤，叢刊本、通本、薈要本作「遘」。

能以大臨小；《觀》之九五在上，四陰求之，故能以上觀下。或與或求，乃成《臨》、《觀》之義。《屯》自《震》變，四之五，雖見於《屯》也，而不失其所居，所以大亨歟？《蒙》自《坎》變，五之上，陰陽相雜，雖雜也而九自著見，陰豈能蒙之？所以《蒙》亨歟？陽起於坤而出震，則静者動；陽止於艮而入坤，則動者静。故起莫如震，止莫如艮也。《損》以九三爲上，由《泰》而《損》，始衰者也；《益》以九四益初，由《否》而《益》，始盛者也。故《損》、《益》，盛衰之始也。《大畜》以四五之柔而畜三陽，時也。《无妄》九五、六二中正，而三、四、上爻爲无妄之疾，災也。關子明曰：「无妄而災者，災也。有妄而災者，其所宜也，非災之者也。」《萃》二陽萃於上，《升》二陽升於下。升者往也，升往則不來矣，不來者必聚於上也。氣之方升，誰能遏之？故曰「《萃》聚而《升》不來也」。《謙》自上降三，《豫》自初升四，謙故降也輕，豫故怠而止，故曰「《謙》輕而《豫》怠也」。《噬嗑》，除間者也，四爲頤中有物，故曰「《噬嗑》，食也」。《賁》自《泰》來，本无色也，剛柔交錯然後有文，故曰「《賁》，无色也」。陰隨陽升，説而見乎外，故曰「《兑》，見也」；陽隨陰降，巽而伏乎内，故曰「《巽》，伏也」。施説之道，小者亦伸，處《巽》之時，大者亦屈，无非天也。《隨》，隨時也。以是爲正，故曰「《隨》，无故也」。《蠱》，壞也，二往之五，飭蠱之道，故曰「《蠱》則飭也」。《剥》，爛也，五陰潰於内也。《復》，反也，《剥》上反於下也。《晋》之明進而至於晝，《明夷》之明降而至於誅。夷，誅也。其明熄矣，非誅之象乎？《泰》初之五，往來不窮，故曰「《井》通」；

《否》上之二，陽遇陰而見掩，故曰「《困》相遇也」。或往而通，或來而困，唯其時也。以剛下柔，其感必速，故曰《咸》，感也。剛上柔下，可以持久，故曰「《恒》，久也」。《涣》三陽涣離，故曰「《涣》，離也」。《節》三陽止而不去，故曰「《節》，止也」。陽離則三陰散，陽止則三陰來。陽者，陰之表也。《蹇》二往五，涉難也，故曰「《蹇》，難也」。《解》五來二，復吉也，故曰「《解》，緩也」。來者爲緩則往者當夙，故曰「有攸往，夙吉」。關子明曰：「明乎外者，物自睽，故曰『《睽》，外也』；明乎内者，家自齊，故曰『《家人》，内也』。君子泰則小人否，小人泰則君子否，故曰『《否》、《泰》，反其類也』。」四陽並進，六五以和易待之，可以止而仕也，故曰「《大壯》則止」；四陽偕往，二陰在内而執其柄，可以退而去也，故曰「《遯》則退也」。《同人》六二得中得位而同乎人，同乎人則人亦親之，故曰「《同人》，親也」；《大有》六五柔得尊位而有其衆，有其衆則衆亦歸之，故曰「《大有》，衆也」。水火相革，革已廢也，故曰「《革》，去故也」；以木巽火，火方興也，故曰「《鼎》，取新也」。功成者退，方來者進，一去一取，天之道也。《小過》二陽在内，動而止，小者過也，故曰「《小過》，過也」；《中孚》二陰在内，伏而説，小者信也，故曰「《中孚》，信也」。《豐》、《泰》二之四，進退不得其所，多故也。多故則難處，故曰「《豐》，多故也」。《旅》、《否》三之五，失位无應，以其旅於外也，旅外者不如在内之爲安，故曰「親寡，《旅》也」。《豐》多故也，故四五相錯，然後有慶。親寡《旅》也，故五動二應，而後有譽。離火，炎上也，故陽爻多凶；坎水，趣下也，故陰爻多凶。《坎》、《離》，相濟者也。《小畜》五陽而畜一陰，所畜者寡，故曰「《小畜》，寡也」。《履》一柔而履二剛，不處爲善，故曰「《履》，不處也」。《需》險在前，三陽《需》時而不進。關子明曰：「履而不處者，其周公乎？需而不進者，其仲尼乎？」險在下而陽上行，相過者也，故曰「《訟》，不親也」。

自「《大過》顛也」而下，簡册錯亂，當曰：「《頤》，養正也。《大過》，顛也。遘，遇也。」遘當作「姤」。「柔遇剛也。《夬》，決也，剛決柔也。君子道長，小人道憂也。《漸》，女歸待男行也。《歸妹》，女之終也。《既濟》，定也。《未濟》，男之窮也。」《頤》，一陽在上而養四陰，正也。故其卦以下養上爲顛。《大過》，一陰在上，四陽无所托，顛也。故其卦初陰承陽，无失位之凶，陰宜在下也。《姤》以一柔而遇五剛，故曰「《姤》，遇也，柔遇剛也」；《夬》以五剛而決一柔，故曰「《夬》，決〔一〕也，剛決柔也」。《姤》，小人道長，君子道憂也，故繫於金柅；《夬》，君子道長，小人道憂也，故无號之凶。女以外爲歸，乾男下而迎三，然後坤女行而歸，故曰「《漸》，女歸待男行也」。《歸妹》以三易四，男行而女從，夫婦之正也。上六无應，守正而終不改之義也，故曰「《歸妹》，女之終也」。《既濟》，虞翻曰：「六爻得位，定也。」故曰「《既濟》，定也」。《未濟》，伊川曰「三陽失位」，故曰「《未濟》，男之窮也」。

〔一〕 夬決，原作「決夬」，據叢刊本、通本、薈要本乙正。

漢上易傳卦圖

漢上易傳卦圖卷上

《卦圖》所以解剥《彖》、《象》，推廣《説卦》，斷古今之疑，發不盡之意，彌縫《易傳》之闕者也。

河圖

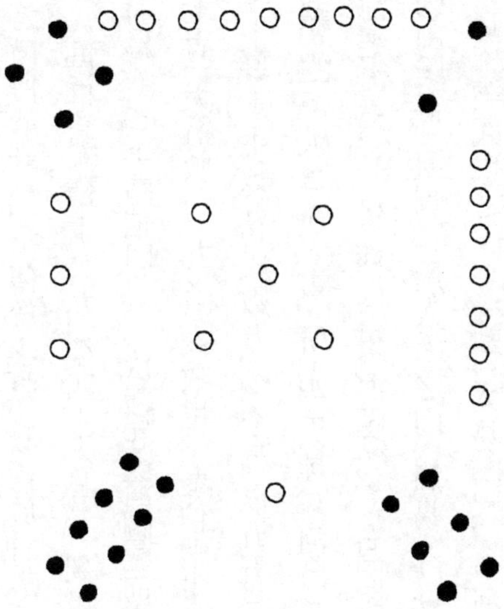

右《河圖》，劉牧傳於范諤昌，諤昌傳於許堅，堅傳於李漑，漑傳於种放，放傳於希夷陳摶。其圖戴九履一，左三右七，二四爲肩，六八爲足，縱横十有五，總四十有五。列禦寇曰：「《易》者一也，一變而爲七，七變而爲九，九復變而爲一。」李泰伯曰：「伏羲觀《河圖》而畫卦。」禦寇所謂變者，論此圖也。一者，太極不動之數；七者，大衍數；九者，玄數也。泰伯謂畫卦，亦未盡其實。大衍五十之數，寓於四十〔二〕五之中。《黄帝書》土生數五，成數五，《太玄》以五五爲土，五即十也。其在《周官·天府》，「凡國之玉鎮、大寶器藏焉」。大寶器，《書》所謂「天球、《河圖》在東序」是也，其在《易》則見於《繫辭》。王洙曰：「《山海經》云：『伏羲氏得《河圖》，夏后因之曰《連山》；黄帝氏得《河圖》，商人因之曰《歸藏》；列山氏得《河圖》，周人因之曰《周易》。』」斯乃杜子春之所憑，抑知姚信之言非口自出，但所從傳者異耳。梁武攻之涉于率肆。《易》曰：「河出圖，洛出書，聖人則之。」仲尼曰：「鳳鳥不至，河不出《圖》，吾已矣夫。」蓋聖人受命，必有符瑞。若《圖》出不再，無勞歎傒，謂河伯不智，尤爲妄矣。

〔二〕「十」下，通本、薈要本有「有」字。

洛書

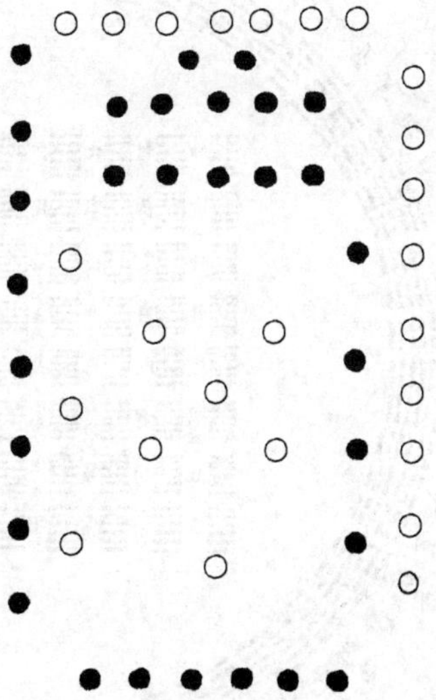

右《洛書》，劉牧傳之，一與五合而爲六，二與五合而爲七，三與五合而爲八，四與五合而爲九，五與五合而爲十。一六爲水，二七爲火，三八爲木，四九爲金，五十爲土，十即五五也。《洪範》曰：「一五行。」《太玄》曰：「一與六共宗，二與七共朋，三與八成友，四與九同道，五與五相守。」范望曰：「重言五者，十可知也。」一、三、五、七、九，奇數，二十有五，所謂天數；二、四、六、八、十，偶數，所謂地數。故曰：「天地之數，五十有五。」數五即十也。故《河圖》之數四十有五，而五十之數具；《洛書》之數五十有五，而五十之數在焉。惟十即五也。故甲己九、乙庚八、丙辛七、丁壬六、戊癸五，而不數十。十，盈數也。

伏羲八卦圖

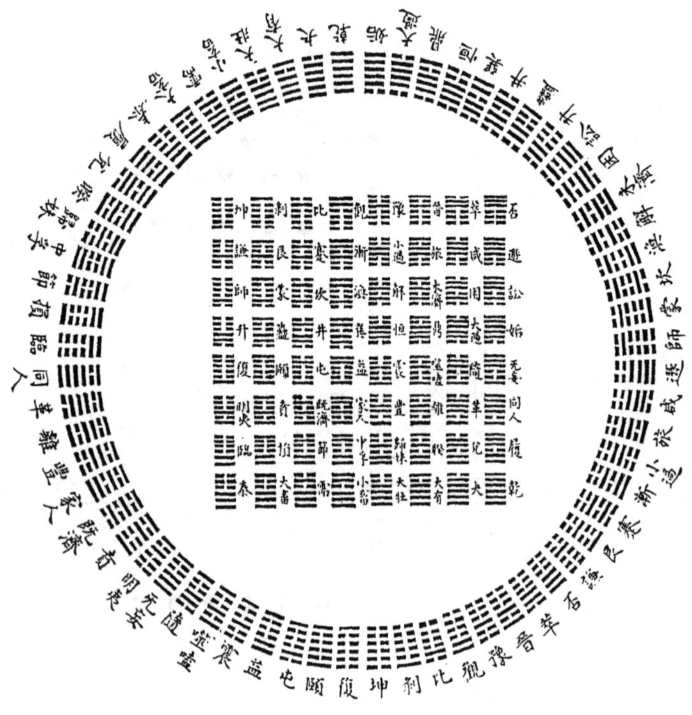

右伏羲八卦圖。王豫傳於邵康節，而鄭史得之。《歸藏》初經者，伏羲初畫八卦，因而重之者也。其經初乾、初臾[一]坤、初艮、初兑、初犖坎、初离、初釐震[二]、初巽，卦皆六畫，即此八卦也。八卦既重，爻在其中。薛氏曰：「昔神農氏既重爲六十四卦，而初經更本包犧，八卦成列，而六十四具焉，神農氏因之也。」《繫辭》曰：「神農氏作，斵木爲耜，揉木爲耒，耒耨之利以教天下，蓋取諸《益》。」王輔嗣以爲伏羲重卦，鄭康成以爲神農重卦，其説源於此。子曰：「天地定位，山澤通氣，雷風相薄，水火不相射。」天地定位，即乾與坤對；山澤通氣，則艮與兑對；風雷相薄，則震與巽對；水火不相射，則離與坎[三]對。而《説卦》健、順、動、入、陷、麗、止、説，馬、牛、龍、雞、豕、雉、狗、羊，首、腹、足、股、耳、目、手、口，與夫別象次序，皆初卦也。夬曰：乾之初交於坤之初，得震，故爲長男；坤之初交於乾之初，得巽，故爲長女；乾之二交於坤之二，得坎，故爲中男；坤之二交於乾之二，得離，故爲中女；乾之上交於坤之上，得艮，故爲少男；坤之上交於乾之上，得兑，故爲少女。乾坤，大父母也，故能生八卦；《復》、《姤》，小父母也，故能生六十四卦。《復》之初九交於

[一] 臾，原作「奭」，通本同底本，薈要本校改爲「臾」，據改。
[二] 「初臾坤」、「初犖坎」、「初釐震」中的「坤」、「坎」、「震」，底本與通本皆作大字，薈要本皆作夾注小字。
[三] 坎，原作「兑」，通本同底本，薈要本校改爲「坎」，據改。

《姤》之初六，得一陽；《姤》之初六交於《復》之初九，得一陰；《復》之二交於《姤》之二，得二陽；《姤》之二交於《復》之二，得二陰；《復》之三交於《姤》之三，得四陽；《姤》之三交於《復》之三，得四陰；《復》之四交於《姤》之四，得八陽；《姤》之四交於《復》之四，得八陰；《復》之五交於《姤》之五，得十六陽；《姤》之五交於《復》之五，得十六陰；《復》之上交於《姤》之上，得三十二陽；《姤》之上交於《復》之上，得三十二陰。陰陽男女皆順行，所以生六十四卦也。

文王八卦圖

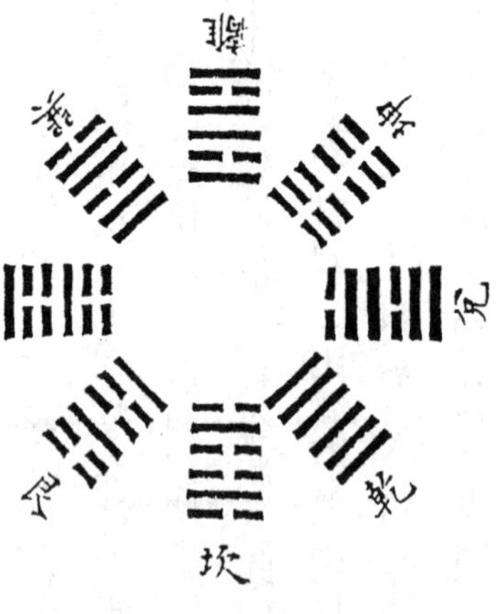

右文王八卦。説卦：「帝出乎震，齊乎巽，相見乎離，致役乎坤，説言乎兑，戰乎乾，勞乎坎，成言乎艮。」又曰：「震，東方也。巽，東南也。離也者，明也，萬物皆相見，南方之卦也。坤也者，地也。兑，正秋也。乾，西北之卦也。坎者，水也，正北方之卦也。艮，東北之卦也。」又曰：「動萬物者莫疾乎雷，撓萬物者莫疾乎風，燥萬物者莫熯乎火，説萬物者莫説乎澤，潤萬物者莫潤乎水，終萬物始萬物者莫盛乎艮。」此説《周易》也。故管輅曰：「聖人何以處乾位於西北，坤位於西南。」邵康節曰：「置乾於西北，退坤於西南。乾統三男，而長子用事；坤統三女，而長女代母。坎離得位，而兑震爲耦，以應地之方也。王者之法，盡於是矣。」

太極圖

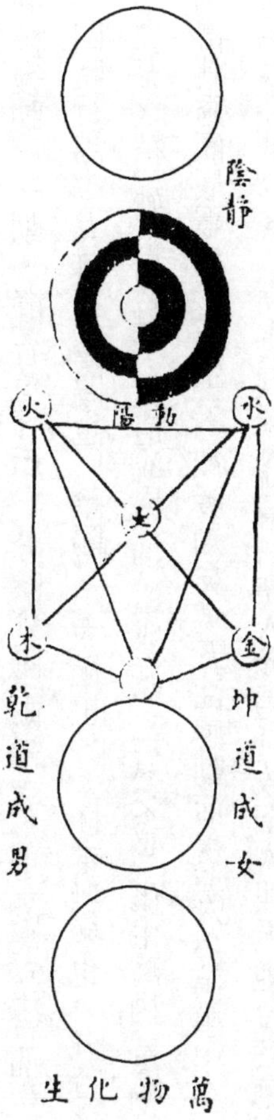

右太極圖。周敦實茂叔傳二程先生。茂叔曰：「無極而太極，太極動而生陽，動極而静，静〔二〕而生陰，静極復動。一動一静，互爲其根。分陰分陽，兩儀立焉。陽變陰合而生水、火、木、金、土。五氣順布，四時行焉。五行，一陰陽也。陰陽，一太極也。太極本無極也。五行之生也，各一其性。無極之真，二五之精，妙合而凝。乾道成男，坤道成女，二氣交感，化生萬物，萬物生生而變化無窮焉。唯人也，得其秀而最靈。形既生矣，神發知矣。五性感動而善惡分，萬事出矣。聖人定之以中正仁義聖人之道仁義中正而已矣。而主静，無欲則静。立人極焉。故聖人與天地合其德，日月合其明，四時合其序，鬼神合其吉凶。君子修之吉，小人悖之凶。故曰：『立天之道，曰陰與陽；立地之道，曰柔與剛；立人之道，曰仁與義。』又曰：『原始反終，故知死生之説。』大哉《易》也，斯其至矣！」

變卦反對圖

六十四卦剛柔相易，周流而變。《易》於《序卦》、於《雜卦》盡之。

〔二〕「静」下原衍一「極」字，通本同底本，據薈要本删。

《乾》、《坤》二卦爲《易》之門、萬物之祖圖第一舊本曰功成無爲圖。

天行健　乾元亨利貞　地勢坤　坤元亨利牝馬之貞

萬物資始

乾老陽

乾道變化

萬物資生

坤老陰

坤厚載物

稱乎父　用九天德不可爲首　稱乎母　用六利永貞

《乾》、《坤》相索三交變六卦不反對圖第二舊本圖下有義字。

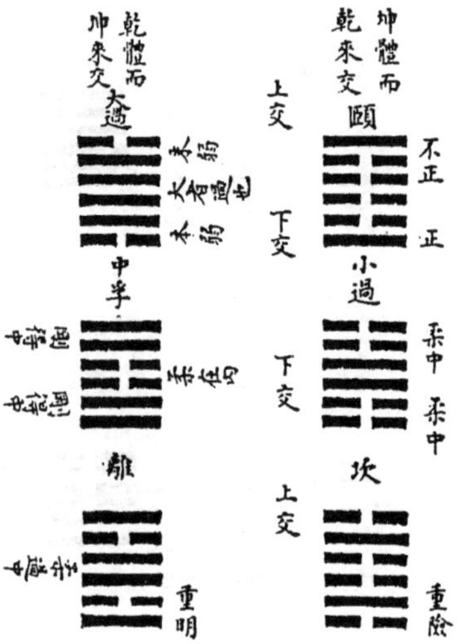

康節曰:「乾坤之名位,不可易也;坎離名可易,而位不可易也;震巽位可易,而名不可易也;兑艮名與位皆〔二〕可易也。《離》肖《乾》,《坎》肖《坤》,《中孚》肖《乾》,《小過》肖《坤》,《頤》肖《離》、《坤〔三〕》,《大過》肖《坎》。是以《乾》、《坤》、《離》、《坎》、《中孚》、《頤》、《大過》、《小過》,

〔二〕「皆」下原有「不」字,據通本、薈要本及邵雍《觀物外篇》删。

〔三〕離坤,通本同,薈要本校記以爲「坤」字爲衍文。

皆不可易者也。」

《乾》卦一陰下生反對變六卦圖第三〔一〕

陸希聲曰：「《頤》、《大過》與諸卦不同。《大過》從《頤》來，六爻皆相變，故卦有反合，爻有升降，所以明天人之際，見盛衰之理焉。故徵象會意，必本於此。」陸所謂反合升降，即此圖也。

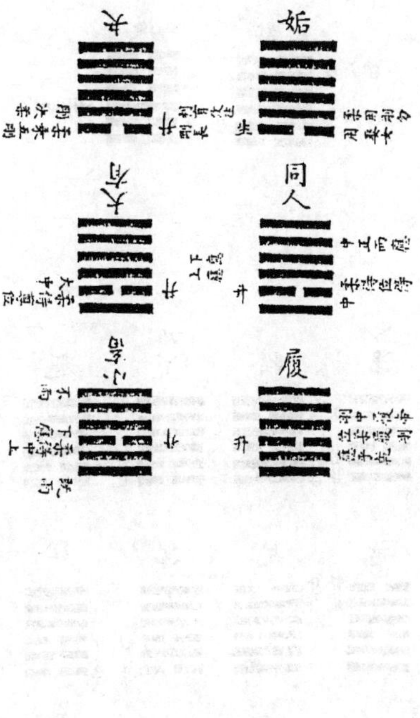

〔一〕圖中《姤》卦右側注「柔用剛」，《大有》卦右側注「上應下應」，通本同，薈要本分別校改作「柔遇剛」、「上下應之」。

《坤》卦一陽下生反對變六卦圖第四〔二〕

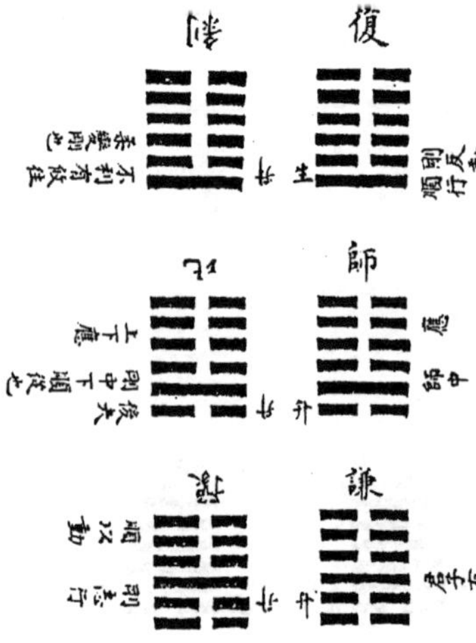

《乾》卦下生二陰各六變反對變十二卦圖第五

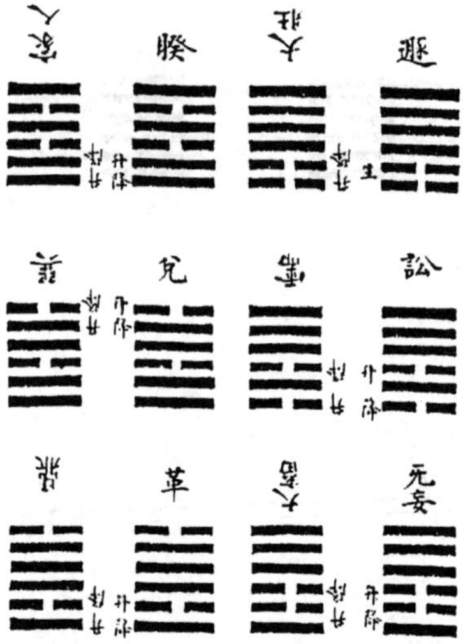

〔二〕圖中《師》卦右側注「師中」，《豫》卦左側注「剛志行」，通本同，薈要本分别校改作「剛中」、「剛應志行」。

《坤》卦下生二陽各六變反對變十二卦圖第六

《乾》卦三陰各六變反對變十二卦圖第七

《坤》卦下生三陽各六變反對變十二卦圖第八

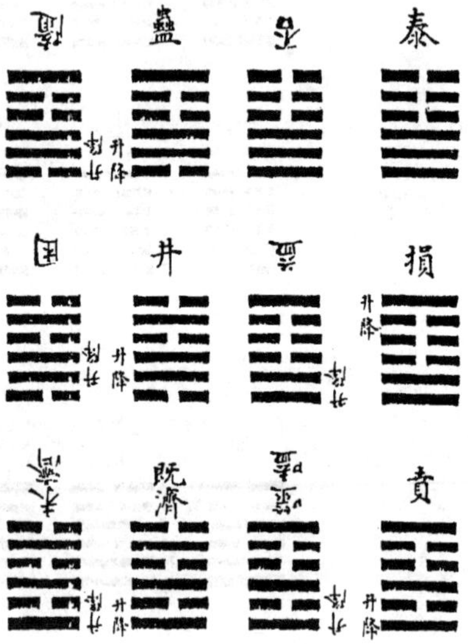

右李挺之變卦反對圖八篇。康節曰：「卦之反對，皆六陽六陰也。在《易》則六陽六陰者，十有二對也。去四正者八陽四陰、八陰四陽者，各六對也。十陽二陰、十陰二陽者，各三對。」康節所謂六陽六陰者：《否》變《泰》、《恒》、《咸》、《豐》、《旅》、《歸妹》、《漸》、《節》、《渙》、《既濟》、《未濟》十二卦；《泰》變《否》、《損》、《益》、《賁》、《噬嗑》、《蠱》、《隨》、《井》、《困》、《既濟》、《未濟》十二卦。四正：《頤》、《大過》、《中孚》、《小過》也。所謂八陽四陰、八陰四陽者：《遯》變《大壯》、《訟》、《需》、《无妄》、《大畜》、《睽》、《家人》、《兑》、《巽》、《革》、《鼎》十二卦；《臨》變《觀》、

《明夷》、《晉》、《升》、《萃》、《蹇》、《解》、《艮》、《震》、《蒙》、《屯》十二卦。十陽二陰、十陰二陽者：《姤》變《夬》、《同人》《大有》、《履》、《小畜》六卦；《復》變《剥》、《師》、《比》、《謙》、《豫》六卦。

乾坤，天地之本；坎離，天地之用。乾坤交而爲《泰》，坎離交而爲《既濟》。乾生於子，坤生於午，坎終於寅，離終於申，以應天時也。置乾於西北，伏羲初經乾上坤下，故曰「天尊地卑，乾坤定矣」。退坤於西南。《歸藏》以坤先乾。乾統三男，而長子用事；坤統三女，而長女代母。坎離得位，而兑艮爲耦，復歸於伏羲之初經。以應地之方也。王者之法，盡於是矣。故《易》始於乾坤，終於坎離。《既濟》、《未濟》。而《泰》、《否》爲上經之中，《咸》、《恒》爲下經之首。乾坤，本也；坎離，用也。乾坤坎離，上篇之用也。《咸》，兑艮也；《恒》，震巽也。兑艮震巽，下篇之用也。《頤》、《大過》、《小過》、《中孚》，二篇之正也。故曰：「至哉文王之作《易》也，其得天地之用乎？」

六十四卦相生圖

虞仲翔於《小過》曰：「當從四陰二陽《臨》、《觀》之例。」於《豐》曰：「當從三陰三陽《泰》之例。」於《无妄》曰：「此所謂四陽二陰，非《大壯》則《遯》來。」又問《剥》之變於彭城蔡景君。《大過》或變於五之初，或以謂三之五。《睽》或變於《大壯》上之三，或以謂《无妄》二之五。蓋是時其圖未見，故難於折衷，亦莫得其綱要。諸儒各伸臆說，至於紛然，而仲翔則知有此圖也。

姤䷫ 乾一交而爲姤

乾坤者諸卦之祖

復䷗ 坤一交而爲復

復䷗ 剛反動而以順行

凡卦五陰一陽者皆自復卦而來復一爻五變而成五卦

師䷆ 剛中而應

謙䷎ 君子有終吉

豫䷏ 剛應而志行

比䷇ 以剛中也

剝䷖ 柔變剛也

凡卦五陽一陰者皆自姤卦而來姤一爻五變而成五卦

姤䷫ 柔遇剛也

同人䷌ 柔得位得中而應乎乾

履䷉ 柔履剛也

小畜䷈ 柔得位而上下應之

大有 ䷍ 柔得尊位而上下應之

夬 ䷪ 柔乘五剛也

遯 ䷠ 乾再交而爲遯

臨 ䷒ 坤再交而爲臨

臨 ䷒ 剛浸而長剛中而應

凡卦四陰二陽者皆自臨卦而來臨五復五變而成十四卦

第一四變

明夷 ䷣

蹇 ䷦

屯 ䷂ 剛柔始交而難生

頤 ䷚

第二復四變

升 ䷭

解 ䷧

坎 ䷜ 乃以剛中也

蒙 ䷃

第三復三變

小過 ䷽ 柔得中剛失位而不中

萃 ䷬ 剛中而應故聚也

觀 ䷓ 大觀在上中正以觀天下

第四復二變

蹇 ䷦ 蹇利西南往得中也不利東北其道窮也

晉 ䷢ 柔進而上行

第五復一變

艮 ䷳ 上下敵應

遯 ䷠ 小利貞浸而長也

凡卦四陽二陰者皆自遯卦而來遯五復五變而成十四卦

第一四變

訟 ䷅ 訟有孚窒惕中吉剛來而得中也

巽〔一〕 ䷸ 剛巽乎中正而志行柔皆順乎剛初在下二居四

鼎 ䷱ 柔進而上行得中而應乎剛

大過 ䷛ 剛過而中本末弱也

第二復四變

无妄 ䷘ 剛自外來而為主於内

家人 ䷤

離 ䷝ 柔麗乎中正

革 ䷰ 水火相息

第三復三變

中孚 ䷼ 柔在内而剛得中

大畜 ䷙

大壯 ䷡

〔一〕「巽」字原闕，通本同底本，據薈要本補。

第四復二變

睽 ䷥ 柔進而上行得中而應乎剛

需 ䷄

第五復一變

兌 ䷹ 剛中而柔外

否 ䷋ 乾三交而為否

泰 ䷊ 坤三交而為泰

泰 ䷊ 小往大來

凡卦三陰三陽者皆自泰卦而來泰三復三變而成九卦

第一三變

歸妹 ䷵ 歸妹天地之大義也天地不交而萬物不興歸妹人之終始也

節 ䷻ 剛柔分而剛得中

損 ䷨ 損下益上其道上行

第二復三變

豐 ䷶

賁 ䷕ 柔來而文剛分剛上而文柔

既濟 ䷾ 剛柔正而位當也

第三復三變

恒 ䷟ 剛上而柔下

蠱 ䷑ 剛上而柔下

井 ䷯ 巽乎水而上水井乃以剛中也

否 ䷋ 大往小來

凡卦三陽三陰者皆自否卦而來否三復三變而成九卦

第一三變

漸 ䷴ 女歸吉進得位往有功也

咸 ䷞ 柔上而剛下

旅 ䷷ 柔得中乎外而順乎剛

第二復三變

第三復三變

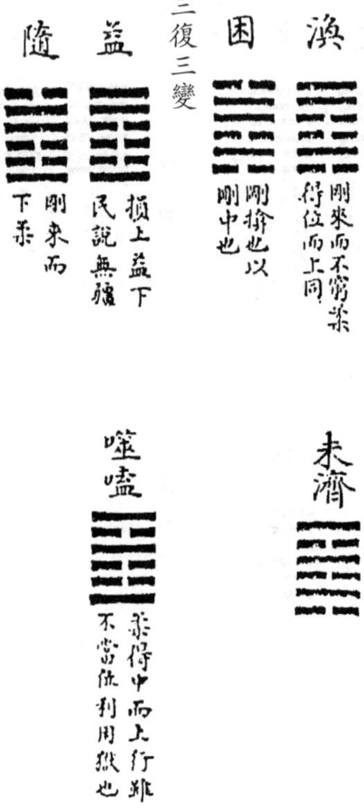

右李挺之六十四卦相生圖一篇，通變卦反對圖爲九篇。康節之子伯温傳之於河陽陳四丈，忘其名。陳傳之於挺之。始虞氏卦變，乾坤生坎離，乾息而生《復》、《臨》、《泰》、《大壯》、《夬》，坤消而生《姤》、《遯》、《否》、《觀》、《剥》。自《復》來者一卦，《豫》。自《臨》來者四卦，《明夷》、《解》、《升》、《震》。自《泰》來者九卦，《蠱》、《賁》、《恒》、《損》、《升〔一〕》、《歸妹》、《豐》、《節》、《既濟》。自《大壯》來者六卦，《需》、《大畜》、《大過》、《睽》、《鼎》、《兑》。自《夬》來者一卦，《同人》。自《遯》來者五卦，《訟》、《无妄》、《家人》、

〔一〕升，通本同，薈要本作「井」。

《革》、《巽》。自《否》來者八卦，《隨》、《噬嗑》、《咸》、《益》、《困》、《漸》、《渙》、《未濟》。自《觀》來者五卦，《晉》、《蹇》、《頤》、《萃》、《艮》。自《剥》來者一卦。《謙》。而《屯》生於《坎》，《蒙》生於《艮》，《比》生於《師》，《頤》、《小過》生於《晉》，《睽》生於《大壯》，《咸》生於《无妄》，《旅》生於《賁》，《咸》生於《噬嗑》，《中孚》生於《訟》。《小畜》變《需》上，《履》變《訟》初，《姤》無生卦。《師》、《同人》、《大有》、《兑》四卦闕。李鼎祚取蜀才盧氏之書，補其三卦。《大有》闕。而《頤》卦虞以爲生於《晉》，侯果以爲生於《觀》。今以此圖考之，其合於圖者，三十有六卦。又時有所疑，不合者二十有八卦。夫自下而上謂之升，自上而下謂之降。升者，上也，息也。降者，消也。陰生陽，陽生陰，陰復生陽，陽復生陰，升降消息，循環無窮，然不離於乾坤。一生二，二生三，至於三極矣。故凡卦五陰一陽者，皆自《復》來，《復》一爻五變而成五卦。《師》、《謙》、《豫》、《比》、《剥》。凡卦五陽一陰者皆自《姤》來，《姤》一爻五變而成五卦。《同人》、《履》、《小畜》、《大有》、《夬》。凡卦四陰二陽者皆自《臨》來，《臨》五復五變而成十四卦。《明夷》、《震》、《屯》、《頤》、《升》、《解》、《坎》、《蒙》、《小過》、《萃〔二〕》、《觀》、《蹇》、《晉》、《艮》。凡卦四陽二陰者皆自《遯》來，《遯》五復五變而成十四卦。《訟》、《巽》、《鼎》、《大過》、《无妄》、《家人》、《離》、《革》、《中孚》、《大畜》、《大壯》、《睽》、《需》、《兑》。凡卦三陰三陽者皆自《泰》來，《泰》三復三變而成九卦。《歸妹》、《節》、《損》、《豐》、

〔二〕 萃，原作「革」，各本同，據文義改。

《既濟》、《賁》、《恒》、《井》、《蠱》。凡卦三陽三陰者皆自《否》來，《否》三復三變而成九卦。《漸》、《旅》、《咸》、《渙》、《未濟》、《困》、《益》、《噬嗑》、《隨》。《乾》、《坤》，大父母也；《復》、《姤》，小父母也；《坎》、《離》，得《乾》、《坤》之用者也；《頤》、《大過》、《小過》、《中孚》，得《坎》、《離》者也。故六卦不反對而《臨》生《坎》，《遯》生《離》，《臨》生《頤》、《小過》，《遯》生《大過》、《中孚》。或曰：先儒謂《賁》本《泰》卦，豈乾坤重而爲《泰》，又由《泰》而變乎？曰：此論之卦也。所謂之卦者，皆變而之他卦也。《周易》以變爲占，七卦變而爲六十三卦，六十四卦變而爲四千九十六卦，而卜筮者尚之，此焦廷壽之《易林》所以興也。聖人因其剛柔相變，繫之以辭焉，以明往來、屈信、利害、吉凶之無常也。故君子居則觀其象而玩其辭，動則觀其變而玩其占。占與辭，一也。故乾坤重而爲《泰》者，八卦變而爲六十四卦也；由《泰》而爲《賁》者，一卦變而爲六十三卦也。或曰：剛柔相易，皆本諸乾坤也。凡三子之卦言剛來者，明此本坤也，而乾來化之。凡三女之卦言柔來者，明此本乾也，而坤來化之。故凡言是者，皆三子三女相值之卦也，非是卦則無是言也。謂《泰》變爲《賁》，此大惑也。曰：不然也。往來者，以內外言也，以消息言也。自內而之外，謂之往；自外而之內，謂之來。請復借《賁》卦言之。「柔來而文剛」者，坤之柔自外卦下，而來文乎乾之剛也。「分剛上而文柔」者，乾之剛自內卦上，而往文乎坤之柔也。於柔言來，則知分剛上而文柔者往也；於剛言上，則知柔來而文剛者下也。上者，出也；下者，入也。此所謂「其出入以度內外」，此所謂「上下無常」也。若言柔來者,明此本乾也,則不當言分剛上而文柔,當曰剛來而文柔矣。《无妄》之《彖》曰「剛自外來而爲主於内」,外卦乾已三畫矣,謂之自外來,則當自卦外來乎?故乾施一陽於坤,以化其一陰而生三子,坤施一陰於乾,以化其一陽而生三女者,乾坤相易以生六子、成八卦也。上下往來,周流無窮者,剛柔相易以盡其爻之變也。爻之言往來,言上下内外者,豈唯三子三女相值之卦而已哉?故曰「剛柔相推,變在其中矣」,又曰「往來不窮謂之通」,又曰「變動不居,周流六虛」。謂之周流六虛,則其往其來,非謂三畫之卦也。近世楊傑、鮑極論卦變之義。楊曰:「《泰》者,通而治者也,故聖人變於《節》、《賁》、《損》、《蠱》、《恒》、《歸妹》、《大畜》之《彖》以爲御治之術焉。《否》者,閉而亂者也,故聖人變於《咸》、《益》、《隨》、《涣》、《噬嗑》、《无妄》、《訟》之《彖》以爲救亂之術焉。」鮑曰:「《遯》陰長之卦,邪道並興,聖人易一爻而成《无妄》,欲以正道止其邪也。」楊謂《否》變《无妄》、《訟》亦誤矣。然觸類而長,六十四卦之相變,其義可推矣。

漢上易傳卦圖卷中

卦氣圖〔一〕

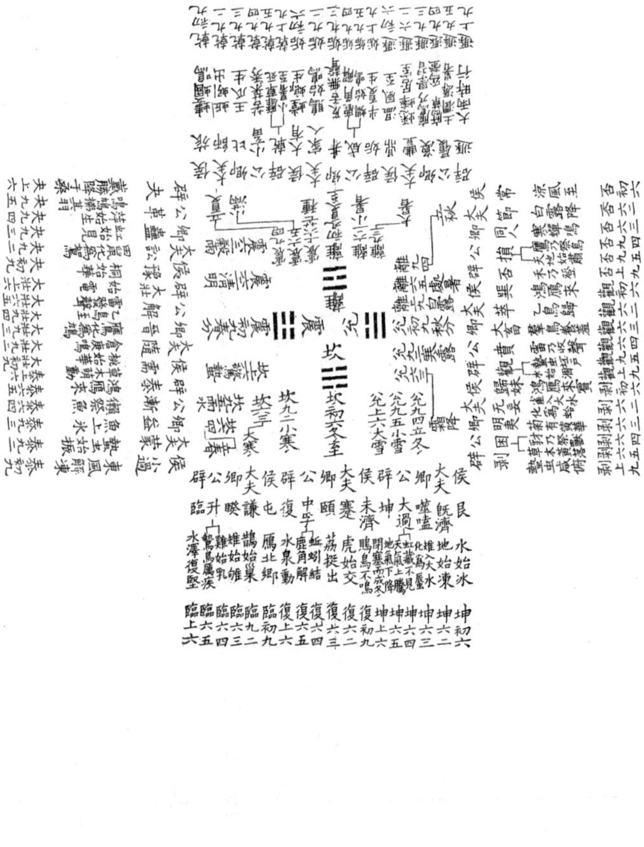

〔一〕「卦氣圖」三字原闕，通本同底本，據薈要本補。底本此圖不够清晰，故用哈佛燕京圖書館藏通志堂經解本《漢上易傳》的卦氣圖作了替換。

右李溉卦氣圖。其説源於《易緯》，在《是類〔二〕謀》曰：「冬至日在坎，春分日在震，夏至日在離，秋分日在兑。四正之卦，卦有六爻，爻主一氣。餘六十卦，卦主六日七分，八十分日之七。歲十二月，三百六十五日四分日之一，六十而一周。」孔穎達《易疏》解七日來復云：「《易稽覽圖》『卦氣起《中孚》』，故《離》、《坎》、《震》、《兑》，各主一方。其餘六十卦，卦有六爻，別主一日，凡主三百六十日。餘有五日四分日之一，每日分爲八十分。五日分爲四百分，日之一又分爲二十分，是四百二十分。六十卦分之，六七四十二，卦別各得七分，每卦得六日七分也。」司馬温公曰：「冬至卦氣起於《中孚》，次《復》，次《屯》、次《謙》、次《睽》。凡一卦御六日，二百四十分日之二十一。五卦合三十日，二百四十分日之二〔三〕百五。此冬至距大寒之數也，故入冬至。凡涉七日而復之氣應也。」在《易通卦驗》曰：「冬至四十五日，以次周天三百六十五日，復當。故卦乾，西北也，主立冬； 坎，北方也，主冬至； 艮，東北也，主立春； 震，東方也，主春分； 巽，東南也，主立夏； 離，南方也，主夏至； 坤，西南也，主立秋； 兑，西方也，主秋分。」鄭康成曰：「春三月候卦氣者，《泰》也、《大壯》也、《夬》也，皆九三、上六。《坎》九五、上六《泰》，《震》初九、六二《大壯》，《震》六三《夬》。夏

〔二〕 是類，原作「類是」，各本同，據文義乙正。

〔三〕 二，各本同，四庫本《温公易説》作「一」。

三月候卦氣者，《乾》也、《姤》也、《遯》也，皆九三、上六〔一〕。《震》九四、六〔二〕五《乾》，《震》上六、《離》初九《姤》，《離》六二〔三〕、九三《遯》。秋三月候卦氣者，《否》也、《觀》也、《剥》也，皆六三、上九。《離》九四、六五《否》，《離》上九、《兑》初九《觀》，《兑》九二、六三《剥》。冬三月候卦氣者，《坤》也、《復》也、《臨》也，皆六三、上六。《兑》九四、九五《坤》，《兑》上六、《坎》初六《復》，《坎》九二、六三《臨》。」又曰：「冬至《坎》始用事，而主六氣，初六爻也。小寒於《坎》直九二，大寒於《坎》直六三，立春於《坎》直六四，雨水於《坎》直九五，驚蟄於《坎》直上六，春分於《震》直初九，清明於《震》直六二，穀雨於《震》直六三，立夏於《震》直九四，小滿於《震》直六五，芒種於《震》直上六，夏至於《離》直初九，小暑於《離》直六二，大暑於《離》直九三，立秋於《離》直九四，處暑於《離》直六五，白露於《離》直上九，秋分於《兑》直初九，寒露於《兑》直九二，霜降於《兑》直六三，立冬於《兑》直九四，小雪於《兑》直九五，大雪於《兑》直上六。」

先儒舊有此圖，故康成論《乾》、《坤》、《屯》、《蒙》、《否》、《泰》六卦之貞曰：「餘不見爲圖者備列之。」所謂「備列之」者，謂此備列四正六十卦也。李鼎祚論《剥》畫〔四〕隔《坤》，復來成震，七日

〔一〕六，各本同，據文義，疑當作「九」。

〔二〕六，原作「九」，通本同底本，薈要本校改作「六」，據改。

〔三〕二，原作「三」，通本同底本，薈要本校改作「二」，據改。

〔四〕畫，各本同，《周易集解》作「盡」。

來復之義曰：「先儒已論，雖各指於日月。先儒褚氏、莊氏云：「五月一陰生，至十一月一陽生，凡七月。而云七日不云月者，欲見陽長須速，故變月言日。」後學尋討，猶未測其端倪。略陳梗概，以俟來哲。」王昭素難孔穎達「六日七分」謂：「《坤》卦之盡，《復》卦陽來，則十月節終，一陽便來，不得冬至之日，據其節終，尚去冬至二十五日。」二家之學蓋未見此圖，是以其論紛然。鼎祚闕疑，請俟來哲。昭素已臆斷之矣，鼎祚於此其優乎？

《乾鑿度》曰：「曆以三百六十五日四分日之一爲一歲。《易》三百六十析當期之日，此律曆數也。五歲再閏，故扐而後卦，以應律曆之數。」鄭康成曰：「曆以記時，律以候氣，氣章六十日一轉，與曆相應，則三百六十日粗爲終也。曆之數有餘者，四分之一，差不齊，故閏定四時成歲，令相應也。」蘇洵曰：「《震》、《離》、《坎》、《兑》，各守其方，而六十卦之分散於三百六十日。聖人不以五日四分之一者害其爲《易》，而以七分者加焉，此非有所法乎日月星辰之度，天地五行之數也。以爲上之不可以八〔一〕，下之不可以六，故以七分者加之。使夫〔二〕《易》者，亦不爲无〔三〕用於曆而已矣。」皇甫謐〔四〕曰：「天地之數，三百有六十，所以當期，凡歲三百五十有四日，

〔一〕「八」下，通本、薈要本有「而」字。
〔二〕夫，原作「丈」，通本同底本，據薈要本改。
〔三〕无，原作「元」，通本同底本，據薈要本改。
〔四〕謐，通本、薈要本作「泌」。

不充爻者，餘則歸閏。爻以存虛，虛所以待甲癸之變。甲癸者，舉十日之終始也。」胡旦亦曰：「卦之爻則實數也，歲之日則虛數也。歲月不盡之日則加算焉。六日七分，實數也。三百六十五日有餘焉，故算而爲閏。」二十四氣，七十二候，見於周公之《時訓》，呂不韋取以爲《月令》焉，其上則見於《夏小正》。《夏小正》者，夏后氏之書，孔〔二〕子得之於杞者也。夏建寅，故其書始於正月，周建子，而授民時，巡狩承享，皆用夏正，故其書始於立春。《夏小正》具十二月而無中氣，有候應而無日數，至於《時訓》乃五日爲候，三候爲氣，六十日爲節。二書詳略雖異，其大要則同，豈《時訓》因《小正》而加詳歟？《左氏傳》曰：「先王之正時也，履端於始，舉正於中，歸餘於終。」中謂中氣也。漢詔曰：「昔者黄帝合而不死，名察庶驗，定清濁，起五部，建氣物分數。」氣謂二十四氣也，則中氣其來尚矣。仲尼贊《易》時已有《時訓》。觀《七月》一篇，則有取於《時訓》可知。《易通卦驗》，《易》家傳先師之言，所記氣候比之《時訓》，晚者二十有四，早者三，當以《時訓》爲定。故子雲《太玄》二十四氣，關子明論七十二候，皆以《時訓》。

〔二〕「孔」下，底本原衍一「孔」字，據通本、薈要本删。

《太玄》準《易》圖〔二〕

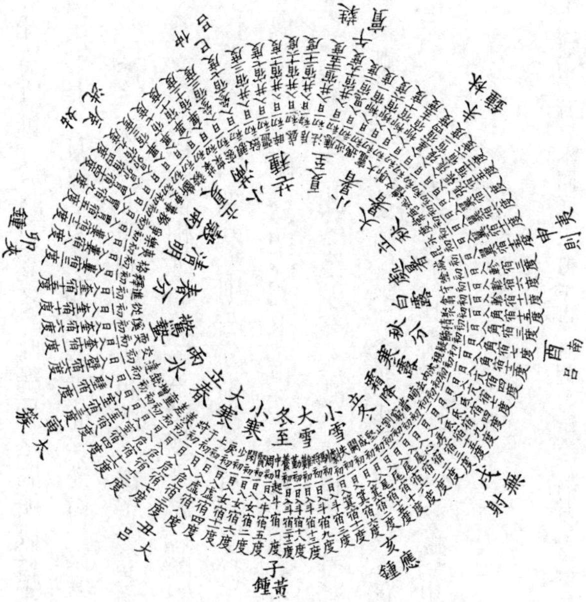

〔二〕底本此圖不够清晰，故以哈佛燕京所藏通本的卦圖替換。

右律曆之元始於冬至，卦氣起於《中孚》。其書本於夏后氏之《連山》，而《連山》則首艮。所以首艮者，八風始於不周，實居西北之方。七宿之次是爲東壁、營室。東壁者，辟生氣而東之。營室者，營陽氣而産之。於辰爲亥，於律爲應鍾，於時爲立冬，此顓頊之曆所以首十月也。漢巴郡落下閎，運算轉曆，推步晷刻。以太初元年十一月甲子夜半朔冬至，而名節會、察寒暑、定清濁、起五部，建氣物分數〔一〕，然後陰陽離合之道行焉。然落下閎能知曆法而止。揚子雲通敏叡達，極陰陽之數，不唯知其法，而又知其意，故《太玄》之作，與太初相應而兼該乎顓頊之曆，發明《連山》之旨以準《周易》爲八十一卦。凡九分共二卦，一五隔一四，細分之則四分半當一日，準六十卦，一日卦六日七分也。《中》，《中孚》也；《周》，《復》也；《礥》、《閑》，《屯》也；《少》，《謙》也；《戾》，《睽》也；《上》、《干》，《升》也；《狩》、《羨》，《臨》也。此冬至以至大寒之氣也。《差》，《小過》也；《童》，《蒙》也；《增》，《益》也；《鋭》，《漸》也；《達》、《交》，《泰》也；《耎》、《傒》，《需》也；《從》、《進》，《隨》也〔二〕；《釋》，《解》也；《格》、《夷》，《大壯》也；《樂》，《豫》也；《争》，《訟》也；

〔一〕建氣物分數，原作「違氣初分數」，通本、薈要本同底本，據本書《卦圖》卷中李溉卦氣圖圖説及《史記·曆書》、《永樂大典》卷四九二三改。

〔二〕從進隨也，各本同，《永樂大典》卷四九二三作「從隨也進晉也」。

《務》、《事》，《蠱》也；《更》，《革》也；《斷》、《毅》，《夬》也。此立春以至穀雨之氣也。《裝》，《旅》也；《衆》，《師》也；《密》、《親》，《比》也；《斂》，《小畜》也；《强》、《睟》，《乾》也；《盛》，《大有》也；《居》，《家人》也；《法》，《井》也；《應》，《離》也；《迎》，《咸》也；《遇》，《姤》也；《竈》，《鼎》也；《大》、《廓》，《豐》也；《文》，《渙》也；《禮》，《履》也；《逃》、《唐》，《遯》也；《常》，《恒》也。此立夏以至大暑之氣也。《永》，《恒》也；《度》，《節》也；《昆》，《同人》也；《減》，《損》也；《唫》、《守》，《否》也；《翕》，《巽》也；《聚》，《萃》也；《積》，《大畜》也；《飾》，《賁》也；《疑》，《震》也；《視》，《觀》也；《沈》，《兑》也；《内》，《歸妹》也；《去》，《无妄》也；《晦》、《瞢》，《明夷》也；《窮》，《困》也；《割》，《剥》也。此立秋以至霜降之氣也。《止》、《堅》，《艮》也；《成》，《既濟》也；《闕》，《噬嗑》也；《失》、《劇》，《大過》也；《馴》，《坤》也；《將》，《未濟》也；《難》，《蹇》也；《勤》、《養》，《坎》也。此立冬以至大雪之氣也。

日月之行有離合，陰陽之數有盈[一]虚。踦、盈[二]一贊有其辭而無其卦，而附之於《養》者，以閏爲虚也。踦，火也、日也，嬴，水也、月也。日月起於天元之初，歸其餘也。蓋定四時成歲者，以其閏

[一] 盈，通本、薈要本作「嬴」。

[二] 盈，各本同，據文義，疑當作「嬴」。

月。再扐而後掛者，由於歸奇。六日七分必加算焉，以三百六十五日四分之不齊也。《坎》、《離》、《震》、《兑》，四正之卦也。二十四爻周流四時，《玄》則準之。日右斗左，秉〔二〕巡六甲，東西南北，經緯交錯，以成八十一首也。一月五卦也，侯也、大夫也、卿也、公也、辟也。辟居於五，謂之君卦，四者，雜卦也。《玄》則準之。故一玄象辟，三方象三公，九州象九卿，二十七部〔三〕象大夫，八十一首象元士，其大要則曆數也，律在其中也。體有所循而文不虚生也。陸績謂自甲子至甲辰，自甲辰至甲申，自甲申至甲子，凡四千六百一十七歲爲一元。元有三統，統有三會，會有二十七章，九會二百四十三章，皆無餘分。其鈎深致遠，與神合符有如此也。善乎邵康節之言曰：「《太玄》其見天地之心乎？」天地之心者，坤極生乾，始於冬至之時也。此之謂律曆之元。

論《太玄》當附於《太玄》八十一首準《易》圖後。

或曰：太初之曆不作，子雲無以草《玄》乎？曰：不然。《逸周書》曰：「維十有一月，既南至，昏昴畢，日短極，其踐長，微陽動于黄泉，降慘于萬物。是月，斗柄建子，始昏北指，陽氣虧，草木

〔二〕秉，各本同，《永樂大典》卷四九二三作「乘」。
〔三〕部，各本同，《永樂大典》卷四九二三作「贊」。

萌動[一]，日月俱起于牽牛之初，右迴而行。月周天起一次而與日合宿，日行月一次而周天，歷會于十有二辰，終則復始。是謂日月權輿。」又曰：「天地之正，四時之極，不易之道，夏數得天，百王所同。」《書》所謂「日月俱起于牽牛之初」，即太初曆十一月朔旦冬至，日月如合璧，五星如連珠也。昔劉向藏三代之書，其子歆有所不知以問子雲。子雲之於律曆之元，固已博極群書而知之矣。是以落下閎得其曆之法，而子雲獨得其意云。

[一] 動，各本同，《永樂大典》卷四九二三作「蕩」。

乾坤交錯成六十四卦圖[一]

荀爽曰：「乾始於坎，坎終於離。坤始於離，終於坎。」

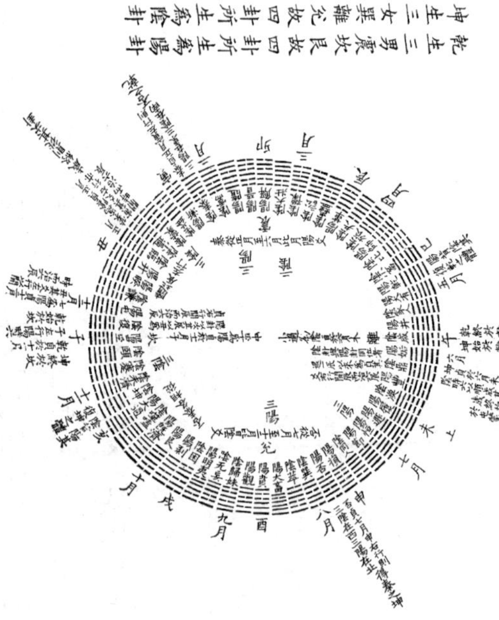

〔一〕 底本此圖不够清晰，故以哈佛燕京所藏通本的卦圖替换。

右圖。「乾陽也，坤陰也，並如而交錯行。乾貞於十一月子，左行，陽時六，貞正也，初爻以此爲正，次爻左右者各從次數之。坤貞於六月未，乾坤，陰陽之主也，陰退一辰，故貞於《夬》。右行，陰時六，以順成其歲，歲終次從於《屯》、《蒙》。歲終則從其次，《屯》、《蒙》、《需》、《訟》也。《屯》爲陽，貞十二月丑，其爻左行，以間時而治六辰。《蒙》爲陰，貞正月寅，其爻右行，亦間時而治六辰。歲終則從其次卦。陽卦以次其辰，以丑爲貞，左行間辰而治六辰。陰卦與陽卦同位者，退一辰，以未爲貞，其爻右行，間辰而治六辰〔一〕。陰卦與陽卦其位同，謂與日若在衡也。陰則退一辰，謂左右交錯相避。《否》、《泰》之卦獨各貞其辰。言不用卦次。《泰》當貞於戌，《否》當貞於亥。戌，乾體所在。亥，又乾消息之月。《泰》、《否》乾坤，體氣相亂，故避而各貞其辰。謂《泰》貞正月，《否》貞七月。六爻者，《泰》得《否》之乾，《否》得《泰》之坤。《否》貞申，右行則三陰在西，三陽在北；《泰》貞寅，左行則三陽在東，三陰在南。是則陰陽相比，共復乾坤之體也。其共北辰，左行相隨也。北辰左行，謂《泰》從正月至六月，此月〔二〕陽爻；《否》從七月至十二月，此月〔三〕陰爻。《否》、《泰》各自相隨。《中孚》爲陽，貞於十一月子；《小過》爲陰，貞於六月未。法於乾坤。《中孚》於十一月子，《小過》正月之卦也。宜貞於寅，二月卯而貞於六月，非

〔一〕「陰卦與陽卦同位者」至「治六辰」二十五字原闕，據薈要本補。通本文字與薈要本大體相同，惟「退一辰」，通本作「退十辰」。

〔二〕此月，通本同，薈要本作「皆」。

〔三〕此月，通本同，薈要本作「皆」。

其次，故言象法乾坤，其餘卦則各貞於其辰，同位乃相避。三十二歲期而周，六十四卦、三百八十四爻、一千五百二十，復貞此。」乾坤交錯成六十四卦。陳純臣所謂六十四卦推蕩訣是也。其説見於《乾鑿度》，而鄭康成及先儒發明之。京房論推蕩曰：「以陰蕩陽，以陽蕩陰，陰陽二氣蕩而成象。」又曰：「蕩陰入陽，蕩陽入陰，陰〔二〕陽交互，内外適變，八卦回巡，至極則反。」此正解《繫辭》「八卦相蕩」之義。如六十卦圖，本於乾坤，並如陰陽交錯而行，故傳圖者亦謂之推蕩。《易》，天下之至變者也，六位遞遷，四時運動，五行相推，不可執一者也。

〔二〕「陰」字原闕，通本同底本，薈要本校改補「陰」字，據改。

律呂起於冬至之氣圖

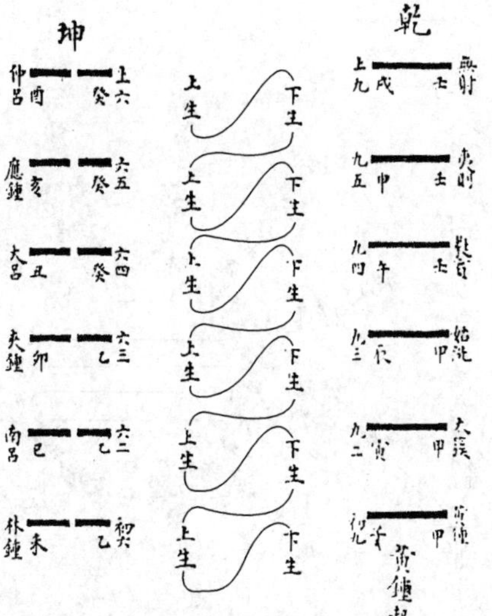

右圖。鄭康成注《周禮·太師》云：「黃鍾，初九也。下生林鍾之初六，林鍾又上生太簇之九二，太簇又下生南呂之六二，南呂又上生姑洗之九三，姑洗又下生夾鍾之六三，夾鍾又上生蕤賓之九四，蕤賓又下生大呂之六四，大呂又上生夷則之九五，夷則又下生應鍾之六五，應鍾上生無射之上九，無射下生仲呂之上六。」臣謂不取諸卦而取《乾》、《坤》者，萬物之父母。

陽律陰呂合聲圖

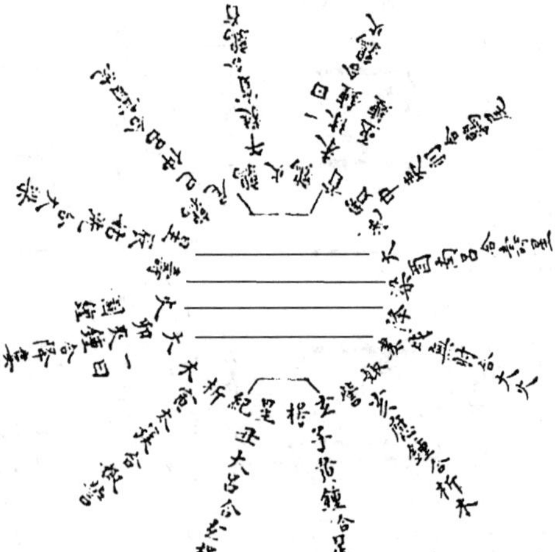

右圖。《周官》：「大師掌六律六同，以合陰陽之聲。」鄭康成曰：「聲之[一]陰陽各有合。黃

[一]「之」字原闕，據通本、薈要本補。

鍾，子之氣也，十一月建焉，而辰在星紀；丑也。大吕，丑之氣也，十二月建焉，而辰在玄枵；子也。太簇，寅之氣也，正月建焉，而辰在娵訾；亥也。應鍾，亥之氣也，十月建焉，而辰在析木；寅也。姑洗，辰之氣也，三月建焉，而辰在大梁；酉也。南吕，酉之氣也，八月建焉，而辰在壽星；卯也。蕤賓，午之氣也，五月建焉，而辰在鶉首；未也。林鍾，未之氣也，六月建焉，而辰在鶉火；午也。夷則，申之氣也，七月建焉，而辰在鶉尾；巳也。仲吕，巳之氣也，四月建焉，而辰在實沈；申也。無射，戌之氣也，九月建焉，而辰在大火；卯也。夾鍾，卯之氣也，二月建焉，而辰在降婁。與建交錯貿處，如表裹然，是其合也。」

十二律相生圖

十二律十二月消息卦。

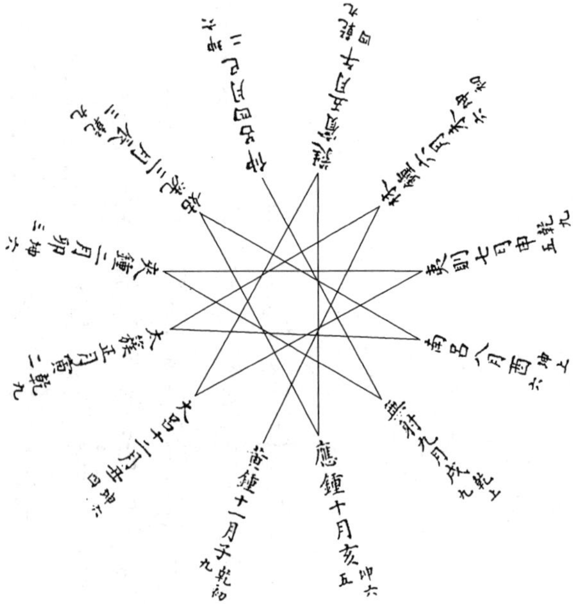

右圖。《太玄》曰：「黄鍾生林鍾，林鍾生太簇，太簇生南呂，南呂生姑洗，姑洗生應鍾，應鍾生蕤賓，蕤賓生大呂，大呂生夷則，夷則生夾鍾，夾鍾生無射，無射生仲呂。」説者謂陽下生陰，陰上生陽。獨陸績注《太玄》云：「黄鍾下生林鍾，林鍾上生太簇，太簇下生南呂，南呂上生姑洗，姑洗下生應鍾，應鍾上生蕤賓，蕤賓又上生大呂，大呂下生夷則，夷則上生夾鍾，夾鍾下生無射，無射上生仲呂。」其説謂陽生於子，陰生於午，從子至巳，陽生陰退，故律生呂言下生，呂生律言上生。從午至亥，陰升陽退，故律生呂言上生，呂生律言下生。至午而變，故蕤賓重上生。而績論律呂分寸，與司馬遷《律書》特異。然黄鍾至蕤賓，律生呂者，自左而右，呂生律者，自右而左。蕤賓至仲呂，律生呂者，自右而左，呂生律者，自左而右。云夫六十卦，《乾》貞於子而左行，《坤》貞於未而右行，《屯》貞於丑間時而左行，《蒙》貞於寅間時而右行，《泰》貞於寅而左行，《否》貞於申而右行，《小過》貞於未而右行。七卦錯行，律實效之。黄鍾，《乾》初九也；大呂，《坤》六四也；太簇，《乾》九二也；應鍾，《坤》六五也；無射，《乾》上九也；夾鍾，《坤》六三也；夷則，《乾》九五也；仲呂，《坤》六二也；蕤賓，《乾》九四也；林鍾，《坤》初六也。初應四，二應五，三應上，故子丑寅亥卯戌辰酉巳申午未謂之合聲。司馬遷曰：「氣始於冬至，周而復生。」此所謂律數。

六十律相生圖〔一〕

六十律六十卦。自黄鍾左行至于制時爲上生，自林鍾至于遲時爲下生。

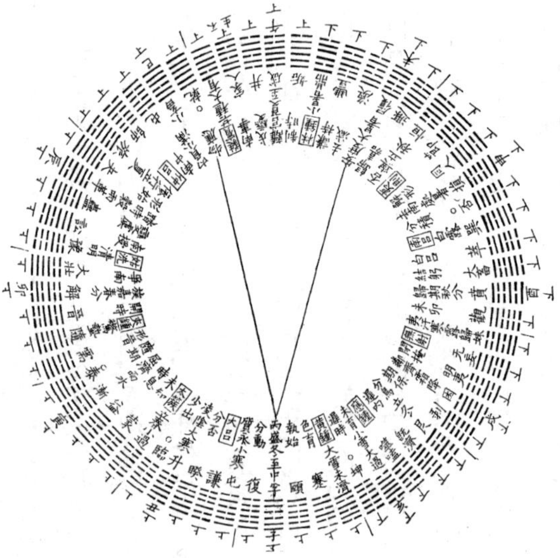

〔一〕底本此圖不够清晰，故以哈佛燕京所藏通本的卦圖替换。圖中的斜綫、方框與圓圈，爲底本所無。

右圖。《太玄》曰：「聲生日，律生辰。」《乾鑿度》曰：「日十者，五音也。辰十二者，六律也。星二十八者，七宿也。凡五十所以閡物而出之者。」鄭康成曰：「甲乙，角也；丙丁，徵也；戊己，宫也；庚辛，商也；壬癸，羽也。六律益六吕十二辰，四七二十八而周天。」觀康成所論，五音本於日，十二律生於辰，其學源於《太玄》，而子雲則觀大衍之數五十而知之。夫卦有十二消息，升降於前後五日而成六十卦，律有十二〔一〕，一律舍五聲，五聲之變成六十律。冬至之卦，《復》也，其實起於《中孚》，七日而後復。應冬至之律，黄鍾也，其實生於執始，而執始乃在冬至之前，此律曆之元也，唯子雲知之。今北辰不動，紐爲天樞而不動之處，其實在紐星之末一度有餘，非善觀天者，孰能知之哉？

〔一〕二，原作「一」，通本同底本，據薈要本改。

十二律通五行八正之氣圖〔一〕

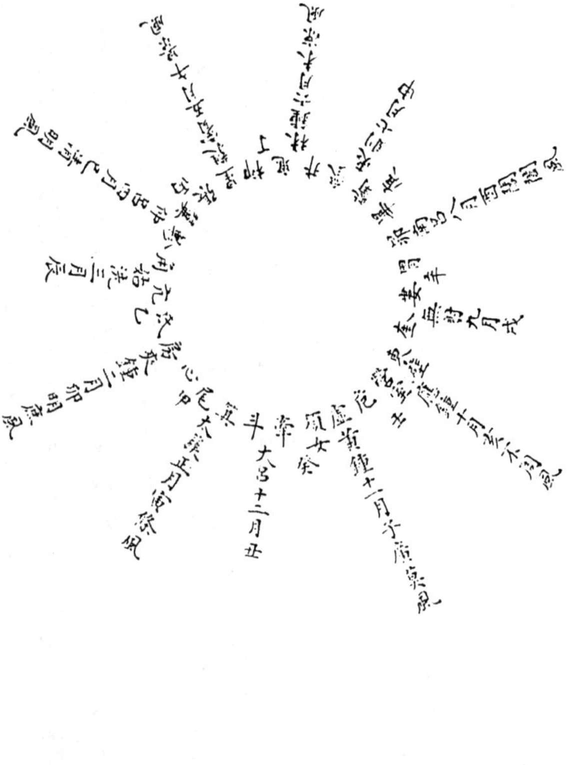

〔一〕圖中下側「牽」字，通本同底本，薈要本校改作「牽牛」。

右圖。司馬遷《律書》論律曆，天所以通五行八正之氣，其略曰：「不周風居西北，東壁居不周風東。至於營室，至於危，十月也，律中應鍾，其於十二子爲亥。廣莫風居北方，東至於虛，東至於須女，十一月也，律中黄鍾，其於十二子爲子，其於十母爲壬癸。十日爲母則十二辰爲子，十日爲幹則十二辰爲支〔一〕。東至牽牛，東至於建星，建星六星在南斗北。十二月也，律中大吕。條風居東北，南至於箕，正月也，律中太簇，其於十二子爲寅。南至於尾，南至於心，南至於房。明庶風居東方，二月也，律中〔二〕夾鍾，其於十二子爲卯，其於十母爲甲乙。南至於氐，南至於亢，南至於角，三月也，律中姑洗，其於十二子爲辰。清明風居東南維，西之〔三〕軫，西至於翼，四月也，律中仲吕，其於十二子爲巳。西至於七星，西至於張，西至於注，柳八星一曰天相，一曰天庫，一曰注。五月也，律中蕤賓。景風居南方，其於十二子爲午，其於十母爲丙丁，西至於弧。参罰東有大星曰狼下，有四星曰弧。涼風居西南維，六月也，律中林鍾，其於十二子爲未，北至于罰。参爲白虎，三星貞是也。爲衡石，下有三星，兑，曰罰。北至于参，七月也，律中夷則，其於十二子爲申。北至于濁，北至于留，律中〔四〕南吕，其於十二子爲酉。閶闔風居西方，其

〔一〕支，原作「夫」，通本漫漶，據薈要本改。
〔二〕中，原作「吕」，通本同底本，據薈要本改。
〔三〕之，通本同，薈要本作「至於」。
〔四〕中，原作「吕」，通本同底本，據薈要本改。

於十母爲庚辛。北至於胃，北至於婁，北至於奎，徐廣曰一作「圭」。九月也，律中無射，其於十二子爲戌。」太史公所論，即《乾鑿度》所謂「五音六律七變由此而作，故大衍之數五十」。七變言七宿，四七二十八而周天。甲乙丙丁庚辛壬癸〔二〕四方，而戊己當軒轅之宫。京房論大衍五十，謂「十日、十二辰、二十八宿爲五十，其一不用者，天之生氣」。鄭康成謂「天地之數五十有五，以五行氣通，凡五行減五，大衍又減一」。其説皆本於此。

天文圖〔三〕

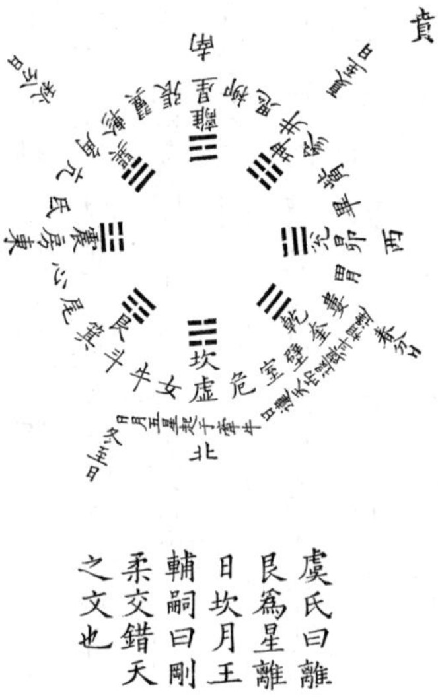

〔二〕「癸」下，通本、薈要本有「正」字。
〔三〕底本此圖不够清晰，故以哈佛燕京所藏通本的卦圖替换。

右圖。徐氏云「天文也」上脱「剛柔交錯」四字。故《彖》總而釋之：「剛柔交錯，天文也；文明以止，人文也。」王昭素、胡安定皆用此義。石徂徠不然之，曰：「《彖》解『亨，小利有攸往』，中間更無異文，即言天文者，言剛柔也者，天之文也。天之文，即剛柔二義〔一〕也。二氣交錯成天之文。『柔來文剛，分剛上而文柔』者，天文也。」臣曰：日爲陽，月爲陰；歲、熒惑、鎮爲陽，太白、辰爲陰；斗魁爲陽，尾爲陰；天南爲陽，北爲陰；東爲陽，西爲陰。日月東行，天西轉。日自牽牛至東井，「分剛上而文柔」也；月自角至壁，「柔來而文剛」也。五星東行，有遲有速，北斗西行，昏明迭建。二十八宿分配五行，各有陰陽，四時隱見，至於中外之宫、無名之星、河漢之精，皆發乎陰陽者也，則二氣交錯成天之文，信矣。

天道以節氣相交圖

陸希聲曰：「天道以節氣相交，天文也。」

〔一〕義，通本、薈要本作「氣」。

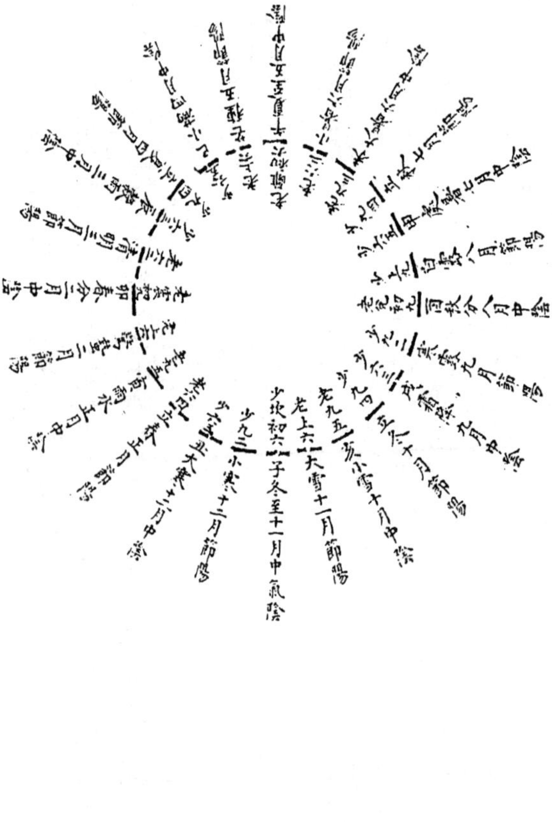

右圖。孔穎達曰：「四月純陽用事，陰在其中，故靡草死；十月純陰用事，陽在其中，故薺菜生。」以此爲剛柔交錯，四時之變。石徂徠謂政道失於下，陰陽之氣差忒於上，則天文乖錯。臣曰：二者皆是也。故采虞、陸二家之學，以兼明之。

斗建乾坤終始圖《太玄》曰：「斗之南也，左行而右旋。」〔一〕

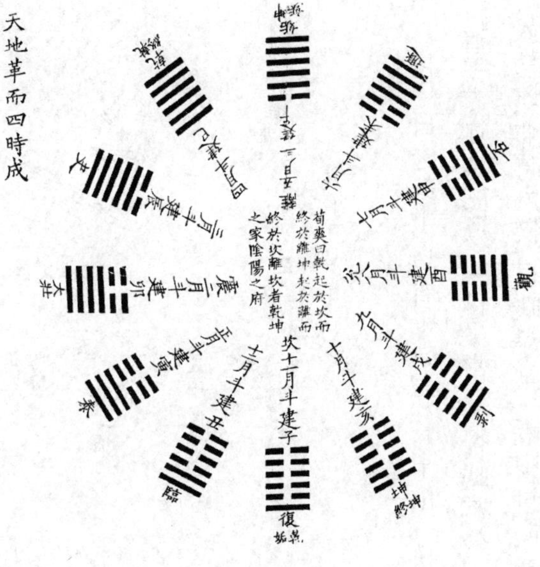

〔一〕底本此圖不够清晰，故以哈佛燕京所藏通本的卦圖替換。

日行十二位圖

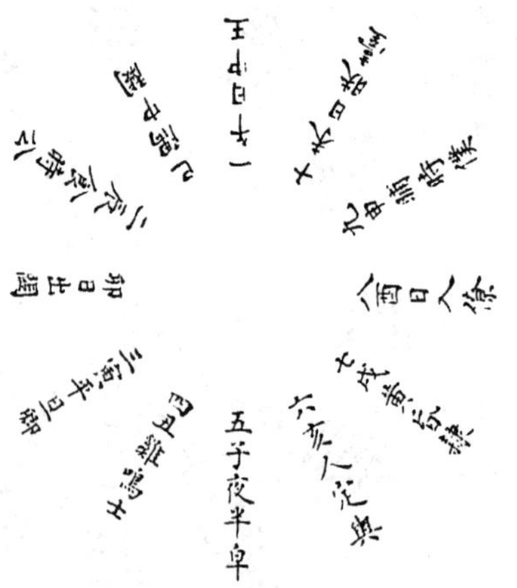

右圖。楚丘曰：「明夷，日也。日之數十，故有十時，亦當十位。自王已下，其二爲公，其三爲卿。日上其中，食日爲二，旦日爲三。」杜預曰：「日中當王，食時當公，平旦爲卿，雞鳴爲士，夜半爲皁，人定爲輿，黄昏爲隸，日入爲僚，晡時爲僕，日昳爲臺。隅中日出，闕不在第，尊王公也。」夫日右行經天，成十二位。子者，乾之始也，而終於巳；午者，坤之始也，而終於亥。故曰：「大明終始，六位時成。」

卜楚丘所推十日，蓋如一月五卦，辟卦當五，以初爲諸侯，二爲大夫，三爲卿，四爲公也。又卦有六位，一元士，二大夫，三諸侯，四卿，五天子，六宗廟。《易》之用於卜筮，其術多矣。

日行二十八舍圖《太玄》曰：「日之南也，右行而左旋。」〔一〕

〔一〕底本此圖不够清晰，故以哈佛燕京所藏通本的卦圖替換。

右圖。斗左行建十二次，日右行周二十八舍，則乾坤終而復始。子、寅、辰、午、申、戌，陽也，乾之六位；未、巳、卯、丑、亥、酉，陰也，坤之六位。位之升降，不違其時，故曰：「大明終始，六位時成。」《太玄》之序曰：「盛哉日乎，炳明離章，五色淳光。夜則測陰，晝則測陽。晝夜之測，或否或臧。陽推五福以類升，陰幽六極以類降。升降相關，大貞乃通。經則有南有北，緯則有西有東。巡承六甲，與斗相逢。曆以記歲，而百穀時雍。」所謂晝夜升降，經緯六甲，則大明終始，六位時成也。甲子、甲寅、甲辰、甲午、甲申、甲戌，謂之六甲。「大貞乃通」者，亨也。《太玄》明曆，故舉六甲。

北辰左行圖 九宮數即卦數。

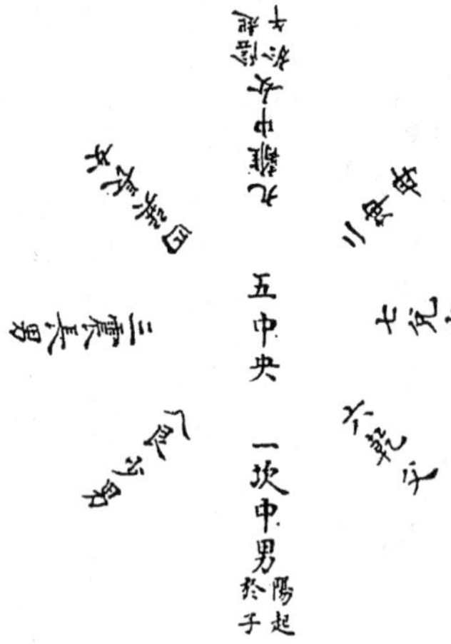

右九宮數者，《乾鑿度》曰：「太一取其數，從行九宮，四正四維，皆於十五。」鄭康成曰：「太一，北辰之神也，居其所曰太常，行於八卦日辰之間曰太一。或曰：太一出入所由息紫宮之外，其星因以爲名。太一下行九宮，猶天子巡狩省方之事，每四乃還於中央。中央者，天地之所。太一以陽出，以陰入。陽起於子，陰起於午，是以太一下行九宮從坎始。坎，中男也。自此而從於坤宮，坤，母也。又自此而從於震宮，震，長男也。又自此而從於巽宮，巽，長女也。所行半矣，還自息於中央。既又自此而從乾宮，乾，父也。自此而從兑宮，兑，少女也。又自此而從於艮宮，艮，少男也。又自此而從於離宮，離，中女也。行則周於上下，所由息於太一、天一之星而紫宮。始於坎，終於離，且出從中男，入從中女，亦因陰陽男女之偶爲終始云。」臣曰：所謂太一，取其數從行九宮者，七、九、六、八之數也。一與八爲九，一與六爲七，三與四爲七，七與二爲九。陽變七爲九，陰變八之六。七與八爲十五，九與六爲十五，故曰「四正四維，皆於十五」。

乾坤六位圖

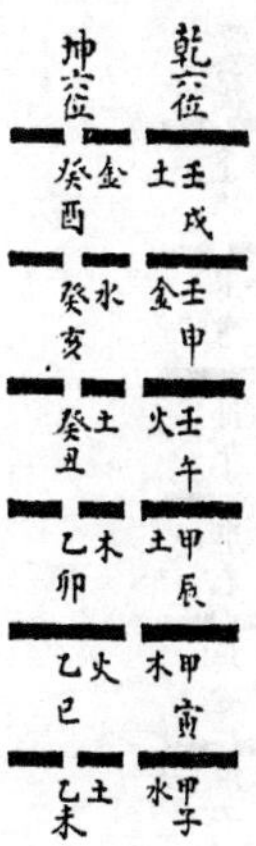

震坎艮六位圖

巽離兌六位圖

右圖。京氏曰：「降五行，頒六位。」陸績曰：「十二辰分六位，升降以時，消息吉凶。」又曰：「天六，地六，氣六，象六。」夫《乾》交《坤》而生《震》、《坎》、《艮》，故自子順行。《震》自子至戌六位，長子代父也；《坎》自寅至子六位，中男也；《艮》自辰至寅六位，少男也。《坤》交《乾》而生《巽》、《離》、《兌》，故自丑逆行。《巽》自丑至卯六位，配長男也；《離》自卯至巳六位，配中男也；《兌》自巳至未六位，配少

男也。女，從人者也，故其位不起於未。《易》於《乾》卦言「大明終始，六位時成」，則七卦可以類推。

消息卦圖

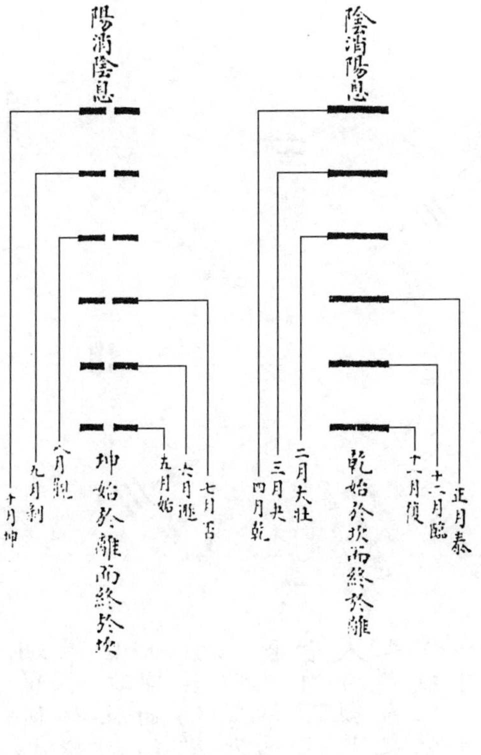

右圖。《剥》之《象》曰：「柔變剛也。」純乾之卦而柔變之，一變爲《姤》，二變爲《遯》，三變爲《否》，四變爲《觀》，五變爲《剥》，此變卦見於《易》者也。陰陽升降，變而爲六十四。

漢上易傳卦圖卷下

納甲圖〔一〕

日月

納甲何也曰舉甲以該十日也乾納甲壬坤納乙癸震巽納庚辛坎離納戊己艮兑納丙丁皆自下生聖人仰觀日月之運配之以坎離之象而八卦十日之義著矣

〔一〕納甲圖，通本同，薈要本作「日月納甲圖」。底本此圖不夠清晰，故以哈佛燕京所藏通本的卦圖替換。

右圖，納甲。《繫辭》曰：「懸象著明，莫大於日月。」虞曰：「謂日月懸天成八卦象。三日暮震象〔一〕，月出庚；八日兑象〔二〕，月見丁；十五日乾象，月盈甲壬；十六日旦巽象，月退辛；二十三日艮象，月消丙；三十日坤象，月滅乙。晦夕朔旦則坎象，水流戊。日中則離，離象火，就己。成戊己〔三〕土位，象見於中，日月相推而明生焉。」《坤》彖曰：「西南得朋，東北喪朋。」虞曰：「陽喪滅坤，坤終復生。」此指説《易》道陰陽之大要也。又曰：「消乙入坤，滅藏於癸。」

〔一〕三日暮震象，圖中誤作「三月暮震象」，通本與底本同，薈要本校改「三月」爲「三日」。
〔二〕八日兑象，圖中誤作「八月兑象」，通本與底本同，薈要本校改「八月」爲「八日」。
〔三〕「成戊己」三字原闕，據通本、薈要本及納甲圖補。

天壬地癸會於北方圖

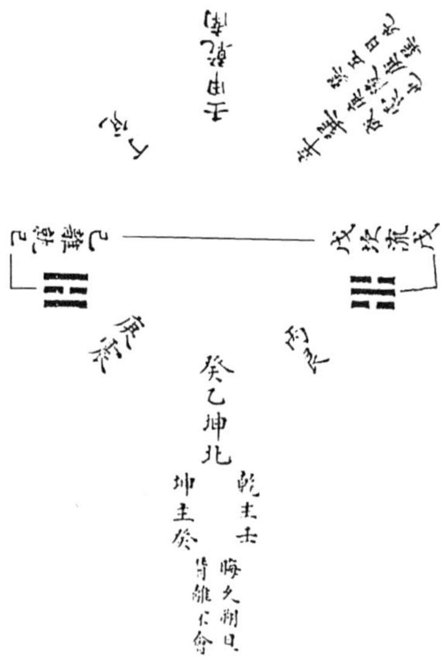

右圖。坎，坤體；離，乾體。乾坤壬癸會于北方。乾以陽交坤而成坎，所謂流戊也；坤以陰交乾而生離，所謂就己也。戊，陽土也，乾之中畫也；己，陰土也，坤之中畫也。陽爲實，故月中有物。陰爲虛而白，故自〔二〕正中則成白晝。日月十二會，不會則光明息矣。

〔二〕 自，通本同，薈要本作「日」。

乾甲

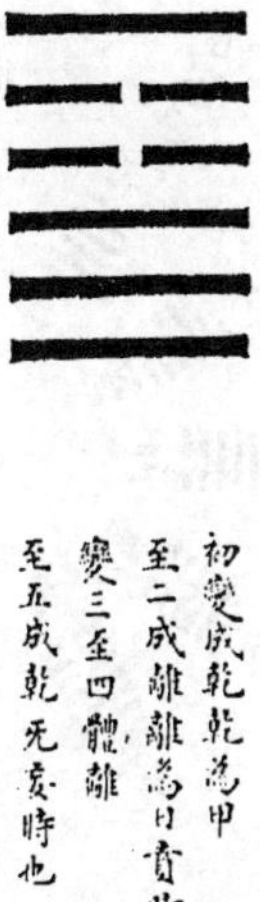

右圖。《蠱·彖》曰：「『先甲三日，後甲三日』，終則有始，天行也。」虞曰：「謂初變成乾，乾爲甲。至二成離，離爲日。乾三爻在前，故先甲三日，《賁》時也。變三至四體離，至五成乾。乾三爻在後，故後甲三日，《无妄》時也。《易》出震，消息歷乾坤象。乾爲始，坤爲終，故終則有始。乾爲天，震爲行，故天行也。」

震庚

所謂坤成於庚。

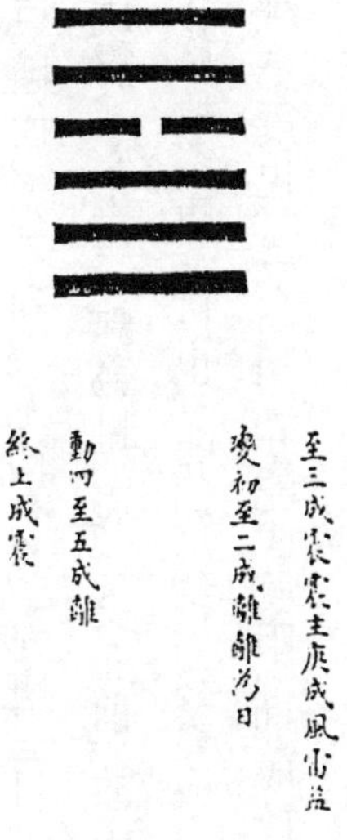

右圖。《巽》九五：「貞吉，悔亡，无不利。无初有終，先庚三日，後庚三日，吉。」虞曰：「震，庚也。謂變初至二成離，至三成震，震主庚，離爲日，震三爻在前，故先庚三日，謂《益》時也。動四至五成離，終上成震，震三爻在後，故後庚三日也。巽初失正，終變成震得位，故无初有終，吉。震究爲蕃鮮白，爲巽也，巽究爲躁卦，謂震也。」又曰：「乾成於甲，坤成於庚。陰陽，天地之終始，故經舉甲庚於《蠱・彖》、《巽》五也。」

天之運行圖

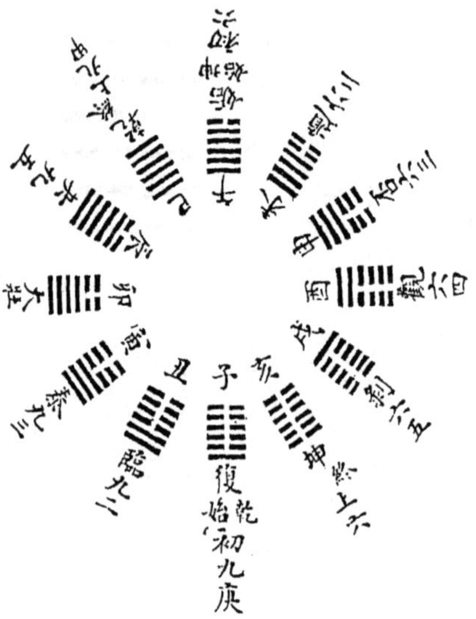

右圖始於乾，終於坤。乾納甲，坤復生震，震納庚。

月之盈虛圖

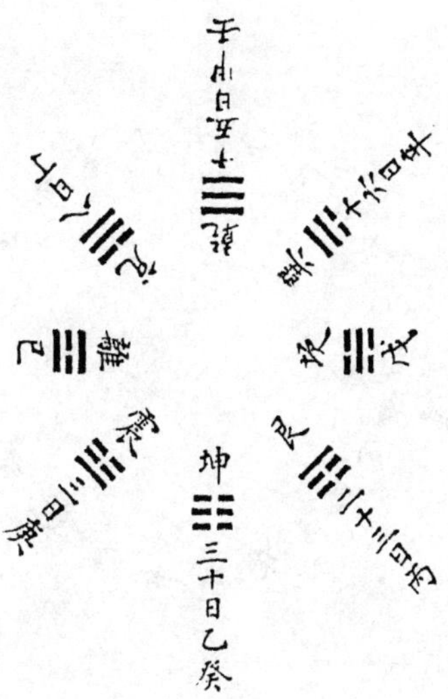

右圖。月三日成震，震納庚。十五日成乾，乾納甲。三十日成坤，滅藏於癸而復出震。

日之出入圖

右圖。春分日出於甲，秋分暮入於庚。

虞氏義

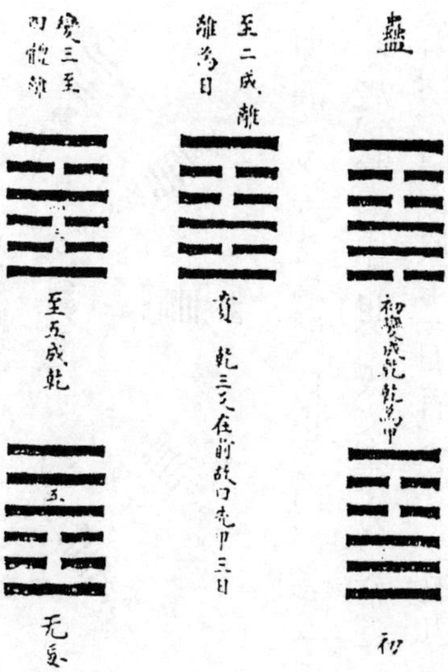

右虞氏義圖說，與乾甲圖說同。

《乾》六爻圖

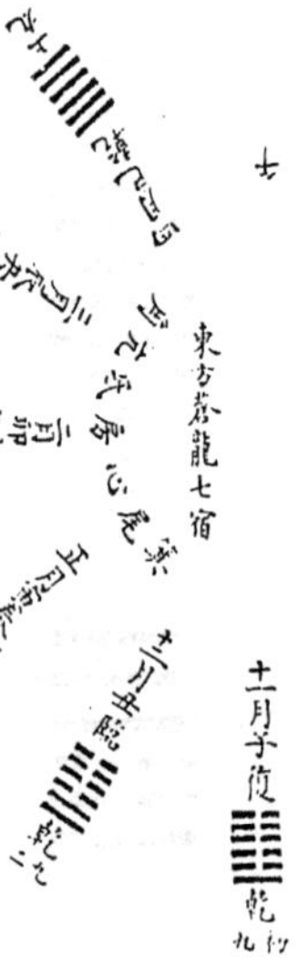

右圖《乾》六爻。震爲龍，而《乾》之六爻爲龍，何也？曰：奮乎重陰之下者，震之動也。潛升以時，其用不窮者，乾之健也。乾者，息震而成也。天文，東方之宿，蒼龍之象，其角在辰，其尾在寅。震者，卯也。《乾》始於子，成於巳，故陽復於十一月者，《乾》之初九也，亦震也。《説卦》，震曰「其究爲健」。《玄》之《中》，冬至之氣，象《中孚》也。其次三，木也，東方也。故曰：「龍出于中，首尾信，可以爲庸。」《玄文》曰：「『龍出乎中』，何爲也？曰：龍德始著者也，陰不極則陽不生，亂不極

則德不形。」所謂陰極生陽，則《乾》之初九也。

《坤》初六圖〔一〕

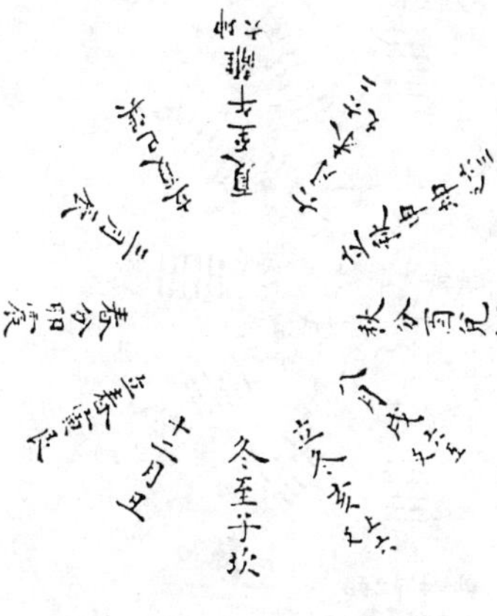

右圖《坤》初六。乾爲寒，爲冰，何也？曰：坤坎之交乎乾也。露者，坤土之氣也。至於九月，坤交乎乾，白露爲霜，故霜降爲九月之候。冰，寒水也，乾交乎坎也。乾位在亥，坎位在子，大雪者，

〔一〕圖中上側「坤六」，通本同，薈要本校改作「坤初六」。

十一月之節。《玄》之《難》，大雪也，其辭曰：「陰氣方難，水凝地坼，陽弱於淵。」夫《坤》之初六，五月之氣，《姤》卦也。是時豈唯无冰，而露亦未凝，何以言「履霜，堅冰至」？曰：一陰之生，始凝於下，驗之於物，井中之泉已寒矣。積而不已，至于《坤》之上六，則露結爲霜，水寒成冰。是以君子觀其所履之微陰，而知冰霜之漸。乾爲金也，故霜肅殺而冰堅强。

《坤》上六天地玄黃圖〔一〕

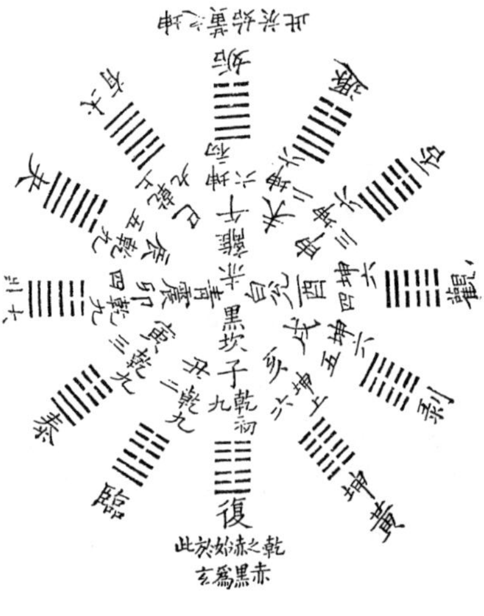

〔一〕底本此圖不够清晰，故以哈佛燕京所藏通本的卦圖替換。圖中「䷍大有」，通本與底本同，薈要本校改作「䷀乾」。

右圖。消息之卦，《坤》始於午，至亥而成，陰之極也，道之窮也。《乾》，西北方之卦也。乾坤合居，陰凝於陽，爲其兼於陽也，故稱龍焉。古文《周易》曰「爲其兼於陽也」。木剛則利，水凝則堅，陰凝於陽，則必戰。侯果謂陰盛似龍，非也。震爲玄黄，何也？曰：以坤滅乾。坤終生陽，震陽也。

天地玄黄，何也？曰：乾言其始，坤言其終也。坎爲黑，《乾》之初九始於坎，息而至巳午爲火，大赤也。坎，黑也，赤黑爲玄。《坤》之初六始於離，離之中爻，坤也，息而至亥成《坤》，故十一月陽氣潛萌於黄宫。黄宫者，乾始於坤也。《坤》之上六，陰陽交戰，坤終而乾始，故曰「玄黄」。震者，乾始也。《太玄》謂十月之氣曰：「深合黄純，廣含群生。」又曰：「冬至及夜半以後者，近玄之象也。」冬至夜半，子也，坎也，乾之始也。

青赤謂之文，乾坤相錯也。赤白謂之章，坤終乾也。纁者，坤始於離也。

《乾》用九《坤》用六圖〔一〕

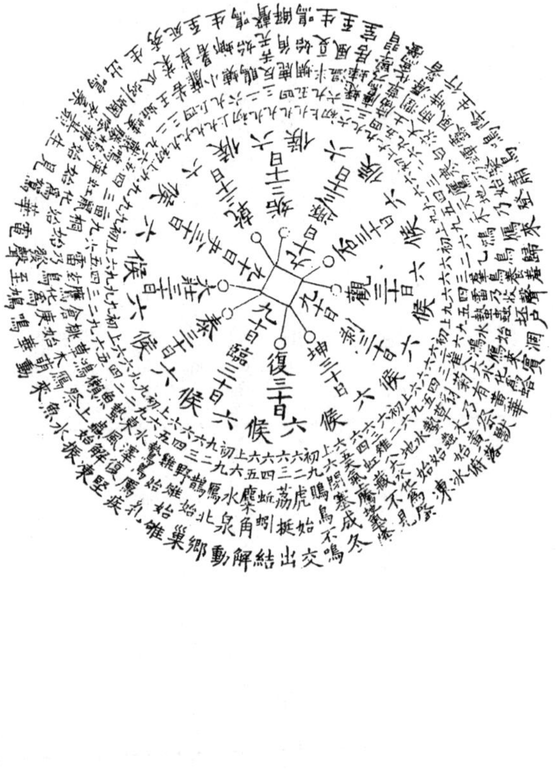

〔一〕底本此圖不够清晰，故以哈佛燕京所藏通本的卦圖替换。

右。九六者，陰陽之變也。陽至九而變，陰至六而變，九變則六，六變則九，陰陽合德，九六相用，乾坤未始離也。天之運行自《復》，九十日至於《泰》之上六，自《大壯》九十日，至於《乾》之上九，自《姤》九十日，至於《否》之上九，自《觀》九十日，至於《坤》之上六，成三百六十日。爲陽候者三十有六者，九也；爲陰候者三十有六者，六也。積十有二月而七十二候，九六之變循環無窮，是以乾用九其策亦九，坤用六其策亦六。《太玄》明乾坤之用者也，故天玄三曰《中》、《羨》、《從》，地玄三曰《更》、《睟》、《廓》，人玄三曰《減》、《沈》、《成》，首各有九，九九八十一，始於冬至，終於大雪，陰陽相合，周流九變。

坎離天地之中圖

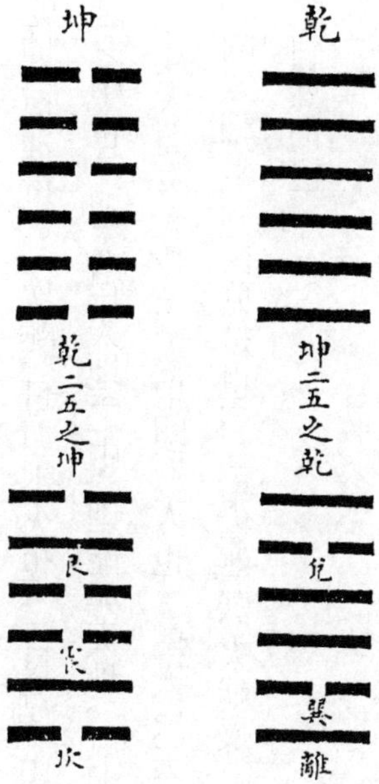

右圖坎離天地之中。乾坤，鬼神也；坎離，日月水火也；艮兑，山澤也；震巽，風雷也。坎離震兑，四時也。坎離，天地之中也。聖人得天地之中，則能與天地、日月、四時、鬼神合。「先天而天弗違」，聖人即天地也；「後天而奉天時」，天地即聖人也。聖人與天地爲一，是以作而萬物睹。「同聲相應」，震巽是也；「同氣相求」，艮兑是也；「水流濕、火就燥」，坎離是也；「雲從龍、風從虎」，有生有形，各從其類，自然而已。

《臨》八月有凶圖剛浸而長。

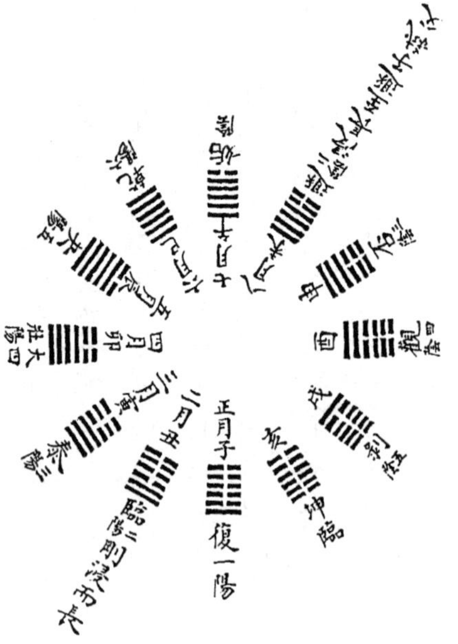

右。先儒論八月不同，孔穎達從建丑至建申，褚氏從建寅至建酉，何氏、王昭素、胡旦從建子至建未。考陰陽消息之理，二陽生則剛長，二陰生則柔長。剛長則君子之道息，小人之道消；柔長則君子之道消，小人之道息。《易》舉消息之理，以明吉凶之道，以建子至建未爲正。

論《臨》「至於八月有凶」

鄭康成、虞翻以八月爲《遯》，荀爽、蜀才以八月爲《否》，當從鄭、虞。文王繫卦辭，周月始建子。《臨》，丑月卦也，自子數之爲二月，至於未爲八月。《遯》，未月卦也。劉牧曰：「《遯》之六二消《臨》之九二。」又《卦略》曰：「《臨》，剛長則柔微，柔長故《遯》〔二〕。」《易傳》亦然。

〔二〕 柔長故遯，各本同。按，《卦略》原文作「《臨》，剛長則柔危；《遯》，柔長故剛遯也」。

《復》七日來復圖

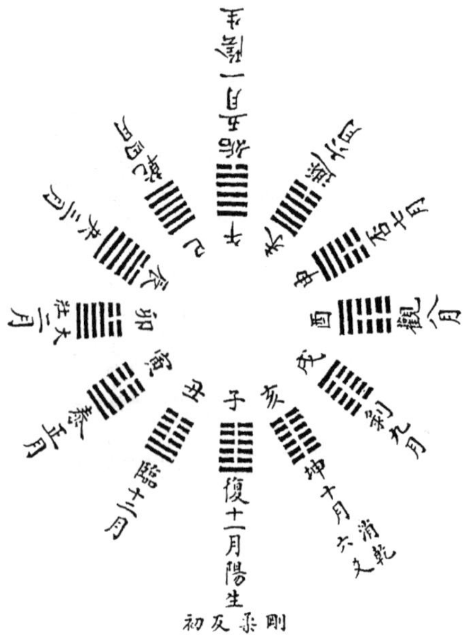

右圖七日來復。子夏曰：「極六位而反於《坤》之《復》，其數七日，其物陽也。」京房曰：「六爻反復之稱。」陸績曰：「六陽涉六陰，又〔一〕下七爻在初，故稱七日，日亦陽也。」虞翻曰：「消

〔一〕又，各本同，據文義當作「反」。下文《諸儒「七日來復」義》引此句正作「反」。

《乾》六爻爲六日，剛來反初。」蓋先儒舊傳自子夏、京房、陸績、虞翻，皆以陽涉六陰，極而反初爲七日。至王昭素乃始暢其説，曰：「《乾》有六陽，《坤》有六陰。一陰自五月而生，屬坤，陰道始進，陽道漸消，九月一陽在上，衆陰剥物，至十月則六陰數極，十一月一陽復生。自《剥》至十一月，隔《坤》之六陰，陰數既六，過六而七，則位屬陽，以此知過《坤》六位即六日之象也。至於《復》爲七日之象。」是以安定曰：「凡歷七爻，以一爻爲一日，故謂之七日。」伊川四〔一〕七變而爲《復》，故云七日。蘇子曰：「坤與初九爲七。」其實皆源於子午。夫陽生於子，陰生於午，自午至子，七而必復，乾坤消息之理也。故以一日言之，自午時至夜半復得子時；以一年言之，自五月至十一月復得子月；以一月言之，自午日凡七日，復得子日；以一紀言之，自午歲凡七歲復得子歲。天道運行，其數自爾。合之爲一紀，分之爲一歲、一月、一日，莫不皆然。故六十卦當三百六十日，而兩卦相去皆以七日。且卦有以爻爲歲者，有以爻爲月者，有以爻爲日者，以《復》言「七日來復」者，明卦氣也。陸希聲謂聖人言七日來復，爲曆數之微明是也。以消息言之，自立冬十月節至大雪十一月節，《坤》至《復》卦，凡歷七爻。以卦氣言之，自冬至十一月中氣，卦起《中孚》，至《復》卦，凡歷七日。聖人觀天道之行，反復不過七日，故曰「七日來復」。《象》曰：「『七日來復』，天行也。」王輔嗣曰：「復不

〔一〕四，各本同，疑爲「曰」字之誤。

可遠也。」夫天道如是，復道豈可遠乎？豈惟不可遠，亦不能遠矣。

諸儒「七日來復」義

「七日來復」，《彖》曰：「『七日來復』，天行也。」王輔嗣云：「陽氣剥盡至來復時，凡七日。以天之行，反復不過七日，復之不可遠也。」孔穎達曰：「『陽氣始剥盡』，謂陽氣始於剥盡之後，至於反復，凡經七日。案《易稽覽圖》云『卦氣起《中孚》』，故《坎》、《離》、《震》、《兑》，各主一方，其餘六十卦，卦有六爻，别主一日，凡主三百六十日。餘有五日四分日之一者，每日分爲八十分，五日分爲四百分，日之一又分爲二十分，是四百二十分。六十卦分之，六七四十二，卦别各得七分，每卦得六日七分也。《剥》卦陽氣之盡在於九月之末，十月當純坤用事，《坤》卦有六日七分，《坤》卦之盡則《復》卦陽來，是從剥盡至陽氣來復，隔《坤》之一卦六日七分，舉成數言之，故輔嗣言『凡七日』也。」兩漢諸儒傳經皆用六日七分之説，故孔穎達述而明之，輔嗣論其大意而已。至國朝王昭素、王沿、宋咸始著論駁之，胡旦明其不然。今録其語而彌縫其闕云。

王昭素曰：「注疏並違夫子之義。《序卦》云『物不可以終盡剥，窮上反下，故受之以《復》』。以此知不剥盡也。況《剥》上九有一陽，取碩果之象，碩果則不剥盡矣。《坤》爲十月卦，十月純陰用事，猶有陽氣在内，故薺麥先生。直至《坤》卦之末，尚有龍戰之象，龍亦陽也。假使運有剥喪之時，則商王受剥喪元良，賊虐諫輔，乃億兆夷人，離心離德，當此之時，豈無西伯之聖德、箕子之賢良乎？則知陽氣必無剥盡之理。况陰陽者，剛柔迭用，變化日新，生生所資，永無盡矣。」

胡旦難昭素曰：「夫積陽則萎，凝水則載，男老則弱，女壯則雄，故靡草死於始夏，薺麥生於孟冬，數已盡而氣存，時已極而物反，天地之常理，陰陽之本性。陰之極有龍戰之災，故剥盡則復，窮上反下，皆正理也。言窮者，剥之盡也；言反者，復之初也。何知西伯、箕子非剥喪之人哉？昭素未之辯也。」

臣曰：陰剥陽盡而成《坤》，陰極陽反而成《復》，天之行也。以時言之，九月《剥》，十月《坤》，十一月《復》。以理言之，陽無剥盡之理，故《坤》之上六龍戰于野，爲其嫌於无陽也。上六則十月也。《説卦》曰：「乾，西北方之卦也。」西北方亦十月也。《序卦》曰：「物不可以終盡剥，窮上反下，故受之以《復》。」非特此也。五月一陰生，其卦爲《姤》，積而成《坤》，故《坤》下有伏乾；十一月一陽生，其卦爲《復》，積而成《乾》，故《乾》下有伏坤。反復相明，以見生生无窮之意。蓋書不盡言，言不盡意，天地陰陽不可以一言盡故也。王、胡達《序卦》之義而未盡夫《説卦》、變卦之妙，是以其論如此，然各有所長，不可掩也。

王昭素曰：「注云『至來復時凡七日』，注用『凡』字，取七日之義，即約酌而已，然未見指歸也。疏引《易緯》六日七分，以十月純陰用事，有六日七分，《坤》卦之盡，則《復》卦陽來。疏文此説未甚雅當，其六日七分是六十四卦分配一歲之中時日之數，今《復》卦是《乾》、《坤》二卦陰陽反復之義。

疏若實用六日七分，以爲《坤》卦之盡，《復》卦陽來，則十月之節終，則一陽便來也，不得到冬至之日矣。據其節終，尚去冬至十五日，則知七日之義難用《易緯》之數矣。今論七日者，不離《乾》、《坤》二卦天地陰陽之理。《乾》、《坤》者，造化之本，《乾》有六陽，《坤》有六陰，自建子而一陽生至巳，統屬於《乾》，自建午而一陰生至亥，統屬於《坤》。」

胡旦難昭素曰：「西漢京房以卦氣言事，皆有效驗。東漢郎顗明六日七分之學，最爲精妙。夫卦之爻則實數也，歲之日則虛數也。歲月不盡之數，積而爲閏，則加算焉。六日七分，實數也，三百六十五日有餘焉，故算而爲閏。昭素言從十月終至冬至，尚有十五日，未明歲月之積閏，術數之精妙也。惜乎！緯文喪失，京、郎已亡，學者難知，但憑臆説，後生穿鑿，罕得師資，是以紛然而致論也。」

臣曰：昭素知九月《剥》，十月《坤》，十一月《復》，而不知此言，其大綱耳。《坎》、《離》、《震》、《兑》，各主一方，六十卦分主一歲，卦有六爻，爻主一日，凡三百六十日餘五日四分日之一。又分於六十卦，每卦六日七分。氣之進退推蕩而成，如九月《剥》也，有《艮》、有《既濟》、有《噬嗑》、有《大過》，凡五卦而後成《坤》。十月《坤》也，有《未濟》、有《蹇》、有《頤》、有《中孚》，凡五卦而後成《復》。《説卦》言：《坎》，北方之卦也；《震》，東方之卦也；《離》，南方之卦也；《兑》，正秋也。於三卦言方，則知《坎》、《離》、《震》、《兑》各主一方矣。於《兑》言正秋者，秋分也。《兑》言秋分，則《震》春分、《坎》冬至、《離》夏至，爲四正矣。《復·大象》曰：「先王以至日閉關。」所謂至日者，冬至也。於《復》言冬至日，則《姤》爲夏至，而十二月消息之卦可知矣。《復》彖曰「七日來復」，則六十卦分主一歲，卦有六爻，爻主一日可知矣。《繫辭》曰三百八十四爻當期之日，蓋六十卦當三百六十日，四卦主十二節、十二中氣，所餘五日，則積分成閏也。大綱而言，則《剥》九月，《坤》十月，《復》十一月，故京房曰《剥》、《復》相去三十日。别而言之，《復》主冬至，冬至中氣起於《中孚》，自《中孚》之後七日而復，故曰「七日來復」。譬如辰爲天樞，而不動之處猶在極星之下，聖人之言居其所者曰北辰，而占天者必曰極星之下，詳略異也。歷代先儒唯《玄》能得其旨，故《玄》一《中》、二《羡》、三《從》、四《更》、五《晬》、六《廓》、七《減》、八《沉》、九《成》。《中》者象《中孚》之卦，冬至之節日起牛宿一度，斗建子，律中黄鍾，夏后氏之十一月也。其入牛宿之五度爲《周》，《周》者，象《復》卦，冬至之後周復也。宋衷、陸績曰《易》七日來復是也。夫京房學於焦贛，其説則源於《易》矣。自揚子雲、馬融、鄭康成、宋衷、虞翻、陸績、范望並傳此學，而昭素非之奈何？

王洙曰：「孔穎達雖據《稽覽圖》以釋王傳，而《易緯》消息之術，月有五卦，卦有大小，有諸侯、有大夫、有卿、有公、有辟，五卦分爻，迭主一日，周而復始，終月而既，不連主七日。則是剥盡至復，全隔一月，恐王傳之旨不在此義也。當以七爲陽數，陰陽消復不過七日，天道之常也。凡消息據陽而言之，陽尊陰卑也。」

臣難王洙曰：輔嗣之意謂陽爲陰剥，其氣始盡，至於陽氣來復之時，凡七日而已。何故如是？

以天道之行，反復不過七日，復之不可遠也，蓋本於天矣。穎達以《易》消息之術考之，月有五卦，五卦分爻，迭主一日，周而復始，終月而既，以成一歲，其六十卦之相去不過七日。陰陽消復，天道之常，則輔嗣所謂「復之不可遠也」，其言驗矣。孰謂王傳之旨不在此哉？

宋咸曰：「卦氣起《中孚》，如何？」曰：京房、郎顗、關子明輩假《易》之名，以行其壬遁卜祝、陰陽術數之學，聖人之旨則無有焉。嗚呼！好怪之甚也！文王、周公、仲尼悉以陰陽、剛柔、進退、消長、得失、存亡之象爲之教云爾，又何以是卦直是月，是爻直是月云云之爲乎？夫卦氣何不起於他卦，而獨起於《中孚》乎？」

臣難咸曰：六壬推日月行度，參以時日，得《易》之坎離者也；遁甲九宫八門，得《易》之《河圖》者也。壬遁得《易》之一端，而不盡《易》之道，散而爲陰陽術數之學，《易》亦何往而非陰陽哉？故曰「《易》以道陰陽」，又曰「立天之道陰與陽，立地之道柔與剛」。聖人推陰陽剛柔進退消長之理，爲得失存亡之象，其道一歸於仁義而未始不原於天地。咸信進退消長，而不信消息之卦，是終日數十而不知二五也。又謂諸儒假壬遁言《易》學以籠天下，不知壬遁實出於《易》，言《易》者亦何假壬遁哉？咸謂《易》書所不及者，爲聖人之旨无有焉，且如《河圖》、《洛書》見於《繫辭》，而《河圖》四十五，《洛書》五十之數傳於異人，安得以爲聖人之旨无有哉？《中孚》，十一月之卦也。以歲言之，陽始於冬至；以曆言之，日始於牽牛；以日言之，晝始於夜半；以人言之，慮始於心思。咸謂何不起於他卦，真不知者也。且不信直卦則陽生爲《復》，陰生爲《姤》，《臨》至于八月有凶，八月不知果何月也。夫善味者别淄澠之水，善聽者知要妙之音，善視者察秋毫之末，咸讀《易疏》惡《易緯》之學而並廢消息之卦，豈得爲善觀書者乎？

劉遵曰：「天行躔次有十二，陰行其六，陽行其六。當於陰六，陽失位，至於七則陽復本位，此周天十二次環轉反復，其數如此。施之於年、月、日、時並同，故一日之中七時而復，一月之中七日而復，一年之中七月而復，一紀之中七歲而復。今云七日者，取其中而言，則時、月、年從可知也。」

胡旦難劉遵曰：「一日之中從夜半至日中，一年之中從建子至建午，言其復也，亦以陰陽之數也。若一月之中七日，一紀之中七年，則未知陰陽之復如何也。若天之十二次環轉反復，周而无窮，則未聞從玄枵至星紀，何者爲陰，何者爲陽？以寅、卯、子、丑言之，則天之十二辰也，其以子爲陽，丑爲陽耶？左轉之也，與天戾矣。劉遵之論妄也。」

臣曰：遵論陰陽運行之數，得天道之行七日必復之理，但不本於《乾》、《坤》二卦、消息之象以論之，是以其言近乎漫漶，要之亦有所長，未可斥之以爲妄也。夫陽生於子，陰生於午，自午至子，七而必復。以一日言之，自午時至夜半而復得子時；自一年言之，自五月至十一月而復得子月；以一月言之，自午日凡七日而復得子日；以一紀言之，自午歲凡七歲而復得子歲。天道運行，其數如此，合之爲一紀，分之爲一歲、一月、一日，莫不皆然。故六十卦當三百六十日，而兩卦相去皆以七日。

聖人所以存其七日來復於《復》卦者，明卦氣也。陸希聲謂聖人言七日來復，爲曆數之微明是也。

王洙曰：「凡陰息則陽消，自五月至十一月，其日之歷行天七舍，而陽氣乃復。故云『七日來復』。《復》初體震，震居少陽，其數七，復則君子道長，因慶之也。慶在乎始，其言速，故稱日，取乎日行一舍也。」

臣[一]難王洙曰：周天三百六十五度二十八舍，日行一度爲一日，行一舍與月合朔爲一月。洙取日行一舍，故稱日，蓋用褚氏、莊氏變月言日者，欲見陽長欲[二]速，大同而小異。要之日行七舍，自是七月，安有變月言日之理？且如《詩》言一之日、二之日，止是省文，蓋言十一月之日、十二月之日也。

王昭素曰：「《乾》有六陽，《坤》有六陰。一陰自五月而生，屬坤，陰道始進，陽道漸消。九月雖有一陽在上，无奈衆陰之剥物也。至十月則六陰數極，十一月一陽復生。自《剥》至十一月，隔《坤》之六陰。六陰盛時，一陽自然息迹，陰數既六，過六而七，則位屬陽，以此知過《坤》六位，即六日之象，至於《復》，爲七日之象矣。」

胡旦難昭素曰：「《易緯》以《剥》卦陽氣之盡在九月之末，十月純坤用事，隔《坤》一卦六日七

[一] 臣，原作「陳」，據通本、薈要本改。
[二] 欲，通本同，薈要本作「之」。

分，陽氣來復。昭素以五月一陰生，至九月雖有一陽，無奈衆陰之剥物，至十月六陰數極，十一月一陽復生。此則謂昆爲兄，竊褚、莊之美爲己力者也。」

臣曰：昭素雖掠褚、莊之美，其論乾坤消息，陰陽六位，周而復始，得《易》之象。虞翻、陸績推六十卦以解《太玄》八十一首，於《中》言象《中孚》，於《周》言象《復》。是於六日七分卦氣之學，既篤信之矣。而翻注「七日來復」曰：「消《乾》六爻爲六日，剛來反初，七日來復，天行也。」績注京房《易傳》曰：「六陽涉六陰，反下七爻在初，故稱七日，日亦陽也。」豈唯虞、陸之學如此，論六十卦者京房也，而房作《復》傳曰：「七日來復，六爻反復之稱。」蓋天地之間有是理則有是象，有是象則有是術，其致一也。故子夏曰：「極六位而反於《坤》之《復》，其數七日，其物陽也。」安定曰：「凡歷七爻，以一爻爲一日，故謂之七日。」伊川曰：「七變而爲《復》，故云七日。」蘇氏曰：「坤與初九爲七。」皆言七日之象也。《易》之爲術深遠矣，故鼎祚於此請俟來哲。若陸希聲、劉牧、王洙、龍昌期以七爲少陽之數，則无取焉。

一曰策數，二曰爻數，三曰卦數，四曰五行數，五曰十日數，六曰十二辰數，七曰五聲、十二律數，八曰納甲數。

少陽七	二十八策
老陽九	三十六策
少陰八	三十二策

老陰六　　二十四策

右策數者，四象分太極數也。《震》「勿逐，七日得」，仲翔曰「少陽七」。即此二十八策也。《訟》九二「不克訟，歸而逋，其邑人三百户，无眚」，曰：「乾爲百，坤爲户，三爻故三百户」。乾一爻三十六策，三陽一百八策。

《震》彖曰「震驚百里」，曰：陽爻三十六，陰爻二十四。《震》初九、九四，二陽二陰爲百二十，舉其大數也。陸希聲疏矣。

爻數

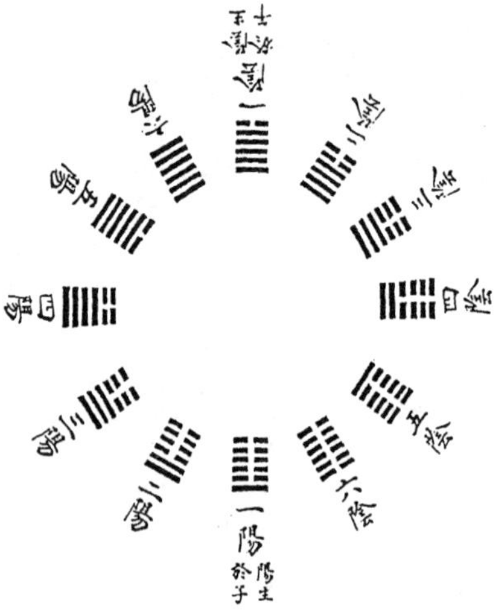

右圖。爻數自初數之至上爲六。或以一爻爲一歲、一年。《同人》，「三歲不興」；《坎》，「三歲不得，凶」；《豐》，「三歲不覿」；《既濟》，「三年克之」；《未濟》，「三年有賞于大國」。或以一爻爲一月，《臨》，「至于八月有凶」。或以一爻爲一日，《復》，「七日來復」。或以一爻爲一人。《需》，「不速之客三人來」；《損》，「三人行，則損一人，一人行，則得其友」。或以一爻爲一物。《訟》，鞶帶三褫」；《晉》，「晝日三接」；《師》，「王三錫命」；《比》，「王用三驅」；《睽》，「載鬼一車」；《解》，「田獲三狐」；《損》，「二簋可用享」；《萃》，「一握爲笑」；《革》，「言三就」；《旅》，「一矢亡」；巽，「田獲三品」。

卦數

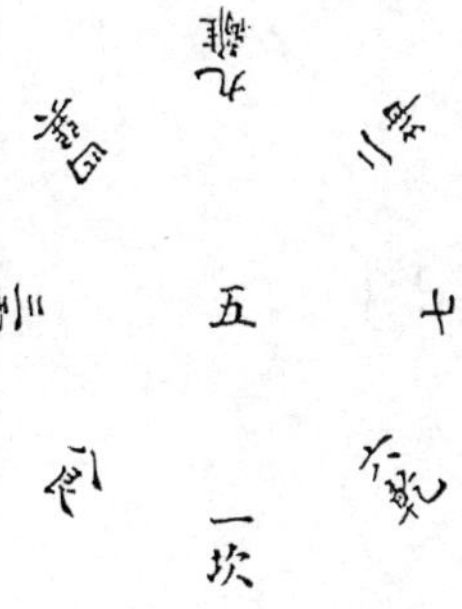

右圖。八卦數者，《河圖》數也。此郭璞所謂巽別數四，兌數七。又曰坎爲一年。《易鑑》所謂震三艮八也。

五行數

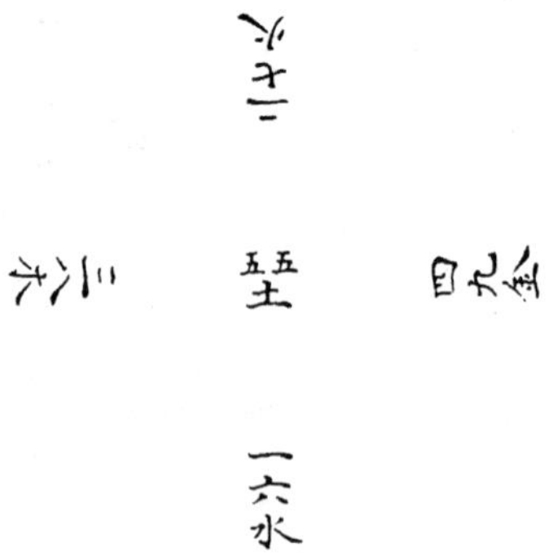

右圖。五行數者，《洛書》數也。此郭璞所謂水數六，木數三。又曰坎數六也。

十日數

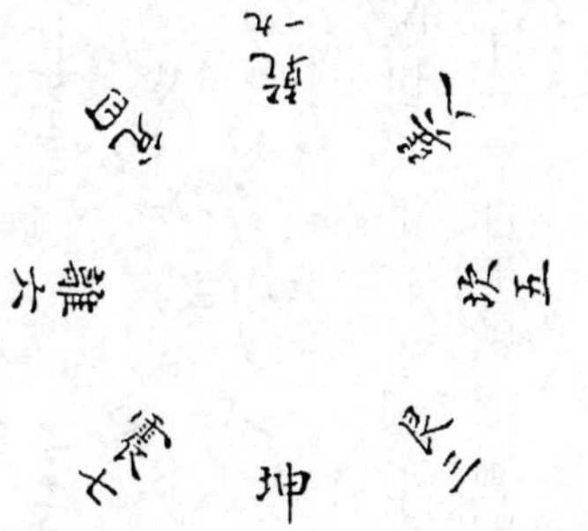

右圖。十日數者，八卦五行分天地五十五之數也。虞翻曰：「甲乾、乙坤相得合木，丙艮、丁兑相得合火，戊坎、己離相得合土，庚震、辛巽相得合金，天壬、地癸相得合水，故五位相得而各有合。」崔憬曰：「天三配艮，天五配坎，天七配震，天九配乾，地二配兑，地十配離，地八配巽，地六配坤。不取天一、地四者，此數八卦之外。」臣曰：以三配艮，五配坎，七配震，八配巽，是也，餘論非也。遁甲九天、九地之數，乾納甲壬，坤納乙癸。自甲至壬，其數九，故曰九天；自乙至癸，其數九，故曰九地。甲一，乙二，丙三，丁四，戊五，己六，庚七，辛八，壬九，癸十。故乾納甲、壬配一、九，坤納

乙、癸配二、十，震納庚配七，巽納辛配八，坎納戊配五，離納己配六，艮納丙配三，兑納丁配四，此天地五十五之數也。關子明曰：「蓍不止法天地而已，必以五行運其中焉。」

十二辰數

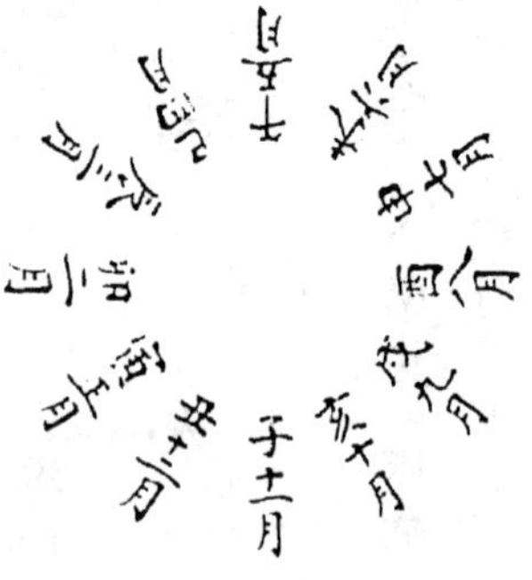

右圖。十二辰數者，十二卦消息數也。陽生於子，陰生於午。子，十一月；午，五月。郭璞以卯爻變未爲未之月，此論十二辰也。十二辰即月數，月數即消息數，或用之爲日數，則京房之積算也。

五聲十二律數

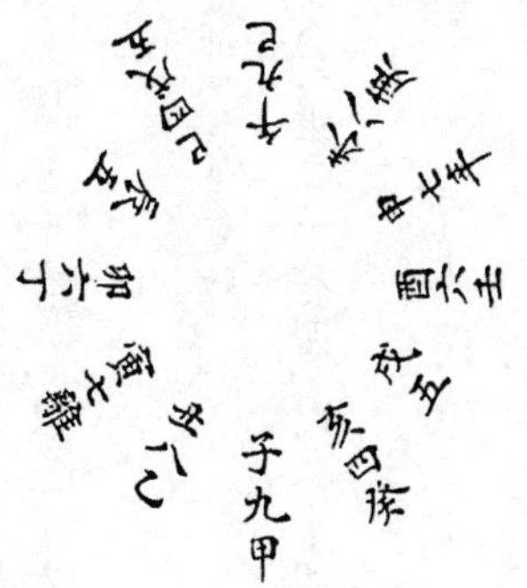

右圖。五聲十二律數者，《太玄》曰：「子午之數九，丑未八，寅申七，卯酉六，辰戌五，巳亥四，故律四十二，九五七而倍之，故四十二。呂三十六，八六四而倍之，故三十六。并律呂之數，或還或否，并律呂而數之得七十八也，八則丑未，所謂還得呂而不得律，故或還或否。凡七十有八，黃鍾之數立焉。其以爲度也，皆生黃鍾。黃鍾之管，長九寸，圍九分，秬黍中者九十枚，則其長數也，實管以上籥合度量。」「甲己之數九，乙庚八，丙辛七，丁壬六，戊癸五。聲生於日，律生於辰。聲以情質，律以和聲，律相協而八音生〔二〕。」

〔二〕律相協而八音生，各本同。考《太玄》，當作「聲律相協而八音生」。

大衍數

四因九得三十六。是謂《乾》一爻之策數。

四因六得二十四。是謂《坤》一爻之策數。

太極不用，所用者四象，故以四因九、六。九者，陽數，六者，陰數也。陽用極數，故九；陰用中數，故六。九而四之，得三十六，爲《乾》一爻之策；六而四之，得二十四，爲《坤》一爻之策。

六因三十六得二百一十有六。是謂《乾》一卦之策數。

六者，一卦有六爻，《乾》一爻之策三十有六，以三十六而六之，則二百一十有六，爲《乾》一卦之策也。

六因二十四得百四十有四。是謂《坤》一卦之策數。

六者，一卦有六爻，《坤》一爻之策二十有四，以二十四而六之，則百四十有四，爲《坤》一卦之策也。

《乾》、《坤》之策凡三百有六十。

二百一十有六，合百四十有四，則三百六十也。

三十二因二百一十有六，得六千九百一十二。是謂三十二陽卦之策數。

陽卦有三十二卦，以二百一十有六，而三十二之，則六千九百一十二，爲三十二陽卦之策數也。

三十二因百四十有四，得四千六百八。是謂三十二陰卦之策數。

陰卦有三十二卦，以百四十有四，而三十二之，則四千六百八，爲三十二陰卦之策數也。

二篇之策，萬有一千五百二十。

三十二陽卦之策六千九百一十二，三十二陰卦之策四千六百八，合而爲萬有一千五百二十，所謂二篇之策也。

右大衍數，邵康節傳其子伯温。

漢上易傳叢説

漢上易傳叢說

甲壬得戌亥者，均謂之乾，不一其甲子、壬子也。乙癸得申未者，均謂之坤，不一其乙未、癸未也。故論乾則甲子與壬子同，甲寅與壬寅同，甲辰與壬辰同，壬午與甲午同，壬申與甲申同，壬戌與甲戌同。論坤則乙未與癸未同，乙巳與癸巳同，乙卯與癸卯同，乙丑與癸丑同，乙亥與癸亥同，乙酉與癸酉同。

乾，陽物也，得于乾者皆陽物也，「乾道成男」是也。坤，陰物也，得于坤者皆陰物也，「坤道成女」是也。

陰陽家八卦變五鬼、絶命、天醫、生氣、絶體、遊魂、福德，其卦乾坤坎離震巽艮兑相對而變，亦先天之序也。

疾者，陰陽偏勝而不得其正也。故卦以陰居陽、陽居陰者謂之疾。所得之偏者亦然，三疾是也。或曰：偏乎陰者資之以陽，偏乎陽者資之以陰，謂陰處陰則誤也。陰陽各得其正，非疾也。《説卦》以坎爲心病。《坎》者，《乾》之二、五交乎《坤》也。二陽不當位，疾也；五陽當位，通也。故坎又爲心亨，先儒概以坎爲病則誤也。曰心病、曰心亨者，二、五中也。

離爲飛鳥，鳳謂之朱鳥，離也。又謂之朱雀，故雀入大水爲蛤，離極成坎也。

變坎七變艮二即五也。初自下爻三變，即前參以變也。次自中爻下而二變，次自中爻上而二變，即前伍以變也。參去伍，伍去參，皆不能變，此三所以爲極數，五所以爲小衍也。若一若二即未變也，故曰：「天地定位，《易》行乎其中。」

巽爲號，又有嗃嗃者，何交乎離也？巽爲風，離爲火，大且急者，風火之聲，怒聲也。天下之大聲有四，曰雷、曰風、曰水、曰火，《傳》曰：「衆怒如水火。」

或用一卦，或用一爻，或不可用則曰勿用，天下之時无不可用者，顧用之如何耳。

一索再索三索，先論揲蓍，次論策數中便有八卦，次論畫卦中坎離互有四卦。

《歸藏》之乾有「乾大赤，乾爲天、爲君、爲父，又爲辟、爲卿、爲馬、爲禾，又爲血卦」。

《歸藏·小畜》曰「其丈人」，乃知「丈人」之言，三代有之。

臨川解《睽》六五「噬膚」曰：「膚，六三之象，以柔爲物之間，可噬而合。」此卦自二至上，有《噬嗑》象。此互體也。

「後説之弧」一作壺。爻有坤坎離艮而无震足，當作弧。

《明夷》之離爲《小過》之飛鳥，《无妄》之坤爲《睽》之掣牛。

《離》「畜牝牛」，離中之陰即坤之陰也。坎爲馬脊，坎中之陽即乾之陽也。

莧陸，澤草也，生於三月四月。莧，蕢也，葉柔根堅而赤，陸大於莧，葉柔根堅。堅者，兑之剛也。堅而赤，赤者，乾之色也。

《困》，九月霜降氣也，故曰「株木」、曰「蒺蔾」。蒺蔾者，秋成也。《大過》，十月小雪氣也，故曰「枯楊生稊」、「枯楊[一]生華」。《姤》，五月夏至氣也，故曰「以杞苞[二]瓜」，王[三]瓜生於四月，中氣故也。《夬》，三月清明氣也，故曰「莧陸夬夬」，莧陸，三月四月生也。

關子明曰：「接物者言接之而已，非同之也。故濯物心无所瀆污，謂之洗心。」言洗濯其接物之心无所瀆污，故謂之洗心。而注者誤以爲洗濯萬物之心。

郭璞《洞林》得《豫》之《小過》，曰：「五月晦日，群魚來入州城寺舍。」注以乙未爲魚星，非也。《豫》艮爲門闕，震爲大塗，六三變九三，互有巽體，巽爲魚。《豫》五月卦，坤爲晦日。兑爲妾，變爲巽，巽爲近市利，則倚市門矣。故《洞林》《咸》之《漸》，兑成巽曰「妾爲倡」。

王弼謂《頤》初九不能使物由己養，誤也。夫使物由己養，有命存焉。初九在下，未能養人而當

[一] 楊，原作「陽」，據通本、薈要本改。

[二] 苞，通本、薈要本作「包」。

[三] 王，原作「生」，通本同底本，薈要本校改爲「王」，據改。

自養以正，故以「朵頤」戒之。

《易》之有《説卦》，猶《詩》之有詁訓也。

天命聖人以祐下民。微陰浸長，民將内潰，聖人含章不耀，中正自處，委任賢佐，厚下安宅，盡人謀以聽天。雖有隕越，自天隕之，吾志不動也，不舍天之所命也。周公曰：「我弗敢知。」孔子曰：「天生德於予，桓魋其如予何？」

王洙曰：「木之始紐引孚甲觸地而出，能破磽确，无所不通，巽之上剛是也。根柢散之，自固其植，巽之下柔是也，以至華實成落而不反其故處。《雜卦》曰『《升》不來也』。」

震亦爲王者，五行更王始於震也。震，乾之一索也，其王之始基乎？故大王、文王與武王之南狩皆用此象，《升》之三不用此象者，決燥也。

「分陰」者，六、八也；「分陽」者，七、九也；「迭用柔剛」者，互變也。

人疑《繫辭》非孔子作，乃門人所作，不然「子曰」何也？此大不然。答問者，所以起意也。如《困》之上六：「困于葛藟，于臲卼，曰動悔，有悔，征吉。」此爻言人曰動必有悔，雖有悔也，征則吉，可不動乎？

鮒，子夏作「蝦蟇」，此五月卦也。

初奇、二偶、三奇、四偶、五奇、六偶，卦有取於奇偶爲象者，如《乾》九四曰「淵」。淵，重坎也，自四至上有重坎象。

五兵之有戈，上銳將有兵者，刀劍有光，離也。

郭璞筮《升》之《比》，《升》二、三、五變也。五變坎，曰：「和氣氤氳，感潛鴻。」坎下伏離，離爲飛鳥，鵝梟同象。

郭璞爲東海世子母病筮，得《明夷》之《既濟》，坤變坎，曰：「不宜封國列土以致患，母子不並貴。」坤爲國邑，坎折之，坤母坎子，土克水也。又曰：「當有牛生一子而兩頭。」一子謂坤變坎，此《説卦》所謂子母牛也。兩頭者，坎離相應，離中爻有田〔一〕。

璞得《大有》䷍之《泰》䷊，云：「七月中有蛇在屋間，出食雞雛。」案：離爲飛鳥，變坤互中有震，震爲大木者，梁也。巳在上爻，故云屋。此《大過》云「本末弱」，取棟橈象也。

《洞林》以巽爲大雞，酉爲小雞者，酉，《巽》之九三爻也。以此推之：午爲馬，《乾》之九四也；丑爲牛，《坤》之六四也；寅爲虎，《艮》之上九也；辰爲龍，《震》之九三也；未爲羊，《兑》之上六也。

八卦兼用五行乃盡其象，管輅、郭璞共用此術。

〔一〕田，薈要本同，通本作「兩」。

巽爲風蠱，蠱[二]以風化，故爲蠱。

又筮遇《節》䷻之《噬嗑》䷔[三]，曰：「簪非簪，釵非釵。」此以内卦兑言也。兑爲金，大抵斷卦當先自内。又曰：「在下頭斷髭鬚。」所謂頭者，坎中之乾也；須者，在首下而裔也，柔坎也。

顧士犀母病，得《歸妹》，七日亡者，「《歸妹》，女之終也」。

卦有取前卦以爲象者，有取後卦以爲象者，有一爻而取兩象者，有一象而兼二爻者，有一爻變動而二爻共取以爲象者，其言可謂曲矣。然而盡萬物之理，不如是無以致曲焉，不如是其言亦不能以中矣。

乾策三十六，陽也；坤策二十四，陰也。陽合於陰而生震、坎、艮者二十八策；陰合於陽而生巽、離、兑者三十二策。乾坤六爻，其策六十。

澤中有火，非火居澤下也。如以剛限之，故火不見滅，是水在鼎中，火巽鼎下之象，非《革》象也。蓋水火之性，寒熱燥濕皆有常，然澤中有火，則水火之性，革其常矣。息，止也。火炎上而水息之，水潤下而火息之，有「二女同居，其志不相得」之象，故曰「水火相息」。若以剛限之，則无同居之

[二] 蠱，通本、薈要本作「蟲」。

[三] ䷔，原作䷛，據通本、薈要本改。

象。郭璞言有温泉而無寒燄，璞其知《革》、《睽》之象歟？

「兩儀生四象」，孔氏謂「金木水火禀天地而有，土則分王四季」。且金木水火有形之物，安得爲象哉？孔氏失之遠矣。

莊氏之實象、假象、義象、用象，於釋卦中破之。

何氏謂神物、變化、垂象、圖書，此《易》外別有。

《易》有四象，所以示也。此象謂爻卦之象。

七八九六乃少陰、少陽、老陰、老陽之位，生八卦之四象也。天一地二天三地四，兼天五之變化，上下交易，四象備其成數，而後能生八卦，于是坎離震兑居四象正位，各以本位數存三以生餘數，則分乾坤艮巽之卦，四象既列，五居四位，此《河圖》五十有五居四位之數。

劉氏曰：「八純卦兼兩儀四象而盡五十五數。謂先布五十五位後除天地四方數，餘以奇耦數排之，便見八卦之位。」此説不通。所謂乾者，天也；坤，地也。所謂坎者，北方也；離，南方也；兑，西方也；震，東方也。今除天九地六，四方四數，而分布八卦，即八卦所用止三十六，而十九數爲贅矣。夫八卦皆本於乾坤，而坤之數乾兼有之，故八卦不出於三十六，夫三十六數，六、九也。九，老陽之數也，此小成之卦也。若大成之卦三十二策也、二十八策也、二十四策也，而三十六策皆兼有之。蓋天地之數五十有五，自一衍而五，大衍爲五十，五十則五十五在其中。其用四十有九，則一在其中，更不論五十五也。若除天地四方之数，又於四象、二儀之外而有八卦矣，故曰其論不通。

劉氏曰：「內十五，天地之用，九六之數也。兼五行之數四十，合而爲五十有五，備天地之極數也。」曰九與六合爲十五，水一、六，火二、七，木三、八，金四、九，土五、十，凡四十數，配合論之則不通。虞翻曰：「甲乾、乙坤相得合木，丙艮、丁兑相得合火，戊坎、己離相得合土，庚震、辛巽相得合金，天壬、地癸相得合水。」翻謂天地者，言乾坤也。十日之數：甲一、乙二、丙三、丁四、戊五、己六、庚七、辛八、壬九、癸十。故乾納甲、壬配一、九，坤納乙、癸配二、十，震納庚配七，巽納辛配八，坎納戊配五，離納己配六，艮納丙配三，兑納丁配四，此天地分五十五數也。

水一、火二、木三、金四、土五，五行之生數也；水六、火七、木八、金九、土十，五行之成數也。一三五七九，奇數二十五；二四六八十，偶數三十。奇耦之數五十有五，此五行分天地五十有五之數也。《太玄》三八爲木，四九爲金，二七爲火，一六爲水，五五爲土。五五者，十也，《洛書》之數也。劉牧曰「十五，天地之用，九六之數也，兼五行之數四十，合而爲五十有五，備天地之極數」者，誤也。言五行之成數，則九六在其中矣。

韓氏曰：「衍天地之數，所賴者五十，其用四十有九，則其一不用也。不用而用以之通，非數而數以之成，斯易之太極也。」此言是也。四十九數總而爲一者，太極也。散而爲四十九，即太極在其中矣。故「分而爲二以象兩」，「揲之以四以象四時」。四時者，坎離震兑，此六七八九之數也。

又曰：「夫无不可以无明，必因於有，固常於有物之極，必明其所由宗。」此言未盡也。四十九因於太極，而太極非无也，一氣混淪而未判之時也。天地之中在焉，故謂之太極。極，中也。

京房云：「五十者，謂十日、十二辰、二十八宿也，凡五十。其一不用者，天之生氣，將欲以虚來實，故用四十九焉。」此言五十數之見於天者，其成象如此，謂其一不用爲天之生氣，則非也。

馬融云：「『易有太極』，謂北辰也。太極生兩儀，兩儀生日月，日月生四時，四時生五行，五行生十二月，十二月生二十四氣。北辰居位不動，其餘四十九運轉而用也。」季長之論不若京房，蓋兩儀乃天地之象，而北辰不能生天地也。故邵雍曰：「萬物皆有太極、兩儀、四象之象。」

荀爽曰：「卦各有六爻，六八四十八，加乾坤二用，凡五十。初九潛龍勿用，故用四十九也。」乾用九，坤用六，皆在八卦爻數之内。潛龍勿用，如「勿用娶女」之類。

鄭康成云：「天地之數以五行氣通，凡五行減五，大衍又減一，故用四十有九。」康成所謂「五行氣通」者，蓋謂十日、十二律、二十八宿，三者五行之氣通焉。爲五十五減五行之數，爲五十。大衍又減一，爲四十九。其説本於《乾鑿度》，與京房爲一説。而五行氣通，其説尤善，但後學一例抵之，不詳觀耳。

董遇云：「天地之數五十有五者，其六以象六畫之數，故減而用四十九。」非也。董謂五十有五減卦之六畫爲四十九，不知五十有五，天地之極數。大衍之數五十，其一太極不動，而四十九運而爲八卦，重而六十四，若去六畫，即説不通矣。

顧懽云：「立此五十數以數神，神雖非數，因數以顯，故虚其一數，以明其不可言之義。」所謂「神雖非數，因數以顯」，是也。然其説大而無當，不及韓説。劉氏謂韓注虚一爲太極，即「未詳其所出之宗」，而顧之未詳，又可知矣。

劉謂「天一居尊而不動」，則與馬季長言北辰不動何異？若謂不動，則筮者當置一策以象天一不動，不當言其用四十有九也。動静一源，顯微無間，知四十有九爲一之用，即知一爲四十有九之體矣。

劉曰：「天一者，在數爲天一，在日爲甲，在象爲六之中位，在純卦爲坎之中爻，在重乾爲初九，在《復》爲陽爻，在辰爲建子，在五行爲水，在律爲黄鍾。」劉所謂一者，言一之定位也。不知五十去一，則一在四十九中，使四十九去一，則一又在四十八。凡有數則未嘗无一，而一之所在無往而不爲萬物之祖，得此而不失，是謂執天地之機。

又曰：「一用天德，天德者，九也。」《乾》用九者，謂「天德不可爲首也」。用之如何？「見群龍無首吉」也。此存乎其人也。《坤》用六者，「利永貞」是也。非謂一用九也。

又曰：乾道包坤，陽得兼陰。此論用之於八卦小成，其三十六爻皆出於乾，可也。若謂「乾三兼坤之六，成陽之九，幹〔二〕運五行成數而通變化」，則誤也。

劉前論天地之數十五，四方之數四九〔三〕，十有九通八卦之爻三十六爲五十五。今論七九六八之策，又曰：

先分天地數爲二十，後兼四時爲二十四。何其紛紛耶？

少陽七者，謂天五駕地二爲七。前言地以二上交於天五而生七，七爲少陽之數也。陽以進，故進二之九爲老陽之數，此一進也。若以四位合之，則少陽數七，四七二十八也。又四位進二見八，二十八進八，故老陽數三十六也。又以天地四時數因之，天地分二，少陽數七，二七則一十四也，四七則二十八也，成一百六十有八數。陽生自《復》至《乾》凡六卦，每卦進八，故老陽數二百一十有六。若天五駕地二爲七，二進之爲老陽，四位合之，四七二十八，又四位進二見八，二十八進八爲三十六。四位者，指四時之位也。天地四時之數二十四，以天地四時數因之，天地分二，少陽數七，二七則一十四，四七則二十八，二七十四，又四七二十八，凡四十二。又四因之，成一百六十有八數。陽生自《復》至《乾》，凡六卦。《復》、《臨》、《泰》、《大壯》、《夬》、《乾》，每卦進八，故老陽數一百一十六。謂於一百六十有八之上，又進六八四十八，成二百一十六爲老陽之數。謂之老陽者，皆乾爻也。

〔二〕幹，各本同，疑當作「斡」。通志堂本《易數鈎隱圖》作「斡」。

〔三〕九，通本同，薈要本作「爲」。似以薈要本爲是。

少陰數八者，謂天五駕天三爲地八。陰以退，故退二之六，六爲老陰之數，此一退也。若以四位合之，則少陰數八，四八三十二也。又四位，每位退二見八，則一十六，四八則三十二也。成一百九十二。陰生自《姤》至《坤》，凡六卦，每卦退八，故老陰數一百四十有四也。

劉氏論《咸》、《恒》二卦不繫之於《離》，其論過於韓注。至言天地之數五十有五，循十日而周一元，三周而萬物之數足，則爲可疑也。夫劉氏配五行生成之數，五、十居中，水火居右，木金居左，始於丙丁，終於庚辛，周而復始，六十日之納音盡矣。此一律含五音而成六十律之説也，而配於《易》之上經三十卦則不合矣。雖甲子始於《乾》，而癸亥終於《離》則不合也。《乾》當甲金而二十九卦豈盡然哉？《繫辭》言二篇之策當萬物之數，而謂三周五十五數一百八十爻爲萬物之數足，則未之聞也。《易》有以一策當一日者，乾坤之策是也；有以一爻當一日者，「七日來復」是也；有以策數十八九六言日者，「勿逐七日得」是也。《易》之取象豈一端而盡？六十卦直日兩卦，相去皆七日，其實則六日七分，猶《書》稱期三百有六旬有六日，其實三百六十五日四分日之一。《禮》言三年之喪，其實二十七月。《詩》言一之日、二之日，其實十一月、十二月之日。何於此六日七分而疑之乎？先儒以此候氣占風，效證寒温，而劉氏易之以五卦各主五日，則吾不知其説也。

劉氏曰：「鄭氏雖以四正卦之爻減二十四之數，與當期之日相契，則又與聖人之辭不同也。」四正之卦，四六二十四爻，主二十四氣，此先儒舊傳，非鄭氏配合也。劉氏用六十卦主期之日，則四正之卦主二十四氣不廢也。故曰：策數當日而不取爻數，則一爻一日，五卦一月，何謂也？

《遯》、《臨》卦義不同，何氏從建子陽生至建未爲八月，褚氏自建寅至酉爲八月，孔氏以建丑至《否》卦八月。劉氏云：「若從建子則卦辭當在《復》卦之下，《否》之六三當消《泰》之九三，又更《臨》卦之九二不應。今以《遯》之六二消《臨》之九二，則於我〔一〕爲得。」則是劉氏取何氏之説而條達之也。又曰：「《臨·象》曰『浸而長』，《遯·彖》亦曰『浸而長』，二卦之爻相偶而彖辭皆有陰陽消長之義。」又王氏《卦略》云：「《臨》，剛長則柔微，柔長故剛遯。」故伊川亦用此説。

周公作爻辭多文王後事，則知文王之旨，周公述而成之，故以周正言。《易》有三名，夏曰《連山》，商曰《歸藏》，周曰《周易》。連山，神農氏之别號也；歸藏，軒轅氏之别號也。並是代號，所以《易》題周以别餘代，猶《周書》、《周禮》之謂也。周公不得不以周之正朔定其月也。

劉氏以天地五十五數布之五行，自丙丁至甲乙爲一周，其辰子丑午未。自甲乙至壬癸爲一周，其辰寅卯申酉。自壬癸至庚辛爲一周，其辰辰巳戌亥。故上經三十卦，三周而成六十卦，六十卦當期之日，其策一萬一千五百二十。

子雲子午九，丑未八，寅申七，卯酉六，辰戌五，巳亥四。以六辰相配，成十二支之數，蓋有得於

〔一〕我，各本同，疑當作「義」。通志堂本《易數鈎隱圖》作「義」。

納音之説也。其於十日亦然。

鄭康成言四象曰：「布六於北方以象水，布八於東方以象木，布九於西方以象金，布七於南方以象火。備爲一爻，而正謂四營而成。」

《乾鑿度》曰：「三百六十五日四分日之一以周〔二〕事，一卦六爻，一爻一日，凡六日。用事，一曰諸侯，二曰大夫，三曰卿，四曰三公，五曰辟，六曰宗廟。爻辭善則善，凶則凶。」流演曰：諸侯在初，大夫次，尊王官也。

又曰：「三畫以下爲地，四畫已上爲天。」

又曰：「易氣從下生，故動於地之下，則應於天之下；動於地之中，則應於天之中；動於地之上，則應於天之上。故初以四，二以五，三以六，此之謂應。」

十日、十二辰、二十八宿，凡五十，大衍之數也。

又曰：「曆以三百六十五日四分之一爲一歲，《易》以三百六十析當期之日，此律曆數也。」

兑乾，金也，而乾爲大赤，故兑金從火革。

坎生於坤，本乎地也，故潤下；離生於乾，本乎天也，故炎上。

〔二〕周，各本同，據文義及《乾鑿度》原文，疑當作「用」。

占法以八卦絶鄉爲墓，金生巳，故乾兑墓在艮； 木生亥，故震巽墓在申； 水生申，故坎墓在巽； 火生寅，故離墓在乾； 土生申，故坤艮墓在巽。 此合《河圖》、《洛書》而言之也。

七爲少陽，九爲老陽，八爲少陰，六爲老陰。 一五九老陰變老陽，二五六少陽變老陰，三五七少陰變少陽，四五八老陽變少陰，反復數之，其變無窮。

「我仇有疾」，王弼以六五爲九二仇，伊川以初六爲九二仇，鄭、虞以九四爲九二仇。 按先儒説，我據四之應，四承我之應，故曰「我仇」。四爲毁折之象，故曰「有疾」。而《子夏傳》亦曰：「四以近權，惡我專任。四之覆餗，正无幾矣，豈輒謀我哉？」怨偶曰仇，當以四爲仇。

安定胡先生以「陸」作「逵」。案虞氏所傳之象，上之三成《既濟》，三，陸也。夫上之所生者進也，所反亦進也，玆所以動而不窮歟？《漸》至九五極矣，進至上九亢矣，是以上反而之三，然後安處。考之鴻象坎象，既退自南而北嚮之時也。宜以陸爲正。或曰： 鴻漸至此千里之舉也。曰：不然，鴻飛冥冥，潔身而去之象也，非漸也。

《漸》卦，虞氏之象以《否》坤之三上之四，乾之四下之三，而初、上二爻不正，故所變之爻止於初、三、上三爻而已，餘二、四、五爻不動。六四，《否》坤之三也，故卦以爲婦孕不育，以爲寇，小人之爻也。九三，乾之四也，故戒以「夫征不復」，順以相保，不中之爻也。

《中孚》，王洙曰： 柔在内而巽説，合和之性也。剛得中而上下信，化育之道也。《中孚》，天理之端，叶於教化之義，若鳥之孚卵，柔渾於内而剛㲉於外，嫗伏化羽不違其期，自然之信也。此與《小過》旁通，自《中孚》而變，故《小過》有飛鳥之象焉。

《小過》，虞曰：「離爲飛鳥，震爲音，艮爲止。《晉》上之三，䷢《晉》變䷽《小過》，離去震在，若飛鳴而音止，故『飛鳥遺之音』。上陰乘陽，故『不宜上』；下陰順陽，故『宜下，大吉』。俗説或以卦象二陽在内，四陰在外，有似飛鳥舒翼之象，妄矣。」

先儒論重卦者六家，王弼、虞翻曰伏羲，鄭康成曰神農，孫盛曰夏禹，司馬遷、揚雄曰文王，而孔穎達、陸德明、陸希聲則以弼論爲是。臣曰：皆是也。《繫辭》曰：「古者庖羲氏之王天下也，仰則觀象於天，俯則觀法於地，觀鳥獸之文與地之宜，近取諸身，遠取諸物，於是始作八卦，以通神明之德，以類萬物之情。」則伏羲氏所畫者八卦而已，然「結繩而爲網罟，以佃以漁」，則已取重離之象，何則？離，麗也。離爲目，巽爲繩，以巽變離，結繩而爲網罟之象也。罟，網〔二〕目也。離爲雉，巽爲魚，以佃以漁之象也。《下繫》曰：「八卦成列，象在其中矣，因而重之，爻在其中矣。」謂之在其中者，蓋既畫八卦，因而重之，雖未爲六十四卦，而三百八十四爻之變固已具然存乎其中矣。是以神農氏、黄帝氏、堯、舜氏因其所重八卦觸類而長，取於《益》，取於《噬嗑》，取於《乾》、《坤》，取於《涣》，取於

〔二〕網，原作「綱」，據通本、薈要本改。

《隨》，取於《豫》，取於《小過》，取於《睽》，不特四聖人然也。自伏羲氏没，其間聖人取重卦以利天下者多矣。是以取《大壯》、取《大過》、取《夬》，謂之後世聖人，則夏后氏、商人亦在其中矣。伏羲氏畫卦因而重之者，襲其氣之母也；群聖人重之者，用其子孫也。莊生曰「伏羲得之，以襲氣母」是也。考之《歸藏》之書，其初經者，庖羲氏之本旨也。卦有初乾、初奭、坤也。初艮、初兑、初犖、坎也。初離、初釐、震也。初巽八卦，其卦皆六畫。《周禮》：大卜「掌三《易》之法，一曰《連山》，二曰《歸藏》，三曰《周易》，其經卦皆八，其別皆六十四」。所謂經卦，則初經之卦也。又《山海經》：「伏羲氏得《河圖》，夏后氏因之曰《連山》；黄帝氏得《河圖》，商人因之曰《歸藏》；列山氏得《河圖》，周人因之曰《周易》。」列山氏，《世譜》所謂神農氏也。以此[二]觀之，則弼、翻所論舉其大要，康成、孫盛、遷、雄之言各舉其一，而遷、雄又指《周易》言之也。然三《易》之卦，其次各異：首艮者，《連山》也；首坤者，《歸藏》也；首乾者，《周易》也。即《周禮》所謂「其別各六十四」者也。故《説卦》之文叙天地、山澤、雷風、水火，健順動入陷麗止決之性，八卦之象，則先經卦，而以文王八卦震巽離坤兑乾坎艮次之，而《序卦》所次皆文王所重之卦也。聖人猶慮後世未知三《易》之變，故於《雜卦》一篇，雜糅衆卦，錯綜其義，以示變易之无窮。虞氏曰：「聖人之興，因時而作，隨其事宜，不必因襲，

[二] 此，通本、薈要本作「是」。

當有損益之意。」其知三《易》之説歟。

《漢書・藝文志》：「《易經》十二篇。」論《彖》、《大象》、《小象》、《文言》。班固以文王作上下篇，「孔氏爲之《彖》、《象》、《繫辭》、《文言》、《序卦》之屬十篇」。先儒自鄭康成、王弼、孔穎達尊是説，其後諸儒疑之。《正義補闕》曰：「夫子因文王彖而有《彖》。」王昭素、胡旦亦云。范諤昌著《易證墜簡》曰：「諸卦《彖》、《象》、爻辭、《小象》、乾坤《文言》並周公作，自《文言》以下，孔子述也。」臣以經傳考之，《明夷》之《彖》曰：「内文明而外柔順，以蒙大難，文王以之；『利艱貞』，晦其明也，内難而能正其志，箕子以之。」則《彖》非文王作，斷可知矣。案司馬遷曰：「孔子晚喜《易》，序《彖》、《繫》、《象》、《説卦》、《文言》。」信斯言也，則《彖》、《象》、《説卦》、《文言》古有之矣，孔子序之、繫之、説之、文之而已，所謂述而不作也。昔者子貢問於孔子曰：「夫子聖矣乎？」孔子曰：「聖則吾不能。」夫聖，孔子不居，而《繫辭》之言及於卦象彖爻，必抑揚其辭以聖人稱之，曰「聖人設卦觀象，繫辭焉而明吉凶」，此所謂繫辭者，指卦下之辭而言之也。又曰：「彖也者，言乎其象也；爻也者，言乎其變也。」夫爻辭言一爻之變，彖辭言一卦之象，則文王卦下之辭又謂之彖矣。孔子序述其彖之意而已，故名其篇曰《彖》。使文王卦下之辭不謂之彖，孔子何爲言「知者觀其彖辭，則思過半矣」？夫子自謂如此，非遜以出之之義也。蓋《彖》者，孔子贊《易》十篇之一，先儒附其辭於卦辭之下，故加「彖」以明之。諤昌以《乾・彖》釋「元亨利貞」，《文言》又從而釋之，疑其重複，謂非孔子之言，且引穆姜之言證之，此又不然。文言者，文其言也，猶序《彖》、《說卦》之類，古有是言，或文王、或周公之辭，孔子因其言而文之，以垂後世。《傳》曰「言之不文，行之不遠」，故以《文言》名其篇。《左氏》成公十六年，穆姜往東宫筮之，襄公二十二年孔子生，上距穆姜二十四年。穆姜之時雖已誦隨繇之辭，因就《乾》卦《文言》，然其言與今《易》稍異，穆姜之言曰：「元，體之長也；亨，嘉之會也；利，義之和也；貞，事之幹也。體仁足以長人，嘉德足以合禮，利物足以和義，貞固足以幹事。」以今《易》考之，删改者二，增益者六，則古有是言，孔子文之爲信然矣。諤昌遂以六十四卦之《彖》皆出於周公，則誤也。或曰：《彖》非周公，則孔子繫《乾》何謂舉其全文而釋之？如曰「『時乘六龍』，以御天也；『雲行雨施』，天下平也」。曰：臣固曰古有是言也，古有是言又舉而釋之，與《乾》、《坤》六爻屢稱而明之，其意一也。諤昌又謂《乾》卦答問以下爲孔子贊《易》之辭，非《文言》也，此亦誤也。孔子作十篇以贊《易》，《彖》也、《大象》也、《小象》也、《繫辭》上下也、《乾·文言》也、《坤·文言》也、《説卦》也、《序卦》也、《雜卦》也。若以答問以下爲非《文言》，則先儒未以《文言》附於《乾》、《坤》之下，其辭當列於何篇耶？蓋《文言》之後又有此言贊《乾》、《坤》六爻之義，故通謂之《文言》。如《繫辭》之中廣述《困》、《解》、《否》、《豫》、《復》五卦之爻是也。聖人以《易》之藴盡在《乾》、《坤》，而六十二卦由此而出，故詳言爻義以例諸卦耳。諤昌又謂《大象》、《小象》皆出於周公，亦誤也。且「八卦成列，象在其中矣，因而重之，爻在其中矣」。「聖人有以見天下之賾，擬諸其形容，象其物宜，是故謂之象。」有卦之象焉，有爻之象焉。「象也者，言乎其象者也」，言卦之象也；「爻象動乎内」，言爻之象也。方設卦變爻之時，其象已具乎卦爻之中。故史墨對趙簡子曰：「在《易》卦，雷乘乾曰《大壯》。」觀此則雷在天上，《大壯》之類，有卦則有此象矣。如曰「君子以非禮勿履」，則孔子所繫之《大象》也。何以明之？且以《復》卦《大象》言之，曰：「雷在地中，復。先王以至日閉關，商旅不行。后不省方。」考之《夏小正》，十一月「萬物不通」，則至日閉關，后不省方，夏之制也。周制以十一月北巡狩，至于北嶽矣，是以〔一〕知繫《大象》之辭，非周公作也。崔杼欲娶東郭偃之姊，筮之遇《困》之《大過》。陳文子曰：「不可娶也，且其繇曰『困于石，據于蒺藜，入于其宮，不見其妻，凶』。」其繇與今《困》卦六三爻辭正同，是特《小象》之作。故文子曰：「『困于石』，往不濟也；『據于蒺藜』，所恃傷也；『入于其宮，不見其妻，凶』，无所歸也。」使《小象》亦周公作，則文子必稽之矣。故曰謂昌誤也。由是論之，遷之言蓋不誣矣。先儒數十篇之次，其說不一，獨胡旦爲不失其指〔二〕，故今從之。

崔憬、陸震謂文王作爻辭，馬融、陸績謂周公所作。考之爻辭，馬融、陸績爲是。《明夷》九三「明夷于南狩，得其大首」，六五「箕子之明夷」；《隨》上六「王用亨于西山」；《升》六四「王用亨

〔一〕是以，通本、薈要本作「以是」。
〔二〕指，通本、薈要本作「旨」。

于岐山」。蓋南狩，伐商之事，西岐王業所興。武王數紂曰「囚奴正士」，而追王西伯在翦商之後，則爻辭爲周公作審矣。韓宣子適魯，見《易象》、《春秋》，曰：「周禮盡在魯矣，吾乃今知周公之德也。」孔穎達嘗正此義，今申其説，以證崔、陸之誤。然琴書有言曰：「文王在羑里演《易》，作鬱厄之辭：『困于石，據于蒺藜。』」蓋爻辭亦有文王之辭，豈周公述而成之歟？

文王作卦辭，周公作爻辭，通謂之繫辭，仲尼贊二聖人繫辭之意，成上下篇，名曰《繫辭》，猶序文王之彖而名其篇曰《彖》也。凡《繫辭》所稱「繫辭焉」者，或指卦辭，或指爻辭而言。如「聖人設卦觀象，繫辭焉而明吉凶」，指卦辭爲繫辭也；如「聖人有以見天下之動而觀其會通，以行其典禮，繫辭焉以斷其吉凶，是故謂之爻」，指爻辭爲繫辭也。古文《周易》上下二篇，上篇三十卦，下篇三十四卦。孔子作《彖》、《象》、《繫辭》、《文言》、《説卦》、《序卦》、《雜卦》，别爲十篇，以贊《易》道，與《周易》異卷。如《詩》、《書》之序不與《詩》、《書》同卷。前漢費直傳古文《周易》，以《彖》、《象》、《繫辭》、《文言》十篇解説上下經是也。費氏之《易》至馬融始作傳，融傳鄭康成，康成始以《彖》、《象》連經文，所謂經文者，卦辭、爻辭通言之也，即費傳所謂上下經也。魏王弼又以《文言》附於《乾》、《坤》二卦，故自康成而後，其本加「《彖》曰」、「《象》曰」，自王弼而後加「《文言》曰」。至於文辭連屬不可取以附六十四卦之爻，則仍其舊篇，今《繫辭》上下、《説卦》、《序卦》、《雜卦》是也。魏高貴鄉公問博士淳于俊曰：「今《彖》、《象》不連經文而注連之，何也？」俊對曰：「鄭康成合《彖》、《象》於經者，欲便學者尋省易了，孔了恐其與文王相亂，是以不合。」則鄭未注《易經》之前，《彖》、《象》不連經文矣。揚子雲作《太玄》九卷準《易》，《首》一卷，《贊》三卷，《測》一卷，《衝》、《錯》。《攡》、《瑩》一卷，《數》一卷，《文》、《棿》一卷，《圖》、《告》一卷，范望注解合《贊》於《首》，散《測》於《九贊》之下，而學者自《贊》爲經辭，此亦準文王卦辭、周公爻辭通謂之經也。《隋書·經籍志》：漢費直注《周易》四卷，鄭康成注《周易》九卷，魏王弼注《周易》六卷，韓康伯注《繫辭》三卷。鄭、王二家之《易》本於費氏，康伯之學卒於輔嗣。則費氏之後，《易經》上下離爲六卷，《繫辭》而下五篇合爲三卷矣，是以二家所注皆九卷也。今《易·乾》卦自《乾》至「用九見群龍无首吉」，即古《易》之本文。《坤》卦而下，鄭、王之所附也。范諤昌不知卦爻之辭，同謂之經文，同謂之繫辭，故謂周公作爻辭、《彖》、《象》、《文言》，别次兩卷，目曰《繫辭》。孔子於卷末贊成其義，上卷明彖，下卷明爻，後儒附經留《繫辭》之目，以冠孔子之述，何其誤耶？胡旦又謂經有上下，理合自分，卦有《彖》、《象》，必非别出，其誤與諤昌何異？

《説卦》脱誤，比於諸篇特多。《荀氏易》本乾後有四象，坤後有八，震後有三，巽後有二，坎後有八，而又一[二]揉爲撓，離後有一，艮後有三，兑後有二。《虞氏易》本以龍爲駹、及爲陂[三]、専爲

[二] 一，各本同，據文義及考《宋元學案·漢上學案》引文，當作「以」。
[三] 及爲陂，各本同，考《宋元學案·漢上學案》引文，當作「反爲阪」。

蓴、寡爲宣、科爲折、羊爲羔。鄭本以廣爲黄、乾爲幹、黔爲酣。京氏本以弃爲末、羸爲螺、果蓏爲果墮。其餘陸績、王肅、姚信、王廙偏傍點畫亦或不同。蓋焚書之後，《周易》雖存，至漢已失《説卦》三篇。後河内女子得而上之，故三篇之文容有差誤，今隨文辨正，歸於至當，疑則闕之。

《陸氏易傳》削去爻象，自謂彌縫其闕，是乎？曰：仲尼繫三百八十四爻之象，文皆中律，是謂少而法，多而類，世罕知者，故陸氏作傳，諧音以發，其辭體正，如子雲作《太玄》，俾學者爲進《易》之梯階，至於陸氏言義，則自有中否。

《周易》論變，故古人言《易》雖不筮，必以變言其義。史墨論《乾》之初九曰「在《乾》之《姤》」，九二曰「其《同人》」，九五曰「其《大有》」，上九曰「其《夬》」，用九曰「其《坤》」，《坤》之上六曰「其《剥》」。以史墨之言推之，則《乾》九三當曰「其《履》」，九四曰「其《小畜》」。伯廖舉《豐》上六曰「其在《周易》，《豐》之《離》」，知莊子舉《師》初六曰「在《師》之《臨》」，至今占亦然。崔武子遇《困》之《大過》，六三變也；莊叔遇《明夷》之《謙》，初九變也；孔成子遇《屯》之《比》，初九變也；南蒯遇《坤》之《比》，六五變也；陽虎遇《泰》之《需》，六五變也；敬叔得《觀》之《否》，賈逵曰《觀》爻在六四變而之《否》；三國時關公[一]敗，孫權使虞翻筮之，得兑下坎

[一] 公，通本、薈要本作「羽」。

上，《節》五爻變之《臨》。凡所謂之某卦者，皆變而之他卦也。《繫辭》曰：「變動不居，周流六虛，上下无常，剛柔相易，不可爲典要，惟變所適。」信斯言也。則《易》之爲書，无非變也。商瞿而下，傳《易》者多矣，而論卦變者可指數也。考之於經，其説皆有所合。《説卦》，震曰「其究爲健」。案：消息卦，坤一變震，二變兑，三變乾，乾，健也。乾一變巽，二變艮，三變坤。《剥》，《易》曰「柔變剛也」，《序卦》曰：「物不可以終盡剥，窮上反下，故受之以《復》。」《剥》之上九窮而反初，乃成《復》卦，此京房八卦相生，變而成六十四卦之説也。巽曰「其究爲躁卦」，《乾鑿度》曰：「物有始有壯有究，故三畫而成乾。」究言《巽》之九三、上九也。虞翻曰：「動上成震。」巽二變成震，震三變成巽，舉巽一卦則知乾三變成坤，坤三變成乾，離三變成坎，艮三變成兑。《説卦》曰：「天地定位，山澤通氣，雷風相薄，水火不相射。」六子皆以乾坤相易而成。艮兑以終相易，坎離以中相易，震巽以初相易，終則有始，往來不窮，不窮所謂通也。此虞翻、蔡景君、伏曼容旁通之説也。《説卦》曰：「乾，天也，故稱乎父；坤，地也，故稱乎母。震一索而得男，故謂之長男；巽一索而得女，故謂之長女；坎再索而得男，故謂之中男；離再索而得女，故謂之中女；艮三索而得男，故謂之少男；兑三索而得女，故謂之少女。」此陸績所謂「陽在初稱初九，去之二稱九二，則初復七。陰在初稱初六，去初之二稱六二，則初復八矣。卦畫七八，經書九六，七八爲象〔一〕，九六爲爻，四者互〔二〕明」。此左氏所記卜筮之言曰之某卦之説也。《雜〔三〕卦》曰：「《既濟》，定也。」《既濟》六爻陰陽得位，是以定也。《乾・文言》曰「雲行雨施」，又曰「大明終始」。雲雨，坎也；大明，離也。《乾》卦而舉坎離者，言其變也。陰陽失位則變，得位則否，九二、九四、上九陽居陰位，故動而有坎離之象，此虞氏所論動爻之説也。《訟・彖》曰「剛柔而得中」；《隨・彖》曰「剛來而下柔」；《蠱・彖》曰「剛上而柔下」；《噬嗑・彖》曰「剛柔分動而明」；《賁・彖》曰「柔來而文剛，分剛上而文柔」；《无妄・彖》曰「剛自外來而爲主於内」；《大畜・彖》曰「剛上而尚賢」；《咸・彖》曰「柔上而剛下」；《損・彖》曰「損下益上」，又曰「損剛益柔」；《益・彖》曰「損上益下」，又曰「自上下下」；《涣・彖》曰「剛來而不窮，柔得位乎外而上同」；《節・彖》曰「剛柔分而剛得中」。剛者，陽爻也；柔者，陰爻也。剛柔之爻，或謂之來，或謂之分，或謂之上下，所謂「惟變所適」也，此虞氏、蔡景君、伏曼容、蜀才、李之才所謂自某卦來之説也。夫質之於經而合，考之義而通，則王弼折之，亦可謂誤矣。

〔一〕象，各本同，《漢上易傳》卷一引此句作「彖」。
〔二〕互，原作「玄」，通本同底本，薈要本校改作「互」，據改。
〔三〕雜，原作「離」，據通本、薈要本改。

先儒以魚爲巽，其多白眼乎？巽爲風，蟲類之大者唯魚與蛇，故魚有吞舟，蛇或吞象，如蠡魚亦云厲蛇所化。

北方層磎鼠在冰下，西域火鼠毛可爲布，坎離之相易也。《運斗樞》曰：「玉衡，散而爲鼠。」玉衡斗星，亦言乎坎也。

《易》无非象也。象著而形，乃謂之器，如坎有弓象，非木非繩則其器不備。巽變爲坎，然後弦木爲弧，乃有器之名矣。

白《離》至《夬》十三卦，序聖人備物致用、立成器以爲天下利者，皆取重卦之象，故其制器取法皆有内外之象，其用亦然。網罟、耒耜、市貨、衣裳、舟楫、牛馬、門柝、杵臼、弧矢、棟宇、棺槨、書契，兩象也。佃漁，耒耨，交易，垂衣裳，濟不通，引重致遠，待暴客，濟萬民，威天下，待風雨，治百官、察萬民，封木、喪期，亦兩象也。

罔，舉綱紀通言之。罟，止言其紀而已。傳言「斷罟」，又言「罟目」是也。巽爲繩，變爲離，離爲目，結繩爲目，罟也。重目爲網，自二爻至四爻有巽體，巽爲魚，多白眼也。自三至五有兑體，兑爲澤，網罟入澤而魚麗之，「以漁」也。離爲雉，「以佃」也。觀乎此，庖羲氏既重六爻矣。

天地能變化成萬物者，必水火雷風山澤合一焉。所謂「陰陽合德」，「剛柔有體」也。陰陽者，「在天成象」也；剛柔者，「在地成形」也。萬物既成，各得其一，故健順動入陷麗止説，其性各不同。能備萬物而兼有之者，人也，故下舉八畜八體，而終之以男女。

帝乘萬物，出入終始，所可見者，萬物之迹，而其用蓋妙乎？萬物不可得而見焉，故曰「神也者，妙萬物而爲言」。《易》之乾坤，分陰分陽，迭用柔剛，上下不居，周流六虛，蓋象乎帝也，故曰「陰陽不測之謂神」。聖人用《易》立法制器，變通不倦，故曰「利用出入，民咸用之謂之神」。

水雷山，乾也；火風澤，坤也。雷風相薄，山澤通氣，水火不相射，乾坤不相離也。天地之撰物者如此，而萬物皆有乾坤六子之象，觀乎物則神明之德見矣。故《易》之六爻變化，必「陰陽合德而剛柔有體」，其立法制器亦然。

王弼曰：「爻苟合順，何必坤乃爲牛？義苟應健，何必乾乃爲馬？」不知凡健順者，皆乾坤之象。爻有變化，雜而成文，如不以健順論乾坤之性，則《説卦》爲贅矣。輔嗣自《繫辭》而下不釋其義，蓋於象數窮矣。

周以子爲正，而孔子《彖》、《象》皆用建寅，故以《復》爲十一月，《姤》爲五月，故曰「行夏之時」。虞氏已有此論。

烏其乾巽乎？四月純乾也。黑者，乾也，占風者，巽也，巽變則離，故其目赤。又爲日中之烏，史言流火爲烏，又有赤烏白烏，亦離乾巽之變乎？

貴賤、剛柔、吉凶、變化，四者皆天地之固有，首言乾坤者，六子皆本於乾坤也。

乾坤之道，觀乎天地萬物之變化，其道較然著見矣。然反觀吾身，乾坤安在哉？蓋善端初起者，乾也；身行之而作成其事者，坤也。人皆有善端，不亦易知乎？行其所知，不亦簡能乎？飢而食，渴而飲，晝作而夜止，豈不簡且易哉？蓋以此推天下，未有不知而不從者也。我知之，人亦知之，故有親；我行之，人皆行之，故有功。有親則俟百世而不惑，有功則放諸四海而準。可久者謂之德，可大者謂之業。賢人之德業至於配天地，成位乎兩間，可謂久且大矣，然不過健順而已。而健順者在乎反求諸身而已，豈不至易至簡哉？知此則「天尊地卑」、「八卦相蕩」在乎其中矣。古之傳此者，唯曾子、子思、孟子則然。

《易》之爲道，天地之道耶？人之道耶？《易》兼明之矣。「繫辭焉而明吉凶」，明人道也；「剛柔相推而生變化」，明天地之道也。象非見天下之賾者不足以明之，故聖人設卦觀象，所謂吉凶、剛柔、變化，无非象也。得失之初，微於毫髮，及其有吉有凶，則得失之象見矣。憂慮虞度躊躇而不决者，得失未判之時也，及其有悔有吝，而憂虞之象見矣。凡此者明乎人之道也。陰陽進退於子午，孰知其然哉？萬物蕃鮮而摇落，則進退之象見矣。所謂變化者，不盡於是也，此特其凡耳。糾錯相紛，死生相纏，無非其變化也，故曰：「變化者，進退之象也。」日之升降於大空之中，本無晝夜，猶地而上觀之，則出乎地爲晝，入乎地爲夜。然南極大暑，北極大寒，東西出入之際，晝夜長短與中國自不同，故剛柔之象亦然。自六位觀之，初爲剛，二爲柔，三爲剛，四爲柔，五爲剛，六爲柔。自陰陽之數觀之，七九爲剛，六八爲柔，老陽之剛變爲陰柔，老陰之柔變爲陽剛，故曰：「剛柔者，晝夜之象也。」凡此者明乎天地之道也。吉凶也，悔吝也，變化也，剛柔也，四象之見動于六爻之中，而六爻之動不過乎三，三者極之道也。蓋有天地斯有萬物，是以卦之變不過乎三。六位者，重三也；九數者，三三也。邵康節曰：「《易》有貞數，三是也。」爲是故，君子所居而安者，《易》之序也，其安於高卑貴賤之位乎？所樂而玩者，爻之辭也，其玩於吉凶悔吝之辭乎？若夫有爲有行，動而之焉，則觀乎剛柔變化，而吉凶悔吝之來可以前知矣。夫高卑、貴賤、吉凶、悔吝、剛柔、變化，無非天地也。吾之動靜不離乎此，則福自己求，命自我作，天地其不祐乎？

《屯》卦本《坎》二之初。九二，陽也。初六，陰也。陽貴陰賤，故曰：「以貴下賤，大得民也。」「動乎險中」者，非善下不能得衆，非剛强不能濟弱，故《屯》卦之用在此一爻。

坤雖臣道，五實君位，故爲之戒云「黄裳，元吉」。黄，中色；裳，下服。言守中居下則元吉，蓋伊尹、周公之事也。或曰：安知非妻道也？曰：妻道之美，盡於六三爻。

《賁》自《泰》來，《泰》上之乾二，乾二之坤上，剛柔相文，故曰賁。天玄地黄，玄黄者，天地之雜也。夫子筮《賁》愀然，其色不平，曰：「以其離乎？」所謂離者，即乾上坤下相文之爻也。

王弼云：「卦變不足，推致五行。」然釋《中孚》六三曰：「三四居陰，金木異性。」木金云者，五行也。五行乾兑爲金，坤艮爲土，震巽爲木，唯坎水離火不二，中不可以有二故也。天積氣而爲金者，以位言也。兑位西，乾位西北。自東言之，震木生離火，離火生坤土，坤土生兑乾金，兑乾金生坎水。艮，止也，土也，萬物之終始也。

蘇氏以《復》卦爲始興之象，故於《彖》論「違天不祥」，於六四言「自托」，於六五言「陰之方盛，而自度不足以抗初九」，於上六言「乘極盛之末而用之不已，不知初九又已復」。又曰：「盛必驟勝，故敗在其終也」。

伊川訓「拂經」爲「違常」，其説本於王肅。

《頤》，虞氏謂「《晋》四之初」，李挺之謂「《臨》九二之上」。虞以《頤》初九爲《晋》離，離爲龜。案：《頤》肖離，《頤》通《大過》，《大過》肖坎，坎離交，故亦有龜象。郭璞得《大壯》之《頤》，曰：「柔内剛外則畜緇。」

《易》象難知者，當以卜筮決之。如郭璞以《頤》爲龜是也。

《既濟》，虞曰「《泰》五之二」，李曰「《泰》二之五」，其實一也。二升而之五，然後五降而之二，當從李圖。

伊川解《既濟》九五曰：「中實，孚也。」與虞氏孚實之象同。又曰：「中虚，誠也。」與郭璞筮得《中孚》之《需》曰「虚中，象道若虚舟」同。以此見伊川其於象，蓋講之矣。

《既濟》之九三以剛處剛而用濟者，故用二五爻象，以發此爻用剛濟物之義。乾，君也，坤爲國、爲昏亂、爲鬼，二之五成坎，互成離，有兵戈之象，故「高宗伐鬼方，克之」。「三年」者，三爻也。坎爲勞卦，故曰「憊也」。必於九三言之者，蘇子曰：「三之爲五用也。」

九三剛正，處諸侯之位，古者諸侯入爲六卿，出總六師。

《未濟》，虞曰「《否》二之五」，圖亦然。

《未濟》九四動而正，故「吉，悔亡」。《象》曰：「『貞吉悔亡』，志行也。」九四之剛，其大臣沈勇而能斷大事者乎？

言不能盡意，須觀象乃默然而自喻。伏羲畫卦無文字，文王作《易》乃有彖，周公作爻辭，至仲尼作《彖》、《象》、《文言》、《繫辭》、《說卦》，觀其所遭之時，考其言之詳略，則可知矣。

《同人》，蜀才曰：「《夬》『九二升上，上六降二』。」圖，《姤》初六升二，九二降初。當從圖。

郭璞曰：「魚者，震之廢氣也。」巽王則震廢，故虞以巽爲魚。

《坎》，虞曰「《乾》二五之《坤》」，圖作《臨》初九升五，六五降初。今從圖。

《坎》五〔二〕，虞曰：「乾爲歲，五從乾來。」案：三男之卦，無不自乾來者。又《坎》自《臨》初之五，蓋上六一爻動不以正，而體重險，動則陷于險中，不得出矣，失道然也。故聖人取象，專以失道言

〔二〕五，各本同，據文義當作「上」。

之，動不以正，失道也。上六動則成巽，巽，繩也，乾爲歲首，亦以觀巽言之也。

《易傳》謂十爲數極，又「十年不克征」爲終不可行。而《坎》之上六，「三歲」爲終不得出。若以始終言之，上六終也，若以三歲言之，三非極數。

内外者，卦之位；進退者，爻之時。

震巽皆爲木者何？巽之初，草之根也；震之初，木之根也。巽之二、三，木之在上也；震之二、三，草之在上者也。木有柔者，木之草也；草有剛者，草之木也。《説卦》舉一隅爾。

皇甫謐〔二〕謂互體不可取，而論《明夷》曰：「明久傷則坎體復，而《師》象立矣，得非武王以之乎？」不知《明夷》九三互有坎體，《師》象已見，乃成「南狩」。

《易》曰：「剛柔相摩，八卦相蕩。」先儒謂陰陽之氣旋轉摩薄。乾以二五摩坤成震、坎、艮，坤以二五摩乾成巽、離、兑。故剛柔相摩，則乾坤成坎離，所謂卦變也。八卦相蕩，則坎離卦中互有震艮巽兑之象，所謂互體也。

王弼譏互體卦變，然注《睽》六二〔三〕曰：「始雖受困，終獲剛助。」《睽》自初至五成《困》，此用

〔二〕謐，通本作「必」，薈要本作「泌」。
〔三〕二，各本同，據文義，疑當作「三」。

互體也。注《損》九二曰：「柔不可全益，剛不可全削，下不可以无正。初九已損，剛以順柔，九二履中，而復損己以益柔，則剥道成焉。」此卦變也。故王昭素難弼曰：「若九二損己便成剥道，則初九損剛，九二弗損，合成《蒙》卦。」

三者，《易》之極數也。小成之卦三，大成之卦六，六即三也。故《雜卦》反對，陽生者六，陰生者六，而卦變本於陰陽所生十二卦，他卦之變本於十二卦，往來升降而成，所謂「旁行而不流」。或者復以八卦所生變六十四卦解之，不知其變具於十二卦中。師道不立，有不知而作者也。

劉曰：「《乾》爻辭易，《睽》爻辭怪，《坎》爻辭僻。」所謂辭易、辭怪、辭僻，所謂「辭有險易」也。

《漸》，虞曰「《否》三之四」，圖亦然。

《漸》之成卦在六四一爻，《漸》者，《否》三之四，柔進得位，往承五而有功。虞以四爲婦，《漸》巽上艮下，有男下女之象，故其卦以夫婦明相交之義。

虞謂三動離毁，上之三成《既濟》，誤也。九五「婦三歲不孕」者，天地不交之時，六四柔進得位，往有功，則既交矣。六四婦貞，九五之「所願得也」。如《明夷》上六「初登于天」，離明出地上，以明後入于地，此之謂曲而當。

九五言「陵」，亦借《否〔一〕》象言之，艮爲山，巽爲高，大阜之象。上九極矣，而言「陸」者，明進退也。

虞氏論象太密，則失之於牽合，而牽合之弊或至於无説，此可删也。説卦不論進退、往來、上下、内外，則不足以明「周流六虚」矣。《漸》有進退之象，故諸爻以鴻明之。

《豐》，虞曰「從《泰》二之四」，又曰「從《噬嗑》上來之三」，今圖從《泰》。《豐・象》不取二之四爲義，而以兩體明之，曰：「明以動，故豐。」星月之光皆離之陽也，故坎離以中相易，而《賁》「分剛上而文柔」。

輔嗣以初九配在四，「初、四俱陽爻，故曰均」。

輔嗣以九三「應在上六，志在于陰，亦未足免於暗也」。横渠云欲「絶去上六」，亦此意也。

輔嗣以九四「陽居陰，得初以發，夷主吉」，諸儒皆不以得初發夷主，蘇氏用之。

輔嗣以六五「以陰之質，來適尊陽之位，能自光大」。

輔嗣以上六「以陰處極而最在外，不履於位，深自幽隱，絶跡深藏者也」。

〔一〕　否，通本同，薈要本校改作「兩」。

蘇氏曰：　六五、上六處上而暗者也。初九、六二、九三、九四，處下而明者也。案：《豐》本《泰》卦二之四成《豐》，所謂九四即乾之九二，往而成離者也，故皆有明象。五、六本坤陰，故皆有暗象。初九配四與上同，然以初因[一]適五，五亦求陽爲均，則不同。蘇氏言五求陽，然一陰納二陽不得爲均。

四適五，五爲夷主，謂九四當位則明照天下，似通乎象矣。

六五「來章」爲虛己以來二陽，謂之來者，我來彼也。勝於輔嗣。

肱，輔上體者也。此象越諸儒之表。

蘇氏曰：　來二陽則陰陽交錯而成章。亦論象矣。

横渠凡言往者，皆進而上，知此象者也。

涑水以六二蔀覆幽塞，不見知於人，張弼以巽爲蔀。案：　震巽爲草莽，上與坤交，亦有蔀之象，然則「豐其蔀」、「其旆」、「其蔀」、「其屋」，皆就本爻言之。

輔嗣曰：　「蔀，覆曖，障光明之物。」又《略例》曰：　「大暗之謂蔀。」鄭康成作「菩」，云：「小席也。」陸希聲曰：　「茂盛周匝之義也。」案：　坤爲冥暗，震巽爲草莽，《豐》之離在震巽之下，而交

〔一〕因，各本同，據文義，疑當作「四」。

於坤，是明爲草莽周匝蔽蔀之象。

天文東方三十星爲蒼龍，南方六十一星爲朱鳥，西方五十星爲白虎，北方二十三星爲玄武，蒼龍、白虎、朱鳥、玄武相望而跱。勾陳六星在紫宮中，螣蛇二十二星在營室北。營室，天子之宮，皆中宮經星也。二十八舍〔一〕星隨天右行，一歲三百六十五度，北斗魁杓隨月而建左行。以正月言之，蒼龍在寅，白虎在申，朱鳥在巳，玄武在亥，勾陳在丑，螣蛇在辰。斗杓隨月，是以蒼龍〔二〕在寅，二在卯，三在辰，其餘五位隨天而改。

孟喜、京房之學，其書概見於一行所集，大要皆自《子夏傳》而出。

鄭氏傳馬融之學，多論互體。

陸績之學始論動爻。

胡旦論《豐》上六曰：《乾》極則悔，《泰》極則隍，《豫》極則冥，《萃》極則歎，《履》考祥而元吉，《賁》白色而无咎，《井》勿幕而有孚，《艮》敦艮而厚終，人道之美，可不念哉？

如《明夷》之飛爲《小過》之鳥，《井》之乾爲初九之禽，《豐》之乾爲上六之翔，皆取離卦一爻

〔一〕「舍」下，通本、薈要本有「經」字。
〔二〕「龍」下，通本、薈要本有「正」字。

爲象。

《儀禮·少牢饋食》「資黍」，注云：「今文資作齎。」今《易》文「齎」，注作資解，則齎、資古通用也。

《說文》：「卦，筮也。」徐鉉曰：「從掛省。」章詧曰：「掛之墻壁以觀其兆。」案：筮宅儀，主人北面，命筮者在主人之右，筮者東面抽韇執之，南面受命，既命，筮人許諾，北面而筮，卦者在左畫爻，卒筮，執卦以示命筮者，命筮者受主人視，反之，東面旅占，卒，進告于命筮者與主人。則畫爻掛之，旅占其從否。當從掛省矣。

巽爲繩，汲水爲繘，九二「汔至」，此未及泉也。自二至四，有反巽之象，故又爲「亦未繘井」，言未收繘而至井也。荀爽解《中孚》曰：「兩巽對合，外實中虛。」則古人取象，有用反卦爲象者，於此可見。

《井》初六「井泥不食，舊井无禽」者，乾之初九去而坤之六五來也。九二「井谷射鮒，甕敝漏」者，動而求則乖也。九三「井渫不食」者，正可任也。「爲我心惻，可用汲」者，上六病也。「王明並受其福」者，九三進也。六〔一〕四「井甃，无咎」者，陰守正也。九五「井冽，寒泉食」者，乾之初九位中正

〔一〕六，原作「九」，各本同，據《周易》改。

也。上六「井收勿幕」者，上六安位可戒也。「有孚元吉」者，上六下而汲，九三引而上，則功乃大也。

乾爲美，又爲嘉。嘉，美之至也。乾坤合德，乃有是象。

坎，北方也，其色玄者，赤黑也。赤者，乾陽也，黑者，坤陰也。其在藏爲腎。腎有二，左腎藏精，陽也；右腎藏血，陰也。其在卦爲坎兑。坎，陽也；兑，陰也。

乾，金也，兑又爲金。坎，水也，兑又爲澤。艮，土也，坤又爲土。震，木也，巽又爲木。離，火也，火藏於水〔一〕。以此見无一物不具陰陽者。

爻有一爻而取兩象者，丁寧重複而非繁也。《鼎》之初六取「顛趾」、「出否」，又取「得妾以其子」，皆喻得人。

亨有就卦體言之，不論應與者，《震亨》、《兑亨》是也。

虞曰：陽爻三十六，陰爻二十四，三爻一百二十，曰三百者，舉大概也。

《易傳》曰：「乾坤之變爲巽艮，巽艮重而爲《漸》。在《漸》體而言，中二爻交也。由二爻之交，然後男女各得正位。」觀此則伊川亦用卦變矣。

「剛柔相推」，推，移也。剛柔之爻相推移則變化生。

〔一〕水，通本、薈要本作「木」。

或曰：坤爲民者，謂全坤也。曰：不然也。陽卦一君而二民，陰卦二君而一民。君，乾也；民，坤也。豈謂全坤全乾哉？

一元之氣變爲四時，人自嬰兒、少壯、老耄、死亡，亦止於四變。

《荀爽九家集解》：「坎爲狐。」《子夏傳》曰：「坎稱小狐。」孟素[一]曰：「坎，六[二]也，狐穴居。」王肅曰：「坎爲水、爲險、爲隱伏，物之在狐[三]。穴居隱伏，往來水間者，狐也。」

乾爲馬，坤陰變之爲牝馬，此通一卦之象言也。乾六龍而於卦象不言者，乾散爲三百八十四爻之象也。

乾卦取象自坤變，積坎成乾，又逐爻變，初變巽，二變離，三變兑，四變巽，五變離，上變兑。坤卦取象自《乾》變《姤》，積而成坤，又逐爻變，初震，積而成乾，言乾坤无首尾也。

正字足以盡貞乎？曰：不足以盡之，貞有堅固守正之意。有以守柔爲正者，有以守剛爲正者，有雖柔也當堅守乎其剛，所謂用六也。元亨利貞四者，皆周流圓轉，以盡《易》之用，故非知變不足

[一] 素，各本同，此句亦見於《漢上易傳》卷九，作「喜」。

[二] 六，各本同，《漢上易傳》卷九引此句作「穴」。

[三] 狐，各本同，《漢上易傳》卷九引此句作「險」。

以盡之。或厲或悔或吝，不善用之者也。

聖人既畫卦，如畫陽三爻也，命之曰乾。乾，健也。健一字足以盡三畫之義。而乾之中又包元亨利貞四德，此四字亦聖人圓融會合以形容其用。如明道要忠恕合爲一字，終不能也，聖人以仁字合而言之。

王肅曰：「西南陰類，故得朋，東北陽類，故喪朋。」荀曰：「陰起午至申得坤之一體，陽起子至寅喪坤之一體。」京曰：「女既嫁，降父之服；臣既仕，先公後私。」

斗六星二十六度，天廟也，危二星十度，冢宰之官，主邑居廟堂祭祀之事。又曰：北方入冥而天形也，爲祠爲廟。北方，鬼神之府，幽暗之方。

乾坤之變同生於震，何也？乾自震變，坤亦自震變，此迎之莫見其首，隨之莫見其尾也。先天坤生震，震生離，離生兑，兑生乾，乾生巽，巽生坎，坎生艮，艮生坤，坤復生震，此大易之祖也，故於乾坤象之。

乾一變《復》，坤一變《姤》，獨乾又一變巽，再變離，三變兑，與坤不同，何也？三五之變，八卦皆同，而始於乾，故於乾盡之，尊卑等也。

《明夷》，傷也。傷者，必有所過，故《明夷》變《小過》。《訟》者，不信也，信則无訟，故《訟》變《中孚》。

乾貞於子而左行，今占家自子至戌，順行六位；坤貞於未而右行，今占家自未至巳，逆行六位。

有因前爻之動以爲象者，如《咸》九五「咸在脢」，《明夷》之〔一〕二「夷于左股」。

離爲日，坎爲月。離，乾體也，而坤索之；坎，坤體也，而乾索之。乾，天也，日月得乎天之理，是以久照。乾，陽也；坤，陰也。陰陽之精互藏其宅，是以不息。日行天之一度者，坤體也；月行天之十三度有奇者，乾體也。日月十二會，會必於二十八舍者，乾坤之合也。同道則食，相望則薄，精不可以貳也。既午則昃，已望則食，中不可以過乎！

《乾》、《坤》三變而成六卦。《乾》一陰下生，三變而成六卦；《坤》一陽〔二〕下生，三變而成六卦。《乾》卦二陰下生者，六變成十二卦；《坤》卦二陽下生，六變成十二卦。六變亦三也。《乾》卦三陰〔三〕下生者，六變成十二卦；《坤》卦三陽下生，六變成十二卦。大抵皆三以變也。

五陰一陽自《復》來，一爻五變成五卦；五陽一陰自《姤》來，一爻五變成五卦；四陰二陽自《臨》來，五復五變成十四卦；四陽二陰自《遯》來，五復五變成十四卦；三陰三陽自《泰》來，三復三變成九卦；三陽三陰自《否》來，三復三變成九卦。大抵皆五以變，三以變也。

〔一〕之，各本同，據文義，疑當作「六」。
〔二〕陽，原作「陰」，通本同底本，薈要本校改作「陽」，據改。
〔三〕陰，原作「陽」，通本同底本，據薈要本改。

卦以剛柔升降通内外之變，遂成天地之文也。

九，極陽也；　六，極陰也。九六相變，陰陽迭用，遂定天下之象。此制器者所以尚象也。「易无思也，无爲也，寂然不動」，太極未分時也。「感而遂通天下之故」，兩儀、四象、八卦生吉凶也。

仁者見其静則謂之仁，智者見其動則謂之智，君子之道則合仁與智。

策以十六合十二則二十八者，少陰之策也。二十四合三十六，五十也，二十八合三十二亦五十也，非大衍五十而其用四十有九乎？

《剥》五陰潰於内，猶魚爛也。《復》一陽自外來，而復於内，則亂極而反正[一]也。《玄》曰：「陰不極則陽不芽。」

王弼注《賁》曰：「坤之上六來居二位，『柔來文剛』之義也；乾之九二分居上位，『分剛上而文柔』之義也。」此即卦變也，而弼力詆卦變，是終日數十而不知二五也。

至隱之中，萬象具焉，見而有形，是爲萬物。人見其無形也，以爲未始有物焉，而不知所謂物者，實根於此。今有形之初，本於胞胎，胞胎之初，源於一氣，而一氣而動，絪緼相感，可謂至隱矣。故聖

[一] 正，通本作「曰」，薈要本作「治」。

人畫卦以示之，一畫之微，太極、兩儀、四象、八卦无所不備。謂之四象，則五行在其中矣。

太極者，陰陽之本也；兩儀者，陰陽之分也；四象者，金木水火土也；八卦者，陰陽五行布於四時而生萬物也。故不知八卦則不知五行，不知五行則不知陰陽，不知陰陽則不知太極。人孰知太極之不相離乎？不知太極則不可以語易矣，故曰：「《易》有太極。」

乾納甲壬、甲子、甲寅、甲辰，而闕甲午、甲申、甲戌，於壬亦然；坤納乙癸、乙未、乙巳、乙卯，而闕乙丑、乙亥、乙酉，於癸亦然者何？此納甲也，非納音也。納音則十日十二辰合而成聲，納甲則八卦納十干而十二辰各從其一。亥子水，辰戌丑未土，寅卯木，巳午火，申酉金，不以納音論也。甲壬得戌亥者，均謂之乾，不以其甲子、壬子也。乙癸得未申，均謂之坤，不以其乙未、癸未也。故論乾則甲子、壬子同，甲寅、壬寅同，甲辰、壬辰同，甲午、壬午同，甲申、壬申同，甲戌、壬戌同。論坤則乙未、癸未同，乙巳、癸巳同，乙卯、癸卯同，乙丑、癸丑同，乙亥、癸亥同，乙酉、癸酉同。

或曰：「參伍以變」者，《乾》一變《姤》，二變《遯》，三變《否》，四變《觀》，五變《剥》，此伍以變也，五變極矣，故四變《晋》，下體復乾爲《大有》。又乾一變巽，二變離，三變震，三變極矣，故四變兑，五變坤，六變坎，復三變又七變艮，是乎？曰：非也，三五不相離也。五者，參天兩地而倚數。三，極數也，而具五行，小衍也，三在其中。以重卦論之，乾三變坤。《姤》，巽也；《遯》，艮也；《否》，坤也。參以變也。四變《觀》亦巽也，五變《剥》亦艮也，伍以變也。伍以變則復以三變，故艮變離，下體坤復變爲乾，亦三變也。以小成〔一〕卦論之，乾一變巽，二變離，三變震，三以變也。次自中二爻變而下，故四變兑，五變坤。次自中爻變而上，故六變坎，七變艮，二即五也。初自下爻三變，即前參以變也。次自中爻下而二變，次自中爻上而二變，即前伍以變也。參去伍，伍去參，皆不能變，此三所以爲極數，五所以爲小衍也。天地之運也，陰陽三五，一五而變爲七十二候，二五而變爲三十六旬，三五而變爲二十四氣，凡三百六十五，周而復始，日月軌度積於餘分，或以參綜伍，或以伍綜參，交錯而行者也。

長女東南，中女正南，少女正西，母西南。長幼相次，三女夾母而處，親之也。父西北，中男正北，少男東北，長子正東。長子代父，二子隨行而立，尊之也。親之故同養，尊之故異宫。父母位嚴，男女異長，天地萬物之理則然矣。

劉牧畫圖爲乾者四，爲坤者四，乾天左旋，坤地右轉，乾坤上下自然相交而成六子，則非數策之義也。

氣聚爲精，精聚爲物，形始化曰魄，氣能動曰魂。《傳》曰：「心之精爽是爲魂魄。」子産曰：「人生始化曰魄，既生魄，陽曰魂。」及其散也，形散而魄散，氣散而魂散，故季札曰：「魂氣則无不之也。」魄，陰也；魂，陽也。陰陽轉續，觸類成形，聚者不能無散，散者不能無聚，屈伸相感，陰陽

〔一〕成，原作「有」，通本同底本，薈要本校改作「成」，據改。

之變也。神，申也，其氣聚而日息。鬼，歸也，其氣散而日消。物其形也，散其情也。然則氣何從生乎？曰：太虛者，氣之本體。人，容〔一〕也，動則聚而爲氣，靜則散爲太虛，動靜聚散，有形無形，其鬼神之情狀乎？太史公曰：儒者不言鬼神而言有物，何也？曰：人之死也，各反其根體。魄陰也，故降而在下，魂氣陽也，故升而在上，升則無不之矣。今也魄降而氣不化，非物而何？所以不化者，物欲蔽之也。子産曰：「其用物也洪矣，其取精也多矣。」故聖人死曰神，賢人死曰鬼，衆人死曰物。聖人清明在躬，志氣如神，故五帝配上帝，傅説上比列星。賢人得其所歸。衆人則知富貴生而已，其思慮不出於口腹之間、衽席之上，夸張於世以自利焉，物欲蔽之不能自反其初，故謂之物。然物之乘間而出，豈離乎五行哉？五行即陰陽二端也，故管輅論杜伯、如意、宋無忌，皆以五行推之。今人行氣中或聞鬼哭、或聞鬼呼，其人逢之愕然，忤視俄且化矣，謂誠有是也，而不知氣也。非氣之不化者乎？觀此則知鬼之與物矣，謂鬼爲物，察之而未至也。

蓍四十九，總而爲一，參天也，分而爲二，兩地也。掛一者，參天也；揲之四者，兩地也；「歸奇於扐」者，兩地而又參天也。四者，七九六八也。七者少陽，九者老陽，八者少陰，六者老陰。三變而成爻，十有八變而成卦。三變者，參天也；十有八變者，兩地也。故曰：「觀變於陰陽而立

〔一〕容，各本同，據文義，疑當作「客」。《正蒙·太和篇第一》：「太虛者，氣之本體。其聚其散，變化之客形爾。」

卦。」三變者，參天也；五變者，參天而又兩地也。變而上，三變而兩；變而下，兩變而三。上下无常，變動不居，故曰：「發揮於剛柔而生爻。」曰發揮、曰生者，言變動也。陰陽，天剛地柔也。立卦之前象未著，故曰陰陽，以立天道也；立卦之後象乃見，故曰剛柔，以立地道也。陰陽，用也；剛柔，體也。用之謂道，體之謂德。體用無間，和會爲一，順而行之，則動静語默皆得其宜，故曰：「和順道德而理於義。」天地萬物共由一理，其理順而不妄，深明其源，乃能一天人、合内外，體用无間矣，此之謂盡性。盡性則通晝夜之道而知其於窮達壽夭，以正受之，不貳其心矣，此之謂立人道。道德有義，性命有理，義也、理也，同出於一。

太極者，中之至也，天地之大本也，所以生天地者也。天地分太極，萬物分天地，人資天地之中以生，觀乎人則天地之體見矣，故曰：「惟皇上帝，降衷于民。」而人之心者，又人之中也。寂然不動，太極含三也；感而遂通，則天地位矣，萬物育矣。自一歲言之，冬至也；自一日言之，夜半也。此《大玄》八十一首所以起於《中》歟？

《小過》者，《明夷》初之四，二卦相因而成《明夷》，初九曰「明夷于飛」，《小過·彖》曰「飛鳥遺之音」。震爲出，巽爲入者，以陽爲主也。自坤出震成乾，自乾入巽成坤，消息〔二〕盈虚，與時偕行。出者，

〔二〕「息」字原闕，據通本、薈要本補。

升也；入者，降也。

鬼神，无形者也，而曰乾爲神、坤爲鬼，何也？曰：鬼神者，天地之用，二氣之良能，不可以形求者也。聖人仰觀俯察四時之運，日月之行，寒暑晝夜，一幽一明，萬物由之以死，由之以生，故寓之於乾坤。萬物資始於乾，資生於坤，莫不有天地之體，而各有所本。本於天者，動物也，故以呼吸爲聚散之漸。本於地者，植物也，故以陰陽升降爲聚散之漸。聚之謂生，「精氣爲物」也；散之謂死，「游魂爲變」也。其始生也，氣日至而滋息，至之謂神，以其申也。及其既盈，氣日反而遊散，反之謂鬼，以其歸也。天曰神，地曰示，人曰鬼。神示者，歸之始也；人鬼者，來之終也。寒來則暑往，夜盡則晝明，屈伸相感，生生不窮而亦未嘗死，未嘗生。聖人以此觀天地，以此知死生，以此知鬼神。天地也，人也，鬼神也，一而已矣。管仲曰：「流行於天地之間謂之鬼神，藏於胸中謂之聖人。」

坎，北方卦也，冬至坎始用事，陰氣方難，水凝地拆，而物生亦難，陽陷乎陰中也，故坎爲險難。又爲勞卦者，坎用事則水歸其澤，物歸其根，勞也。故坎水上行亦謂之勞，《井》「勞民勸相」是也。

至者何？往者以外爲至，來者以内爲至。

《伊川易傳》，《損》六三曰：「三陽同行則損九三以益上，三陰同行則損上以爲三，『三人行則損一人』也。上以柔易剛而謂之損，但言其減一耳。上與三雖本相應，由二爻升降而一卦皆成，兩相與也。初、二二陽，四、五二陰，同德相比，三與上應，皆兩相與，則其志專，皆爲得其友也。」《傳》言損三益上，損上爲三，以柔易剛，二爻升降，此正論卦變也。

横渠《易解》，《損》九三、上九曰：「六三本爲上六，上九本爲九三。」解《益》曰：「《否》卦九四下而爲初九，故曰『天施地生』，又曰『損上益下』，又曰『自上下下』。」則横渠言卦變矣。

蘇氏解《需》「光亨」曰：「光者，物之神也。」此關子明之説也。或問神，曰：日月在上，其明在地。夫日月之形，其大如盤盂，光之所燭，被乎萬物，非神乎？蓋神難言也，故以光形容之。君子動而有光，廣大无所不及，故《易》言「未光」、「未光大」者，皆狹且陋也。

《訟》，反《需》者也。《需》四之五，剛往而得位，二陰避之，故曰亨。《訟》三之二，剛來而失位，一陰塞之，故曰窒。《需》有孚而亨於外，故物需之；《訟》有孚而窒於内，故己訟之。

或曰：乾當在上，處乎下則必升；坤當在下，處乎上則必降。此言《否》、《泰》可也，於《訟》、《无妄》不通矣。《訟》四〔一〕剛來而得中，《无妄》曰：「剛自外來而爲主於内。」二卦陽爻皆四畫，蓋《訟》者《遯》三之二，《无妄》者《遯》三之初。凡言來者，皆自外來，初、二視三則外矣。

〔一〕四，各本同，據文義，疑當作「曰」。

《小畜》以陰畜陽，惟九三一爻受畜，所畜者寡矣。《履》以柔履剛，六三不有其位，履之而不處也。

王弼謂《比》九五「爲《比》之主，而有應任〔一〕二，顯比者也。比而顯之，則所親狹矣」，則以不變論《易》。於初六言「處《比》之首，應不在一，心无私吝，則莫不比之」，故於九五應二則言其狹也。天地之間，陰必比陽，未有无應而相比者。初六不變，則缶虚而不汲，失「有孚盈缶」之象矣。三驅之禮，禽逆來趣己則舍之，背己則射之，顯比也。雖有愛惡而愛惡出於彼之來去，吾豈容心哉？三苗逆命，禹乃徂征，不比也。七旬來格，舜則捨之，顯其比也。比之與否，舜、禹非私也，用中之道也。若曰顯比非大人之吉，此可以爲言所使使之者誰歟？舜命禹征亦使之也。

「咥人」，胡旦云：「咥」當作「齰」，音垤，齧堅聲也，古字與咥通用。

〔一〕任，各本同，據文義及王弼《周易注》，當作「在」。

附録一　序跋資料

朱氏《漢上易傳》并《易圖》、《叢説》序〔一〕

荆門朱子發以趙元鎮之薦入，論《易》殿中，稱帝意，除祠部員外郎。及遷秘書少監，告詞敷以否泰之義。其後以起居郎兼資善堂贊讀，則申以山下出泉爲喻。《集傳》之作，命尚方給紙札，而林億上所著《易》説，有詔俾其詳問。當時學《易》之醇深，莫有遠過之者，故其告詞多以《易》爲喻。受知於主，不可謂不遇矣。書成日，表上于朝，自言由政和迄紹興，十有八年，造次不舍，上采漢、魏、吴、晋，下逮有唐及今，包括異同，補苴罅漏。蓋若是其勤且博也。元袁學士伯長謂：「《易》以辭象變占爲主，王輔嗣出，一切理喻，漢學幾於絶熄。堯夫、子發始申言之，後八百年而始興者也。」所以推崇子發者，亦至矣乎。今則罕有刊其書以行者，可慨已。高宗之告詞曰：「朕惟《否》、《泰》二卦論君子小人消長之理甚明，或謂消長繫乎時數，此大不然。上下交而志同，於時爲泰，故君子以其

〔一〕　哈佛燕京圖書館藏通志堂經解本。

彙征。」上下不交而天下無邦，於時爲否，故君子以儉德避難而已。」觀其幸學講《泰》卦，張魏公入朝則書《否》、《泰》二卦賜焉，未嘗不審於陰陽消長、君子小人進退之機，而反覆紬繹，顧卒退元鎮，俾小人得進，何歟？善乎魏公之言曰：「否泰之理起於人君一心之微。一念之正，其畫爲陽，泰自是而起矣；一念之不正，其畫爲陰，否自是而起矣。」子發之傳亦云：「時已泰矣，苟輕人才，忽遠事，植朋黨，好惡不中，不足厭服人心，天下復入於否。」又云：「天地反復之際，小人必因君子有危懼之心，乘隙而動。」皆切中南渡君臣之病者，吾故表而著之，書以爲序。康熙丙辰納蘭成德容若序。

跋〔一〕

宋朱震撰。按，震表進是書，謂馬、鄭、荀、虞各自名家，説雖不同，去象數之源未遠，獨魏王弼盡去舊説，雜以莊老之言，於是儒者專尚文辭，不復推原《大傳》，天人之道，分裂不合。又歷舉宋世諸儒宗旨，謂或明其象，或論其數，或傳其辭，或兼而明之。復自稱獲觀遺書，粗窺一二，撰爲是書，以《易傳》爲宗，和會雍、載之論，上採漢、魏、吴、晉、元魏，下逮有唐及今，包括異同，補苴罅漏云云。其後諸儒評論，互有褒貶，或譏其謬妄，或謂其不可廢。四庫著録，通志堂經解亦經采刊，惟均附

〔一〕四部叢刊本。

《卦圖》三卷,《叢説》一卷。是爲南宋舊刊,影自北平圖書館,存《易傳》九卷,佚卷一二及卷五若干葉,補以毛氏汲古閣影抄本。按,《文淵閣書目》載是書一部三册、一部十册,均闕。毛氏影抄,亦佚《卦圖》、《叢説》。蓋宋本散佚已久,今不可復見,且《集傳》首尾完具,故影印之以餉世之嗜讀古書者。民國紀元二十三年十月海鹽張元濟。

附録二　提要資料

郡齋讀書志[一]

朱子發《易集傳》十一卷、《易圖》三卷、《叢説》一卷

右皇朝朱震子發撰。自謂其學以程頤爲宗，和會邵雍、張載之論，合鄭玄、王弼之學爲一云。其書多采先儒之説以成，故曰《集傳》，然頗舛誤。

直齋書録解題[二]

《漢上易傳》十一卷、《叢説》一卷、《圖》三卷

[一]（宋）晁公武撰，孫猛校證：《郡齋讀書志校證》，第四五頁，上海古籍出版社，二〇一一年。收入時有改動。

[二]（宋）陳振孫撰，徐小蠻、顧美華點校：《直齋書録解題》，第一八頁，上海古籍出版社，二〇一五年。收入時有改動。

翰林學士荆門朱震子發撰。紹興初在經筵表上，具述源流云：「陳摶以《先天圖》傳种放，放傳穆修，修傳李之才，之才傳邵雍；放以《河圖》、《洛書》傳李溉，溉傳許堅，堅傳范諤昌，諤昌傳劉牧；修以《太極圖》傳周敦頤，敦頤傳程顥、程頤。是時，張載講學於二程、邵雍之間，故雍著《皇極經世書》，牧陳天地五十有五數，敦頤作《通書》，程頤著《易傳》，載造《太和》、《參兩》等篇。臣今以《易傳》爲宗，和會雍、載之論，上采漢、魏、吴、晋，下逮有唐及今，包括異同，庶幾道離而復合。」蓋其學專以王弼盡去舊説，雜以莊老，專尚文辭爲非是，故其於象數頗加詳焉。序稱九卷，蓋合《説》、《序》、《雜卦》爲一也。

文獻通考[二]

《漢上易集傳》、《易圖》、《叢説》共十五卷

鼂氏曰：朱震子發撰。自謂其學以程頤爲宗，和會邵雍、張載之論，合鄭玄、王弼之學爲一云。其書多采先儒之説以成，故曰「集解」，然頗舛誤。

[二]（元）馬端臨撰，上海師範大學古籍研究所、華東師範大學古籍研究所點校：《文獻通考》，第五二五一—五二五二頁，中華書局，二〇一一年。收入時有改動。

陳氏曰：《漢上經筵表》中具述源流，云：「陳摶以《先天圖》傳种放，放傳穆修，穆修傳李之才，之才傳邵雍。放以《河圖》、《洛書》傳李溉，溉傳許堅，許堅傳范諤昌，諤昌傳劉牧。穆修以《太極圖》傳周敦頤，敦頤傳程顥、程頤。是時張載講學於二程、邵雍之間。故雍著《皇極經世書》，牧陳天地五十有五之數，敦頤作《通書》，程頤著《易傳》，載造《太和》、《三兩》等篇。臣今以《易傳》爲宗，和會雍、載之論，上采漢、魏、吴、晋，下逮有唐及今，包括異同，庶幾道離而復合。」蓋其學專以王弼盡去舊説，雜以莊、老，專上文辭爲非是，故其於象數頗加詳焉。序稱九卷，蓋合《説》、《序》、《雜卦》爲一也。

《朱子語録》曰：《漢上易》卦變，只變到三爻而止，於卦辭多有不通處，某更推盡去方通。如《無妄》「剛自外來而爲主於内」，只是初剛自《訟》二移下來。《晋》「柔進而上行」，只是五柔自《觀》四挨上去。此等類按《漢上》卦變，則通不得。王弼破互體，朱子發用互體。朱子發互體，一卦中自二至五，又自有兩卦，這兩卦又伏兩卦；林黄中便倒轉推成四卦，四卦裏又伏四卦，此謂互體。這自那「風爲天於土上」，有箇《艮》之象來。互體自左氏已言，亦有道理，只是今推不合處多。一卦互换是兩卦，伏兩卦是四卦，反看又是兩卦，又伏兩卦，共成八卦。

文淵閣四庫全書所收《漢上易傳》書前提要

臣等謹案：《漢上易傳》十一卷，《卦圖》三卷，《叢説》一卷，宋朱震撰。震，字子發，荆門軍人，政和中登進士第。南渡後，趙鼎薦爲祠部員外郎，官至翰林學士，事迹具《宋史》本傳。是書題曰「漢上」，蓋因所居以爲名。前有震《進書表》稱：「起政和丙申，終紹興甲寅，凡十八年而成。」其説以象數爲宗，推本源流，包括異同，以救莊、老虚無之失。陳善《捫蝨新話》詆其「妄引《説卦》分伏羲、文王之《易》，將必有據《雜卦》反對造孔子《易》圖者」。晁公武《讀書志》以爲「多采先儒之説，然頗舛謬」。馮椅《厚齋易學》述毛伯玉之言，亦譏其卦變、互體、伏卦、反卦之失。然朱子曰：「王弼破互體，朱子發用互體，自左氏已言，亦有道理，只是今推不合處多。」魏了翁曰：「《漢上易》太煩，却不可廢。」胡一桂曰：「變、互、伏、反、納甲之屬，皆不可廢，豈可盡以爲失而詆之？觀其取象亦甚有好處，但牽合處多，且文詞繁雜，使讀者茫然，看來只是不善作文爾。」是得失互陳，先儒已有公論矣。惟所叙圖書授受，謂：「陳摶以《先天圖》傳种放，更三傳而至邵雍，放以《河圖》、《洛書》傳李溉，更三傳而至劉牧。穆修以《太極圖》傳周敦頤，再傳至程顥、程頤，厥後雍得之以著《皇極經世》，牧得之以著《易數鈎隱圖》，敦頤得之以著《太極圖説》、《通書》，頤得之以述《易傳》。」其説頗爲後人所疑。又宋世皆以九數爲《洛書》、十數爲《河圖》，獨劉牧以十數爲《洛書》、九數爲《河圖》。震此書亦用牧説，與諸儒互異。然古有《河圖》、《洛書》，不云十數、九數；太衍有十數見於《繫辭》，太乙九宫見於《乾鑿度》，不云《河圖》、《洛書》。黑白奇偶，八卦五行，自後來推演之學，楚失齊得，正亦不足深詰也。乾隆四十六年十月恭校上。

總纂官臣紀昀、臣陸錫熊、臣孫士毅

總校官臣陸費墀

桃溪客語〔一〕

《漢上易傳》

《漢上易傳》引用古注多不可盡信，如《坎》六三「來之坎坎，險且枕」引陸希聲曰：「枕，閡礙險害之貌。」按，此解已見陸德明《經典釋文》，蓋是後漢陸績語而以爲希聲，且《釋文》本云「閑礙險害之貌」，「閑礙」蓋即輔嗣所謂枝而不安意，朱復譌爲「閡礙」，「閡」之與「礙」音義略同，不應重出。又若引《子夏易傳》古本，與世行之張弧十一卷本錯雜無別。大抵宋人著書，疏于考訂，如此類正復不少。

〔一〕（清）吴騫著，海寧市史志辦公室編，虞坤林點校：《吴騫集》，第九—一〇頁，浙江古籍出版社，二〇一六年。收入時有改動。

通志堂經解目録[一]

《漢上易傳》十一卷，附《卦圖》三卷、《叢説》一卷

宋朱震撰。震，荆門軍人。紹興四年書成。其書以程子《易傳》爲宗，兼采漢魏以下諸家。謂王弼注雜入莊老爲非，故於象數特詳。何焯曰：「《卦圖》及《叢説》，西亭王孫鈔本，尚未盡善。其十一卷，影宋本可據。」

鄭堂讀書記補逸[二]

《漢上周易集傳》十一卷、《卦圖》三卷、《叢説》一卷 通志堂經解本

宋朱震撰。震，字子發，荆門軍人。政和中進士，南渡後歷官翰林學士。《四庫全書》著録。晁、陳書目，《通考》，《宋志》均載之。其書自謂宗程子《易傳》，然實兼論象數，推闡陳、邵之學，所載卦變、互體、伏

[一] 粤雅堂叢書本。

[二] （清）周中孚著，黄曙輝、印曉峰標校：《鄭堂讀書記》，第一二〇一頁，上海書店出版社，二〇〇九年。收入時有改動。

卦、反卦之説，文頗繁雜，而得失互陳，然亦有不可廢者，前人言之詳矣。卷首有總序及進書表，自又稱「起政和丙申，終紹興甲寅，十有八年成此書，上採漢魏吴晋，下逮有唐及今，包括異同」云云，故其於《河圖》、《洛書》亦主劉牧之説。名漢上者，其所居之地也。末有《漢上履歷》一卷，殆其後人所附。

傳書堂藏書志[一]

《漢上易傳》十一卷、《漢上先生履歷》一卷 汲古閣景宋鈔本

［宋］翰林學士左朝奉大夫知制誥兼侍讀兼資善堂翊善長林縣開國男食邑三伯户賜紫金魚袋朱震集傳

此本前無序文及進書表，書前後題但書「周易上經乾傳第一」、「周易雜卦傳第十一」等，而版心則標「漢上易傳卷一」至「卷十一」，後附除官告詞及答詔廿一篇、胡文定公啓一篇、晏敦復等祭文一篇，前後題「漢上先生履歷」，而版心仍標「漢上易傳卷□」，蓋此書之附録。通志堂所刊《易傳》十一卷，依景宋本，殆與此本同源而改其行款。其《卦圖》三卷、《叢説》一卷，則依西亭王孫鈔本，蓋流傳宋本只此十一卷也。此書著録家皆稱《漢上易傳》，然進書表自稱《周易集傳》，晁氏《郡齋讀書記》

［一］王國維撰，王亮整理，吴格審定：《傳書堂藏書志》，第三—四頁，上海古籍出版社，二〇二〇年。收入時有改動。

亦稱「朱子發《集傳》」，蓋「集傳」其所自題，「漢上易傳」則卒後刊書者所題也。書爲毛氏景宋鈔本，每半葉十行，每行二十一字，精雅絶倫，三百年來未經名人收藏，誠罕覯之秘籍矣。卷首有「宋本」、「甲」、「玉雨草堂」三印，每卷前後有「毛晋私印」、「汲古主人」二印。

藏園訂補郘亭知見傳本書目[一]

《漢上易集傳》十一卷、《卦圖》三卷、《叢説》一卷 宋朱震撰○通志堂本

〔附〕○烏程蔣氏藏汲古閣景宋本，精甚。每半葉十行，行二十一字。末附《漢上先生履歷》一卷，而無《卦圖》、《叢説》，蓋即通志堂祖本也。（王國維）[二]

〔補〕○宋刊本，十行二十一字，白口，左右雙闌。四部叢刊續編已印入。○毛氏汲古閣影宋本，藏山東某氏。

[一] （清）莫友芝撰，傅增湘訂補，傅熹年整理：《藏園訂補郘亭知見傳本書目》，第一四頁，中華書局，二〇〇九年。收入時有改動。

[二] 此下原有整理者按語，今移入注中：「北京圖書館藏王静安先生手批本《郘亭知見傳本書目》，蓋編蔣氏傳書堂書目時就蔣氏藏書隨手批於田中本上者，因附録於此，段末注（王國維）三字。下同。」

附録三　漢上先生履歷

除春秋博士告詞

勅迪功郎朱震：孔子曰「吾志在《春秋》」，又曰「知我者其惟《春秋》乎」，是經之不用於世，果遵何説哉？朕比詔立學官，用以取士，命汝往處師席。爾其推明三家之同異，與諸生切磨，以求合於聖人之意。罔俾漢儒專以名家，則稱朕旨。可特授依前官守太學《春秋》博士。

靖康元年五月九日

除太學春秋博士告詞

勅宣教郎朱震：孔子作《春秋》而亂臣賊子懼，豈特當時爲然？使千百載之後，猶凛然畏之。此經所以久鬱而不明也。朕比命列于〔一〕博士，訓迪諸生。爾以修潔該洽而膺是選，必能明聖人作經

〔一〕于，汲古閣本作「子」。

之旨，使學者有考焉。勉稱厥職，予則汝嘉。可特授依前宣教郎太學《春秋》博士填見闕。

靖康元年十月二十日

除秘書郎告詞

勑宣教郎太學博士朱震：中祕讎書，極天下豪俊之選。異時貴臣用事，至參用醫卜之流。牛驥同群，可爲太息。肆朕初載，遴柬儒術之英。爾以文藝有聞，首寘兹選。進與群髦之列，益觀未見之書。三篋已亡，且詢安世。勉思刻厲，將有試焉。可特授依前宣教郎祕書省校書郎。

靖康元年十一月六日

除祠部員外郎告詞

勑左宣教郎朱震：朕旁求俊乂，列寘文昌。非徒使之分職率屬，允釐庶事，而衆正在位，則朝廷自尊。爾涉道精淳，存心樂易，强學力行，白首不衰。聞望之休，溢於予聽。嘉其敷奏之美，喜見德人之容。郎選甚高，祠曹務簡。往共乃職，體朕眷私。可特授依前官守尚書祠部員外郎。

紹興四年十月五日

除祕書少監告詞

勑左奉議郎守尚書祠部員外郎朱震：　朕惟《否》、《泰》二卦論君子小人消長之理甚明，或者謂消長繫乎時數，此大不然。　上下交而其志同，於時爲泰，故君子以其彙征。　上下不交而天下無邦，於時爲否，故君子以儉德避難而已。　爾學古通經，特立守正，粹然君子人也。　固窮鄉閭，累經除召，今者惠然肯來，就我榮禄。　朕以爾之避就卜時，否泰其庶幾焉。　蓬山寶藏，乃今日養才之地也。　用爾爲貳，蓋不徒然。　朕知爾舊矣，奚俟深訓。　可特授依前官試祕書少監。

紹興五年二月十六日

除祕書少監兼侍講告詞

左奉議郎試祕書少監朱震，可特授依前左奉議郎試祕書少監兼侍講。　左朝奉大夫守宗正少卿兼直史館范沖等：　學之爲王者事，其已久矣。　雖二帝三王，蓋嘗汲汲於此。　朕於國家多艱之際，不廢祖宗故事。　爰命儒學之臣環侍便坐講經史，敷求政禮，以廣聰明。　爾等操履端方，學問該洽，通今古，達於治亂之原。　其必有裨吾不逮。　宜自卿監之聯，兼陪經幄之職。　益思報稱，以副旁求。　可依前件。

紹興五年閏二月五日

轉承議郎告詞

敕左奉議郎試祕書少監兼侍講朱震：朕纂極之初，推曠蕩之澤。士大夫京秩而上，例進一等，蓋祖宗舊制也。爾方投閑在遠，積有歲年，而恩未霑及。恬退之風，有足嘉者。序進厥官，往其祗服。可特授左承議郎依前祕書少監兼侍講。

紹興五年三月九日

除起居郎告詞

敕左承議郎祕書少監兼侍講朱震：孔子稱「天下歸仁」，曰「非禮勿言，非禮勿動」。人君託于王公之上，一言一動，則必記之。是欲克己復禮，俾天下之歸也。設官之意，其深矣乎。以爾習於《春秋》，明乎褒貶。經筵勸講，開益爲多。命爾立螭，記予言動。官分左右，職固不殊。朕知戒非禮之爲，爾其謹必書之職。可特授依前左承議郎守起居郎兼侍講。

紹興五年五月三日

除兼資善堂贊讀告詞

敕左承議郎守起居郎兼侍講賜緋魚袋朱震：朕惟《蒙》之《象》曰：「山下出泉，蒙。君子以果行育德。」蓋泉之初未有所之，如人之蒙未知所適。泉決之東西，蒙導之邪正，亦惟其人而已矣。以爾純白内備，博見洽聞，羲《易》麟經，尤所精貫，華光勸講，宏益滋多。方開學於南宫，久注心於舊德。贊讀資善，汝往惟諧。既正朕之不難，宜誨蒙之無倦。兼職雖衆，應用莫窮。勿嫌拜賜之頻，實繄稽古之力。其益懋哉。可特授依前官兼侍講兼資善堂贊讀。

紹興五年六月三日

除中書舍人兼資善堂翊善告詞

勅：昔者周穆斷南征之後，無討賊之心。逮乎平王爲東遷之君，無興復之志。觀其告命，泰然與成康之世無異，君子是以知周德之衰矣。烏乎，有能宣吾惻怛難喻之情如建武奉天詔書，以助中興之功者乎？左朝奉郎守起居郎兼侍講兼資善堂贊讀賜緋魚袋朱震，學博而造深，行和而志正。以道獻替，簡于朕心。陞擢綸誥之司，仍卒金華之業。尚賢西學，諭教如初。夫士以得君爲難，而朕之知汝者厚矣。論思潤色，尚往欽哉。必無媿於古人，乃有辭於永世。可特授依前官試中書舍人兼侍講兼資善堂翊善。

紹興五年八月十七日

轉朝散郎告詞

勑：典謨訓誥，皆上古之書。筆削《春秋》，著先王之志。其文雖史，垂世爲經。朕仰奉孫謀，恭繩祖武。覽裕陵之實録，悼私史之謗言。譬夫氛祲之興，或掩昭回之象。乃詔群彦，同次舊文。左朝奉郎試中書舍人兼侍講兼資善堂翊善賜紫金魚袋朱震，學貫九流，趨皇極會歸之要；識深五傳，窮古人述作之原。頃預編摩，克嚴去取。兹閲奏篇之上，彌嘉汗簡之勞。十九年之勳德既昭，千萬世之楷模斯在。祖宗有慶，非出朕私。爵秩所加，式爲爾寵。名附不刊之典，實彰有永之辭。可特授左朝散郎，依前試中書舍人。

紹興五年十月七日

轉左朝請郎告詞

勑：朕惟帝王之治，求端於天。是以察璿璣者協時月正日，陳《洪範》者省歲月日時，本天理而時措之。後王用智力而持世，曲學判天人爲兩途，凡曆象授民之妙，散爲術家，至於閏餘失次，攝提無紀，以爲是固然，而不知其拂天害民，亂之大者也。左朝散郎試中書舍人兼侍講兼資善堂翊善賜紫金魚袋朱震，學深象數，智潛幽眇，會於道要，得其本原。屬曆法之有差，視算家而參正。成書來上，七政以齊。雖史遷之起太初，子雲之明三統，不得專美。予用嘉之，序進一官，少旌勞績，是謂德賞，往其欽承。可特授左朝請郎，餘依前。

紹興五年十月二十二日

除給事中告詞

勅：自昔有事，殿内之臣不過侍左右，掌顧問而已。然猶遴擇名儒以充此選，矧今萬務出入，皆屬東臺，時當艱危，動關興廢。其或行事不恊于中，任官不厭于衆，雖有君命，皆得駮而正之，其職可謂重矣。肆求聞人，今以命汝。左朝請郎試中書舍人兼侍講兼資善堂翊善賜紫金魚袋朱震，學際天人，識窮理亂，年德俱懋，望實素隆。演誥西垣，榮問益暢，進司瑣闥，公議允諧。夫糾其乖違，俾庶政乎于群聽；審其奏述，使下情得而上通。則朕爲得人，而汝爲稱職，豈不休哉。可特授依前左朝請郎試給事中，餘如故。

紹興六年正月十六日

轉左朝奉大夫告詞

勅：朕深惟國本，茂建宗支。朝夕端士之親，冀性習於爲善；博約前言之識，俾學富於多聞。聿就終篇，可無褒律。翰林學士左朝請郎知制誥兼侍讀兼資善堂翊善賜紫金魚袋朱震，心潛六藝，文貫九流。廷論倚如蓍龜，正人賴爲領袖。雍容視草，何獨潤色之工；密勿告猷，備罄論思之益。屬宗藩之諭教，嘉術業之嚮成。疇稽古之勤，既車服之是錫；懋增秩之渥，抑典故之具存。尚堅調護之功，用究師儒之效。睠予耆艾，奚假訓詞。可特授左朝奉大夫依前翰林學士知制誥，餘如故。

紹興六年十一月三日

乞宫觀差遣不允詔

勅朱震：省劄子奏乞除一在外宫觀差遣事具悉。朕以王教存乎篇籍，方儒學之是咨；老成重於典刑，實朝廷之所賴。故詳延於瓌碩，以參劘於古今。卿道術深明，文辭英妙。耆名高義，足以爲群士之羽儀；博物洽聞，足以備一時之訪問。禁林遞直，歲律載周。侍經幄之燕閒，謹宗藩之訓導。國僑潤色，非有官職之甚勞；陸贄腹心，尚倚神明之克壯。奉身而退，匪朕所聞。其體睠懷，毋重來請。所請宜不允，仍不得再有陳請。故兹詔示，想宜知悉。

再乞宫觀不允詔

卿文足以達意，學足以明理，行足以正人。兼是三者，故處以視草横經之地，且使從吾嗣子之遊，既有年矣。遽覽奏章，引疾丐外，辭意甚切，朕爲之動心焉。夫德齒俱懋，固平日之所尊；氣體失平，亦老者之常事。姑務休養，以期清明。使朝廷之所寶惟賢，則四方必仰朕之德，豈小補哉。所請宜不允。故兹詔示，想宜知悉。

辭免翰林學士不允詔

勑朱震：省所奏辭免翰林學士知制誥恩命事具悉。昔陸贄爲學士，國有大政，參裁可否。興元戡難之功，實多文懷之助。卿學造壼域，識通繫表。文章典雅，無愧昔人；議論堅明，有補當世。越朕初載，杖策軍門，誼先國家，節貫華皓。老成在服，厥有典刑。俾代予言，以紓素緼。豈特資其討論潤色之益，亦將託以腹心耳目之寄焉。尚執謙撝，殆非所望。亟共乃服，毋復費辭。所請宜不允。故兹詔示，想宜知悉。

再乞宫觀不允詔

勑朱震：乞除在外宫觀事具悉。卿學高諸儒，名映一代。從朕艱難之際，實惟舊人；藹然德義之風，信於多士。契闊累歲，登崇近班；大册高文，佐時戡難。博物彊記，益朕多聞。國有老成，衆無異論。朕方知九德之行，灼見三俊之心。庶無遺材，用濟多故。雖山林隱居之士，尚當結綬而來；顧朝廷領袖之賢，乃欲奉身而去。况神明之克壯，何疾病之可言。覽觀來章，殊咈朕眷；勉安厥位，毋復有云。所請宜不允。故兹詔示，想宜知悉。

辭免建國公聽讀尚書終篇恩命不允詔

勑朱震：所奏辭免轉一官恩命事具悉。朕擇本支以隆國勢，修勸導而備官司。其有成勞，可無褒命。卿經術深懿，獨高諸儒；德性純明，自傾多士。爲時耆舊，適副簡求。日陳道義之言，助予詩禮之訓。肆稽故事，以寵畢章。朕方擢先王厲世之規，通天下赴功之志。雖疏遠之吏，摽末之庸，並録不遺，以勸爲善。况如卿者，其可辭乎。何爲上書，遽求反令。固難曲狥，其趣欽承。所請宜不允。

再辭不允詔

朕以卿道藝深明，行能高妙，傳授經業，訓迪宗藩，俾通上古之書，宜從增秩之賞。而乃屢陳悃愊，力避寵榮。夫尊賢顯功，蓋人主馭臣之柄，而難進易避，亦師儒厲俗之規。使勤勞而見知者尚或固辭，則虚僞而幸進者庶幾有恥。豈惟勉從於爾志，抑亦少勸於士風。載亮冲懷，不忘嘉歎。

乞宫觀不允詔

朕痌懷英賢，共圖康濟。雖山林隱逸之士，尚不倦於招徠。矧朝廷耆艾之儒，豈忍使其輕去。卿學窮聖域，行允廷僉。論必據經，文推華國。揚歷禁塗之久，備觀辰告之忠。不獨朕知卿之既深，亦惟卿守義之甚固。老成在列，多士朋來。胡爲抗章，遽欲引退。與其潔身而辭位，希廉士之風，孰若盡道以致君，卒賢人之業。勉體至意，毋重有陳。所請宜不允。

贈官告詞

敕：死生之道，通乎晝夜，達者以爲當然。君臣之義，篤於始終，有國以爲令典。逮此告終之問，敢忘哀贈之恩。故翰林學士左朝奉大夫致仕長林縣開國男食邑三百户賜紫金魚袋朱震，蚤以詞華亟躋膴仕，晚由學術薦更禁塗。驚怛化之無常，悵徽音之如在。予有愸遺之感，人懷殄瘁之悲。考於故常，申此贈典。百身可贖，興懷不朽之規；一鑑云亡，徒有無從之涕。精爽不昧，宜歆此恩。可特贈左中大夫，餘如故。

紹興八年七月三日

回朱八行子發啓

薦章交剡，公議甚孚。凡屬俊游，共欣榮問。學正八行，賦才雄鷙。受業精通，手披萬卷之書；要歸卓約，筆掃千軍之陣。恥尚浮華，有言必務於躬行，所得多由於心了。家庭素履，豈求聞達之方；郡國諸侯，樂任賓興之職。夜鶴不驚於佩帳，大鵬正假於扶搖。言念迂愚，久敦情好。論交莫逆，固蘄美譽之彰；懲沸誤吹，初絶游談之助。盍相忘於微笑，尚伸貺於長牋。過形引重之詞，彌服推先之義。然賢者名高而責備，物情利及而争歸。聖門之實學難窮，人境之虚榮易惑。平居把袂，最欽松桂之姿；得路彯纓，更礪冰霜之節。證明吾道，倚仗英標。

祭文

維紹興八年，歲次戊午，七月庚申朔十七日辛丑，左朝散郎試尚書吏部侍郎兼詳定一司勑令晏敦復，左朝散大夫試尚書户部侍郎兼詳定一司勑令李彌遜，左中大夫試尚書禮部侍郎曾開，左朝請郎試尚書兵部侍郎張燾，左朝奉大夫新除尚書兵部侍郎兼資善堂翊善兼侍講吴圭，左朝奉大夫試給事中兼侍講張致遠，左朝奉大夫試給事中兼史館修撰勾濤，左朝奉郎試中書舍人兼直學士院兼侍講呂本中，左朝請郎試中書舍人樓炤，左朝請郎試中書舍人勾龍如淵，左朝請郎權尚書吏部侍郎魏玒，左奉議郎權禮部侍郎張九成，謹以清酌庶羞之奠，致祭于故侍讀内翰翊善朱公之靈：惟公老於田畝，困於州縣。白首窮經，意則不倦。視彼世人，奚貴奚賤。不義而得，吾亦不願。一昨召來，遇知明主。金馬玉堂，四涉寒暑。以經決事，隨事有補。位高職卑，亦莫公侮。不傳之要，自得之妙，惟公知之，固世所笑。彼笑何傷，公亦自强。愈老愈壯，雖死不亡。識公日淺，相知則深。公病不起，孰不痛心。涼風應時，白露日侵。薄酒寓哀，公或肯臨。尚饗。